20 世纪中国图书馆学文库·33

图书分类学

白国应 编著

圙 國家圖書館出版社

本书据书目文献出版社 1981 年 11 月第 1 版的第 1 – 5、9、10、15、16、17 章排印

前　言

　　本书初稿曾于 1979—1980 年以《图书分类理论与实践》名称,在山西省图书馆学会和山西省图书馆主办的《图书馆通讯》上分期连载过。原来编写的目的是向新参加图书馆工作的同志和图书馆学系的同学介绍一些图书分类的基本知识。现在感到国内关于图书分类学的著作尚不多得,于是在原书的基础上进一步修改补充,对图书分类学,包括图书分类原理、图书分类历史、图书分类表、图书分类工作、类分图书方法和图书分类应用等,作一比较全面、系统的研究和阐述,并改名为《图书分类学》。全书共分十七章,即:一、图书分类学的对象、内容和性质;二、图书分类的意义和作用;三、图书分类的基本原则;四、图书分类与科学分类的关系;五、图书分类表的结构分析;六、中国图书分类简史;七、我国当前使用的几种主要分类表;八、外国图书分类法简介;九、图书分类工作;十、类分图书的原则和方法;十一、马克思列宁主义、毛泽东思想和哲学图书的分类方法;十二、社会科学图书的分类方法;十三、自然科学图书的分类方法;十四、特种文献资料的分类方法;十五、同类图书的排列;十六、图书分类目录和图书分类排架;十七、分类法与主题法的关系。

　　在编写过程中,中国科学院图书馆的领导和同志们曾经给予很大的鼓励和积极的支持。同时,本书中的某些章节,曾先后在北京大学、武汉大学、中国科学技术大学、河北文化学院、郑州大学、安徽大学、包头师范专科学校、山西省图书馆、湖南省图书馆、吉林省图书馆以及中国科学院图书馆历次训练班、北京地区图书馆红专大学、首都图书馆干部进修班等处讲授过,听取了不少有益的意见。

本书在编写过程中,曾得到赵树林、麦群忠、武焜、刘湘生等同志的大力帮助。因此在这里表示衷心的感谢。

另外,在编写时曾参阅了国内外一些有关的著作和论文,但是,由于篇幅有限,只能在每章后面列出主要的参考文献,其他就不能一一的注明了,希望有关方面鉴谅。由于个人水平有限,书中缺点和错误一定很多,希望大家批评指正,以便将来再版时加以修订。

白国应

1981 年 4 月

目　　录

第一章　图书分类学的对象、内容和性质

图书分类学是图书馆学中的一个重要分支。但在过去，大家只称为"图书分类法"或"图书分类工作"、"图书分类技术"、"图书分类方法"等。其实，都未能恰当地表明这门学科的性质和范围。

近年来，在国内外的文献中，已有不少人提出要为图书分类建立一门学科，但名称则有各种各样，如"图书分类学"、"文献分类学"、"资料分类学"、"图书文献分类学"、"藏书分类学"和"书目分类学"等。究其原因，主要是对于这门学科的研究对象、基本内容、主要性质、具体任务、研究方法等有些不同的看法。今天，为了加速实现社会主义四个现代化，发挥图书分类应有的作用，因此，讨论图书分类学中的一些问题，是非常必要的。

第一节　图书分类学的研究对象

关于图书分类学的研究对象是什么，有以下几种看法：

1. 认为图书分类学的研究对象是文献分类。其中包括图书、期刊、报纸、科技报告、会议文献、政府出版物、专利文献、技术标准、学位论文、产品样本、技术档案和内部资料等的分类问题。并因此称之为文献分类学，或称之为图书文献分类学。

2. 认为图书分类学的研究对象是资料分类，即是说，除了包括上述所指的全部文献外，还包括其中的每篇论文，也即是说，还要研究题录的分类问题。并因此称之为资料分类学。

3. 认为图书分类学的研究对象首先是图书的分类，其次是图书目录的分类，也即是书目的分类。并因此称之为书目分类学。

4. 还有认为图书分类学的研究对象是图书馆藏书的分类问题。并因此称之为藏书分类学或图书分类学。

上述各种观点都从不同角度和不同的侧重点探讨了图书分类学的研究对象和正名问题，都有一定的道理。但也确实反映人们对于图书分类学的理解还很不一致。下面想谈谈自己的看法。

我们认为图书分类学是有广义和狭义之分。如果是广义的图书分类学，它的研究对象应该是一切知识的载体的分类问题。其中不但包括传统的印刷型的文献，如图书、期刊、报纸、科技报告、会议录、政府出版物、专利文献、技术标准、学位论文、产品样本、技术档案和内部资料的分类问题，而且还包括近年来出现的非印刷型的文献，如缩微文献、声像资料和计算机的磁带、磁盘等的分类问题。如果是狭义的图书分类学，它的研究对象则是图书馆收藏的文献的分类问题。由于人们已经习惯把收藏的文献统称为藏书，所以也可以理解为图书分类学的研究对象就是图书馆藏书的分类问题。作为图书馆学的一个分支来说，似应以狭义的理解为宜。因此，我们下面所称的图书分类学就是指研究图书馆藏书分类理论与实践的科学。

在这里必须明确的是：图书分类学的研究对象不只限于人们通称的成册图书，而且包括图书馆收藏的一切文献。因为现代图书馆已经不像古代藏书楼那样只收图书，或像近代图书馆那样只收图书和期刊了。所以从这个意义来说，图书分类学与藏书分类学、文献分类学、图书文献分类学等并没有什么原则上的区别。

至于书目分类学（包括资料分类学）和藏书分类学，则有范围大小、深浅程度的不同。即是说书目分类学的研究对象是一切文献资料的分类问题,需要比较详细的区分;而藏书分类学的研究对象则是图书馆收藏的文献的分类问题,需要适当的区分就可以了。在分类的目的上也有所不同,书目分类是为系统地排列文献资料的目录记载而分类,分类方法比较灵活,可以随时增添,也可以随时减去,可以编成综合性书目,也可以编成专题性书目;而藏书分类不但考虑到收藏文献的目录记载的分类问题,而且还要考虑到收藏文献本身在书架上的分类排列问题,因此分类方法就要求相对的稳定。就学科性质来说,书目分类学应属目录学,而藏书分类学应属图书馆学。但由于目录学和图书馆学是两门十分邻近的姐妹学科,而且分类的标准都是以科学知识的内容性质为主要标准,因此书目分类学和藏书分类学在原理、方法上有大部分是相同或是相通的。就此意义来说,分类学是目录学和图书馆学的交叉学科。如果将其合并,也就构成广义的图书分类学。

第二节　图书分类学的基本内容

图书分类学的基本内容,正如前面所说的一样,包括理论与实践两个方面。所谓理论的方面,指的就是关于图书分类原理、图书分类历史和图书分类表的研究;所谓实践的方面,指的就是关于图书分类工作、类分图书方法和图书分类应用的研究。它们之间是有密切联系的。现分别叙述如下。

一、图书分类原理

图书分类原理是研究图书分类的基本理论,其中包括阐述图书分类的意义和作用,研究图书分类的基本原则,说明图书分类与科学分类的关系以及如何研究图书分类学的方法等。这些问题,在过去是不被重视的。因此,图书分类常常只停留在感性认识上,理论水平提不高。今后为了提高图书分类学的水平,必须加强科学研究,在广泛深入实践的基础上,总结出一套系统的科学理论。

二、图书分类历史

图书分类历史是研究图书分类的发生和发展规律的一门科学。它的研究范围,不仅有图书分类法的沿革,而且有图书分类原理、方法等的演变和发展。研究图书分类历史,不但可以帮助人们更好地掌握前人已获得的成就,而且能够推动这门科学前进。过去,对这门科学,大都只停留在描述历代的图书分类表上,而并没有接触到图书分类的实质。现在研究图书分类历史,应该用历史唯物主义观点,有批判有继承地对过去图书分类的各个方面加以研究和总结,从中探索出图书分类发生、发展的规律,以指导将来发展的方向。

三、图书分类表

图书分类表是类分图书馆藏书的工具。它的研究范围是说明图书分类表的功用、结构原理、组成部分和编制方法等。在过去,编制出来的图书分类表不少,但真正成功的并不多。这主要原因就是没有很好地研究编制图书分类表的原则和方法。今天,我们应该吸取教训,认真地总结正反两方面的经验,以企编制出更好的图书分类表来。

四、图书分类工作

图书分类工作是指图书馆分类人员的工作实践。也即是说关于如何运用一定的图书分类表,将一本本的图书归到恰当的类目中去的工作。图书分类工作的研究,包括如何选择图书分类表、制订分类规则、组织图书分类工作的程序以及如何培养分类人员等。

五、类分图书方法

研究类分图书方法（即分书方法），对做好图书分类工作有着重要的意义。在过去，大都着重研究图书的形式，而较少涉及图书的内容。今天，我们则应兼顾两个方面。

六、图书分类应用

图书分类应用很广，但就图书馆工作而言，主要是应用于组织分类目录、分类排列图书以及进行分类统计等。至于在其它方面的应用，例如在目录学上或在图书贸易上的应用，已经超出了图书馆学的范围，应由其它学科进行研究。

第三节　图书分类学的性质

"图书分类学"虽然不是个新名词，但是过去很少用。许多人对于图书分类都抱有传统观念，以为只是一种技术、一种方法。我们认为从性质上来说，它应该是一门科学。

因为所谓科学，就是关于自然、社会或思维的某方面客观知识的体系。它是在人类实践的基础上形成和发展的，并经常接受实践的检验。它的任务是通过分析和综合、抽象和概括去揭露各种客观事物的规律，并借以解释自然、社会或心理的现象，指导人们去改造自然、社会和人类的思想。否认客观现实的规律性，就等于取消了科学。科学随社会的发展而使人们日渐精确、深刻地认识客观现实。

根据以上关于科学的性质的看法，并结合上面关于图书分类学的研究对象和基本内容的阐述，我们可以断定图书分类也是一门科学。以马克思列宁主义、毛泽东思想为指导，以科学分类为基础,以图书馆藏书为研究对象的图书分类学,应该是一门具有思想性、科学性和实践性的科学。它应该成为图书馆工作者工作中的有力武器或得力助手,为无产阶级政治服务、为科学研究服务、为生产建设服务。在我国的社会主义现代化建设过程中,图书分类学应该起它应有的作用,应该有助于解决图书分类工作中的理论和实际问题。

如果认为图书分类只是一种技术、一种方法,而不把它提高到理论上去研究,那就无疑地会影响到这门科学的发展,影响到图书分类工作质量的提高。

同时,由于图书馆藏书内容的复杂性、多样性和综合性,以及它的分类是以科学分类为基础,与哲学、社会科学、自然科学都有千丝万缕的关系,这就决定了图书分类学是一门综合性的科学。

第四节 学习图书分类学的意义和方法

过去,对待图书分类学的学习曾经有过两种错误的倾向:一种认为只有做图书分类工作才需要学,做其它工作可学、可不学;另一种认为只要学好图书分类学就能把图书馆的全部工作做好。

我们认为做图书分类工作是需要学习图书分类学的。因为图书分类工作是运用图书分类表对图书馆藏书进行整理和组织的一个工作。这就需要了解图书分类原理、图书分类表和图书分类方法。这样,才可以熟练地使用分类表和准确地掌握类分图书的方法,保证分类质量。但是做图书馆的其他工作也需要学习图书分类学。因为图书分类学是图书馆学的基础学科,对图书馆的各种工作都有密切的联系,学习了图书分类学,就可以有助于进行各种工作。例如做典藏出纳工作的同志学习了图书分类学,就能按类熟识图书,掌握图书,从而主动推荐图书,提高服务质量。又如做采访工作的同志学习了图书分类学,就可以按类进行调查研究和统计分析,了解藏书建设情况、读者阅读倾向以及图书流通动态等,从而提出今后补充图书的计划。因此,我们认为每个图书馆工作者都应该学习图书分类学,掌握图书分类的基本知识和技能。为了做好图书馆工作,还需要全面地学习图书馆学,把各个学科方面的知识和技能都要掌握起来。这样,才能得心应手地开展工作。

因为图书分类这门科学,是从实际工作中总结出来的,因此,在学习过程中必须注意理论联系实际。具体说来,要学习图书分类学,首先要明确学习的目的,端正学习的态度,了解什么是图书分类和图书为什么要分类;其次要弄通图书分类的基本原理和图书分类表的体系结构,然后进一步学习图书分类的基本方法,反复进行分书实习,看看自己对图书分类表是否运用得正确,对图书分类规则是否已达到熟练掌握的地步。

参考文献

张德芳:"分类学与图书分类" 《四川图书馆学报》 1979 年 2 期第
   5 页。

史永元:"新中国图书分类学研究中的若干问题" 《浙江图书馆工作》
   1979 年 2 期第 12 页。

杜定友:《分类原则与分类问题》(省市图书馆工作人员进修班讲稿)
   南京 省市图书馆工作人员进修班印 1957 年 5 月。

白国应:《图书分类讲稿》(图书馆红专大学第五期图书馆学班) 北京
   图书馆印 1964 年 12 月。

白国应:《图书分类理论与实践》 山西省图书馆《图书馆通讯》 1979
   年总 7 期 38－56 页,1979 年总 8 期 50—64 页,1980 年 1—4 期(总
   9—12 期)。

刘国钧:《图书怎样分类》 北京 开明书店 1951 年。

文甲龙:《图书文献分类学——分类与主题》 长春 吉林师范大学
    1979 年 10 月。

武汉大学图书馆学系:《图书分类学》 1979 年。

第二章　图书分类的意义和作用

图书分类是人们从管理图书、使用图书的实践中产生的。大约自从人类知道收集、保存和利用图书以来，人们不久就懂得，要善于管理和充分利用图书，就必须用科学的方法将它们分门别类地组织起来，也即是说，必须对图书进行分类。但是什么是图书分类以及图书为什么要分类，则需要认真地研究图书分类的意义与作用。

第一节　分类的基本概念

分类是认识事物的一种思维方式，是人们思维活动的一种本能。人们认识事物是由分类开始的，必须把相同的与不同的事物区别开来，才能认识是这一种，还是那一种。

所谓"类"，是一个概念，代表着一组在性质上相同或相似的事物。也即是说，那相同的或相似的事物就是属于同类的事物。同类的事物就叫作"一类"。类的形成以相同性和同等性为条件，相同的东西加上一点不同的因素，即形成同类当中的另一小类。所以，类与类之间是有联系的。

科学分类首先是要认识各门学科对象矛盾的普遍性与特殊性。普遍性是科学发生和发展的普遍原因和普遍依据。但普遍性之中又存在着特殊性。只有认识了特殊性，才能区别出这一学科与那一学科的不同，才达到了分类的目的。人类知识的组织是对于一切客观现象由分析而分类，由分类而归纳来完成的。"分类"意味着把相同的东西归为一类（包括所属的小类），同时，把不同的东西根据彼此相互的关系，联成一个系统。

分类作为一种认识事物的方法，在世界上已有几千年的历史。在我国古代春秋战国时期，著名的哲学家荀况，在他的著作《正名篇》中说："故万物虽众，有时而欲偏举之，故谓之物。物也者，大共名也。推而共之，共则有共，至于无共而后止。有时而欲偏举之，故谓之鸟兽。鸟兽也者，大别名也。推而别之，别则有别，至于无别然后止。"还说："同其所同，异其所异。"墨翟也说过："彼，彼止于彼；此，此止于此。"公孙龙也说过："万物毕同毕异。"东汉时代的文字学家许慎也说过："方以类聚，物以群分，同牵条属，共理相贯，杂而不越，据形系联，引而申之，以究万物。"

在外国，对于分类，也有许多学者进行研究。例如英国穆勒说过："分类者，乃一种方法，使事物之观念，以最善之次序，排列于吾人心中者也。"又如英国赫胥黎也说过："我人之所以将事物分类者，所以分其异，类其同，以求区别事物，而便于辨识记忆也。"

可见，长期以来，人类在生产斗争、阶级斗争、科学实验中广泛地运用分类这种方法来认识事物、区别事物。在一些学科中，例如：逻辑学、生物学、图书馆学等，分类已经形成一种专门研究课题，一门独立分支。因此，作为一种认识事物、区别事物的科学方法论来说，分类确实存在着广阔的发展前景，值得认真的加以研究。

物质的统一性和多样性构成了客观世界。现代，人类正从事史无前例的、大规模的科学实验活动，从宏观到微观的广阔范围内去探索物质世界的奥秘。分类作为一种科学方法正是认识客观物质世界的重要手段之一，它从物质世界的历史发展同物质在发展过程中所形成的质的差异角度去区别物质世界的多样性,从而帮助人们去认识客观世界。几千年的历史实践,不仅极大地丰富了分类这种起着科学认识作用的方法论内容,而且逐步使这种方法形成了自己的一套理论。

事物的发展过程同事物发展过程中形成的事物之间质的差异,是分类学的核心原理。世界上形形色色的事物可以归纳为大大小小的各门学科,作为任何一门学科来说,都是一种独特的物质运动形态。一般说来,它具有下述两个过程。

第一,学科不论大小,必有其起源过程。这种过程表现形式是从无到有。例如,自然科学中的大的学科,如生物学;小的学科,如哺乳动物学,都有其起源问题。生物的起源是从无生物到有生物的过程,哺乳动物的起源是从无哺乳到有哺乳的过程。再如社会科学中大的学科,如国家学说;小的学科,如货币学,也一样有其起源问题。国家的起源是从无国家到有国家的过程,货币的起源是从无货币到有货币的过程。

第二,学科不论大小,又都有其发展过程。这种过程通常表现在纵横两个方面:横的分支和纵的发展。前者是多样化过程,是从少到多的发展。例如:化学发展过程中形成了无机化学、有机化学、高分子化学、物理化学、分析化学等横的分支。后者是复杂化过程,是从低级到高级的发展。例如:脊椎动物的发展,就是从圆口纲、到鱼纲、到两栖纲、到爬行纲、到鸟纲、直到哺乳纲。

作为一种科学的方法论来说,分类必须研究事物的起源,它的横的分支与纵的发展,亦即是研究事物的从无到有,从少到多,从低级到高级的全部过程,只有如此,才能进行科学的分类。

分类学还要求同一系统内的事物必须有一个共同的起源,从而建立起单一性系统。分类为什么要求建立单一性的单源系统?因为,只有在单源系统内,才能取得共同特征,作为区别于其他事物,认识同一系统内事物共同属性的基础。例如:数学是研究点、线、面在空间活动规律的科学,因而,不论是数论、几何、微分、积分,或是代数、分析、概率论、数理统计,它们的共同属性是点、线、面在空间活动的规律,而其共同起源则是数。又如:生物学是研究生命活动的科学,所以,不论是微生物学、寄生虫学,或是植物学、动物学,它们的共同属性是具有生命活动的规律,而其起源则是细胞。

研究同一系统内各种事物的共同起源,就能准确地认识这些事物的共同属性,从而实现分类的科学化,指导我们认识和区别不同的事物。另一方面,任何发展的事物,它的从无到有的过程,恰恰又是同一系统事物发展过程中出现的一个分支。研究共同起源,既可以找出它的"无"是建立另一更大系统的"有"的基础之上的客观实际,从而认识这一新出现事物与另一更大系统事物之间的亲缘关系,又可以根据事物之间这种亲缘关系,以及自身的发展过程,建立科学的分类体系。例如:鸟类的起源是始祖鸟,而始祖鸟是从爬虫类发展出来的,它们都是脊椎动物这一更大系统内的新学科,但鸟类从无到有,它的"无"生长点是在"有"的爬虫类发展过程中出现的一个分支。研究鸟的起源就为建立脊椎动物科学分类体系打下了牢固的科学基础。再如:生物学的共同起源是细胞,而细胞从"无"到有的过程是建立在地球科学这一更大系统的"有"的基础之上的。这种研究就为地球科学、生物科学的序列打下了牢固的科学基础。因此,研究同一系统内事物的共同起源,不仅能找出同一系统内事物的共同特征,而且能从各个系统事物之间的亲缘关系建立起严格的科学分类体系。

横的分支是同一系统事物发展的基本属性。由于同系统内各种事物发展的过程不同,趋向不同,因而在共同属性基础上,形成了系统内各组事物的特殊性。以生物为例,爬虫类、鸟类、兽类都是动物学中脊椎动物门的这一系统内的物体,也具有共同的脊椎动物特征;但由于发展环境各异,形成了不同的分支,从而赋予它们各自的特别属性。再以机械加工为例,它这一系统内各种加工工艺具有共同的机械加工属性,而由于各种加工目的、手段有所区别,形成了车工、钳工、钻工、铣工、刨工、磨工等不同的分支,从而又具有各自的特殊属性。横的分支,是我们进行分类的基础,十分重要。研究事物的起源,如果说是分类的理论原则,那么,研究事物发展的横的分支就是奠定分类的基础了。

纵的发展是在事物发展过程中质变阶段形成的一种基本属性,是事物从低级到高级发展中各个不同阶段的构成体系。纵的发展是具有连续性的,但它从低级到高级阶段的发展过程,由于质的变异,又形成了若干"间断",这种"间断"正是事物分类的基本依据。例如:人类社会的发展是连续的,在漫长的社会发展过程中,形成了几种社会形态,这就是原始社会、奴隶社会、封建社会、资本主义社会、共产主义社会。这五种基本社会形态就构成了人类社会全过程的几个间断,间断是以社会发展过程中发生的质变为依据的,它也是人类社会发展史分类的基本依据。

从以上看出,单一的起源是分类的理论原则,横的分支是奠定分类的基础,纵的发展是分类的基本依据,这就是事物发展的基本规律。对事物的科学分类必须建立在这一固有规律的基础上,否则分类就失去了自己的科学性。

世界是由矛盾组成的,没有矛盾便没有世界。从古代起,人类为了认识和区别事物,就需要采用分类的方法,分类是认识客观世界的一种基本方法,是区别客观事物的一种基本手段。

科学技术的巨大进步,使人类认识客观世界的手段现代化了。但分类作为一种方法论,却是永远不会过时的,它是属于辩证法的。我们为了搞好图书分类,对它进行研究是有益的。

第二节　什么是图书分类

社会主义图书馆担负着为科学研究和广大群众服务的重要任务。图书馆为了完成这个任务,就必须将其收藏的大量图书进行分类。因为图书馆收藏的图书是人们从事生产斗争、阶级斗争和科学实验的记录。是人类精神财富的一部分,它记录和反映着人类文明和科学技术的成就。在这些文献中积累着无数有用的知识、经验、事实、数据、理论、定义、技术、方法,以及科学构思和假设,记载着许多成功的经验和失败的教训。所以图书馆藏书又是为实现四个现代化服务的重要工具,提高全民族科学文化水平的必要条件,发展科学技术的重要支柱之一和开展情报工作的物质基础。图书经过分类后,就可以科学地组织起来,从而正确地、系统地反映馆藏,更好地为广大科技人员和人民群众随时按照知识门类来寻找其所需要的图书资料,同时也方便图书馆员管理图书、宣传图书、指导阅读,提供科学研究和生产建设所需要的文献情报。

那么,什么是图书分类呢?

图书分类就是以马克思列宁主义、毛泽东思想为指导,根据图书所反映的内容性质、形式体裁、立场观点和读者用途分门别类地系统组织图书馆藏书的一种方法。

图书分类包括分类和归类两个概念。

所谓分类,就是将大量的图书,根据它们的内容性质、形式体裁、立场观点和读者用途上的异同,按一定的体系加以区分。这样就可以把相同的图书集中在一起,相近的联结在一起,不同的则区别开来,整理成为有条、有理的系统。例如:生物学的图书,根据它们内容性质上的异同分类,并继续将各类分为许多小类,我们便使生物学类的图书构成一个完整的系统。每类以致每小类在整个系统中占有一定位置,与其它类或小类发生一定的关系。这样,就可以使我们在寻找某些生物学的图书时,只要知道它在整个知识系统中的位置,即可很快地检索出来。生物学图书的分类如下表:

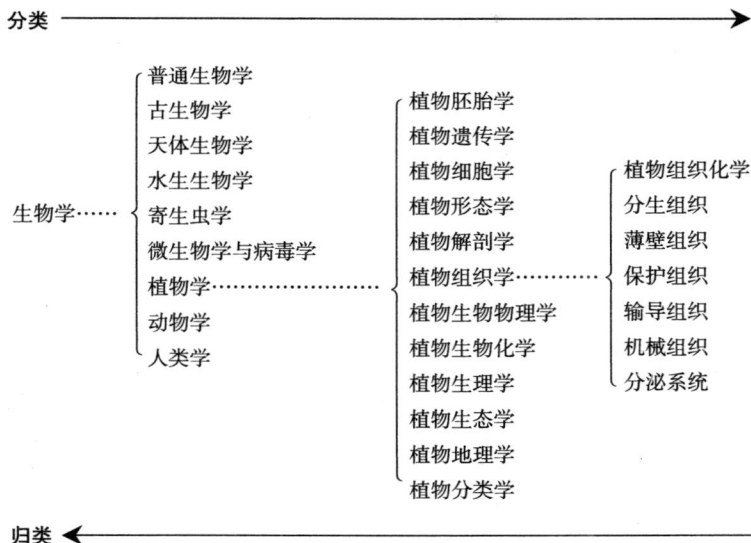

分类 ──→

生物学……
- 普通生物学
- 古生物学
- 天体生物学
- 水生生物学
- 寄生虫学
- 微生物学与病毒学
- 植物学……
  - 植物胚胎学
  - 植物遗传学
  - 植物细胞学
  - 植物形态学
  - 植物解剖学
  - 植物组织学………
    - 植物组织化学
    - 分生组织
    - 薄壁组织
    - 保护组织
    - 输导组织
    - 机械组织
    - 分泌系统
  - 植物生物物理学
  - 植物生物化学
  - 植物生理学
  - 植物生态学
  - 植物地理学
  - 植物分类学
- 动物学
- 人类学

归类 ←──

　　所谓归类,就是将每一本书归到与它内容性质、形式体裁、立场观点和读者用途相同或相近的一组图书中去。这样,就可以把相同的图书归在一处,并可以区别与它不同的其它图书。例如:对于(苏)鲁宾著、娄成后译的《植物生理学》一书,我们将它归到与它内容性质相同的"植物生理学"的一组图书中去。这样就可以和卓仁松编的《植物生理学》、潘瑞炽等编的《植物生理学》等在一起了。同时也可以区别不是"植物生理学"的其它图书。
　　从上面可以看出,分类即是指建立图书分类体系,它是由上而下,由大到小,由整体到部分,由一般到特殊,由总论到各论的划分过程,在进行时须运用概念的缩小。归类即是指运用这个体系来类分图书,它是由下而上,由小到大,由部分到整体,由特殊到一般,由各论到总论的集合过程。在进行时须运用概念的扩大。但是我们要注意,分类和归类是有密切联系的,因为将大量图书分门别类地组成一个体系和将每一本书归到既定的相应门类当中去,是一件事情的两个方面,其结果是一样的。

第三节　图书为什么要分类

图书为什么要分类,前面已经作了总的回答。现在再进一步研究图书分类的具体任务及其直接的应用。

一、图书分类的具体任务

图书分类的具体任务有三:

1. 揭示每种图书的内容性质、形式体裁、立场观点和读者用途

这就是说要分清图书馆的藏书到底都是一些什么样的图书。它的内容性质,是哲学的,社会科学的,还是自然科学的;它的形式体裁,是科学论著,通俗读物,还是文艺作品;它的立场观点,是地主阶级的,资产阶级的,还是无产阶级的;它的读者用途,是学生课本,大众读物,还是供科学技术人员参考的文献,等等。分清以后,才能针对不同的读者,提供什么样的图书。如果分不清,要很好地贯彻执行图书馆的方针任务是有困难的。

2. 把相同的图书聚集在一起,把不同的图书区别开来

这就是说把同一内容性质、形式体裁、立场观点和读者用途的图书归在一起,而区别于其它不同的图书。这样,才方便读者寻找图书和图书馆有效地管理图书、指导阅读。因为,同一内容性质、

形式体裁、立场观点和读者用途的图书集中一起以后，就可以使读者因类以求，从而找到他所需要的图书，并且在这本图书缺少的时候，也可以连类而及其它的图书。还有，由于不同的图书得以区分，也就大大节约了读者找书的时间。

3. 根据各类图书之间的关系组织成一个系统

这就是说把已经区分了的图书根据一定的体系组织起来。因为图书馆的藏书，多至千百万，少的也有几千几万。从内容性质上看，门类繁多；从形式体裁上看，花样纷繁；从立场观点上看，各种各样；从读者用途上看，也各有不同。倘若不加以科学地组织，结果就会杂乱无章。对图书馆员来说，无法管理；对读者来说，无法寻找。为了解决这个困难，就需要把各类图书有次序地组织起来，构成一个系统。

二、图书分类的直接应用

图书分类在图书馆工作中的作用是多方面的。例如，图书经过分类，采访工作就可以按类研究藏书情况，有助于今后系统地补充图书；读者工作可以按类熟悉图书，有助于今后有计划地推荐图书，指导阅读；此外，在清点藏书、新书陈列、参考咨询、编制书目文摘索引和情报分析研究等方面，也起着一定的作用。但这些都是间接的。图书分类的直接应用是：

1. 编制分类目录

每一个图书馆，无论大馆还是小馆，也无论综合馆还是专业馆，都必须有图书目录。首先要求具备一套分类目录。因为它是图书馆的主要目录，它是在一定系统的次序下，按照知识的门类排列着。读者可以按照各种不同的知识门类在目录中找到他所需要的图书。图书馆也可以通过这个目录宣传和推荐各种知识门类的好书，辅导读者阅读。我们国家两千多年以来，图书馆的传统，一直是以分类目录为主的。

2.分类排列藏书

图书馆的藏书排列方法有多种多样。按照登记号的顺序；按照出版的年代；按照书型的大小；按照知识的门类排列；等等。但是便于馆员直接管理和读者直接查阅，以按照知识门类的排列方法最为理想。因为它既便于馆员能够按类熟悉藏书，进而很好地掌握图书，宣传图书，指导阅读；同时也便于读者直接从书架上按类取阅图书，特别是在开架借阅时更为方便。目前，国内外的图书馆除了特殊情况外，一般都是采用分类排列藏书。

3.进行分类统计

图书馆的统计工作，是图书馆进行计划、总结的基础。各馆的统计工作，不仅要求从藏书的数量上来说明，而且要求从藏书的门类上来说明图书馆的入藏情况和流通情况。这样，才能从质量上来评价图书馆完成任务的好与坏。

第四节　图书分类与图书编目的关系

在图书馆学和图书馆工作中，图书分类与图书编目的关系最为密切，有必要加以分析一下，以便明确它们的联系和区别。

一、什么是图书编目

图书编目包括图书著录和目录组织两个方面。什么叫做图书著录呢？图书著录就是将每种书的外在特征，如书名、著者、出版地、出版者、出版年、页数、图表和内容特征，如分类、主题、提要等，适当地记录下来，构成一个款目，使读者对这部书能有一个形象的认识和了解。什么叫做目录组织呢？目录组织就是将那些已经著录好了的零散款目，按照一定的体系，如分类或字顺加以组织、排比和贯串，编制成目录，使之成为一个有紧密联系的整体，揭示图书馆的全部藏书。

二、图书分类与图书编目的联系

首先从研究对象来说,图书分类和图书编目都是研究图书馆的藏书;其次从工作性质来说,图书分类和图书编目都是揭示图书、宣传图书、指导阅读的手段,是图书馆为读者服务工作的基础;再次,从工作组织来说,它们都是在编目部(组)里进行的,只是前后程序不同而已;最后,也是很重要的一点,就是在编制分类目录时,图书分类和图书编目的联系更为密切,因为这时,图书分类已成为图书编目的主要依据,而图书编目则是图书分类的直接应用。

三、图书分类与图书编目的区别

图书分类与图书编目也是有区别的。第一,从研究的内容上去看,图书分类侧重研究图书馆藏书的内容性质,而图书编目则是侧重研究图书馆藏书的形式特征。也即是说,图书分类主要是从内容上研究如何揭示图书馆藏书的问题,而图书编目则主要是从形象上研究如何反映图书馆藏书的问题。第二,从工作性质上去看,图书分类是运用一定的图书分类体系来类分图书,也就是说,图书分类主要是根据内容性质上的异同,确定每种图书在整个知识体系中所居的位置,并通过分类号码把图书馆藏书有条有理地组织起来。图书编目则是以著录为基础,而著录是按一定的图书著录条例,把每种图书在卡片上加以形象的描述,然后将这些卡片,依照一定的办法,组织成为具有一定体系的目录。第三,如果再进一步从它们的直接作用去看,更可以明白它们之间的区别。因为图书分类是组织图书的一种手段,而图书编目则是记录图书的一种手段。

参考文献

刘国钧:"图书分类"《图书馆工作》 1956 年 5 期 68－75 页。

文化学院图书馆研究班第一期学员集体编写:《社会主义图书馆学概
　论》 北京 文化学院出版 1960 年 11 月。

孙云畴:《中国图书分类与编目》 北京大学图书馆学系印 1951 年。

武汉大学图书馆学系:《图书管理学》 1974 年。

刘国钧:"图书分类浅说——关于使用中小型图书馆图书分类表的几个
　问题"《图书馆工作》 1958 年 4 期 42－47 页,6 期 43－46 页,7 期
　40－46 页,8 期 39－45 页, 9 期 47－49 页,10 期 39－44 页,11 期 44
　－49 页,1959 年 1 期 43－49 页。

文化部文物局:《图书分类法问题研究资料》 1950 年。

杜定友:"分类与编目"《浙江图书馆通讯》 1953 年 12 月号 5 页。

杜定友:"图书分类法术语简说"《图书馆工作》 1957 年 5－7 月 5－
　7 期。

张德芳:《图书分类的理论与实践》 成都 四川省中心图书馆委员会
　1980 年。

吴声亮:《图书的分类》 成都 四川省中心图书馆委员会 1978 年。

白国应:《图书分类教学参考资料》 北京 中国科学院图书馆
　1975 年。

白国应、吴声亮、宣耐珊:《图书分类》(中国科学院图书情报工作教材)
　北京 中国科学院图书馆 1980 年 3 月。

第二军医大学图书馆:《图书分类》(图书馆专业班图书馆学教材之三)
　上海 第二军医大学 1979 年 8 月。

史永元:《图书分类》 北京大学图书馆学系印 1961 年。

河北文化学院:《图书分类》 1960 年。

李兴辉:《图书分类》 1958 年。

第三章　图书分类的基本原则

　　建国以来,在党的领导下,图书馆广大工作者,以马列主义、毛泽东思想为指导,认真总结了编制图书分类法和具体类分图书的实际经验,提出了图书分类的三个基本原则,即:(1)思想性原则;(2)科学性原则;(3)实践性原则。它们是相互联系、相互制约着的。思想性原则是图书分类的政治方向和指导思想;科学性原则是图书分类的客观依据和排列顺序;实践性原则是图书分类的目的要求和实际应用。因此它们之间的关系是辩证的统一。不管在编制图书分类法或者在实际分书工作中,都不能借口将它们割裂开来,强调这一个,而轻视另一个。我们在这里分开论述,只是为了便于说得清楚一些。

第一节　图书分类的思想性原则

　　思想性是阶级性的集中表现。图书分类的思想性就是指阶级性在图书分类中的表现。图书分类是一种社会意识形态,属于上层建筑。任何一种图书分类法都是由一定社会的经济基础所决定,并为一定的社会经济基础服务的。永恒不变的、适用于一切时代、一切阶级的图书分类法是没有的。在阶级社会里,图书分类法具有阶级性。

为什么在阶级社会里,图书分类法必然具有阶级性呢? 这就需要从图书分类的特点、对象和目的等几方面去分析。

　　前面说过,图书分类法是社会意识形态之一。社会意识是社会存在的反映,是人们对于自己周围环境、社会关系、社会过程的认识。社会意识的内容,不管它是正确的或是错误的,甚至是纯粹出自幻想的,都是现实的反映,都可以从社会存在找到它的来源。图书分类法是人们对于当时所管理的图书如何进行分类的认识。因此,图书分类法的内容是由社会存在、社会历史条件决定的。社会历史条件不同,生产发展的水平不同,图书分类法也就不同。图书分类法的发展不是脱离社会存在而绝对独立的。每一社会都有与其相应的图书分类法。随着社会存在的变化,图书分类法也必然或迟或早地发生变化。在原始社会,没有私有制,生产水平很低,尚未出现图书,因此没有图书分类法。随着私有制、剥削和阶级对立的出现,就产生了私有观念和发财致富的欲望,并出现了剥削阶级和被剥削阶级的意识的对立。这种意识也就影响到图书分类法。

　　图书分类法的对象是图书。在阶级社会里,图书内容无不反映人们的阶级意识活动,特别是哲学和社会科学的图书,更反映出作者从不同的阶级和需要进行阐述和解释。为了正确处理这些图书,分类工作者必然站在一定阶级的立场上,分清什么图书可以推荐,什么图书要提存,什么图书应当作为反面教材来批判等等。

　　还有图书分类是图书馆管理工作的一种重要手段,而图书馆则是属于一定的阶级的。封建社会的图书馆(藏书楼),为封建地主阶级服务;资本主义社会的图书馆,为资产阶级服务;社会主义社会的图书馆,为无产阶级服务。图书馆为了完成这一任务,它就必须藉助于各种方法完成它。就以图书分类来说,它必须以阶级的观点去类分图书馆的藏书。只有这样,才明显的起到揭示图书、宣传图书的作用。

总的说来,在阶级社会里,图书分类具有强烈的阶级性。而在社会主义社会里,图书分类的阶级性则表现在为维护社会主义所有制和为无产阶级政治服务上。

图书分类如何为无产阶级政治服务呢？这主要是指编制图书分类法时,坚定地站在无产阶级的立场上,自觉地坚持社会主义方向,坚决执行党的路线、方针、政策,提高图书分类法的科学性和实践性,使图书分类法为社会主义现代化建设服务。

图书分类思想性原则除了体现阶级性以外,还必须接受一种思想指导。例如:我国封建社会的图书分类,就是接受儒家的思想指导,所以无论《七略》、《七录》,还是《四库》,都是以"六艺"或"经"开始,并且将"六艺"或"经"的思想贯穿全部分类法。马克思列宁主义、毛泽东思想是一切科学部门的理论基础,是我们思想上、行动上的指南。社会主义图书分类法为了贯彻党的路线,实现新时期的总任务,就必须以马克思列宁主义、毛泽东思想为指导,完整地准确地掌握马克思列宁主义、毛泽东思想体系,发扬实事求是,理论与实践相结合的作风,正确的运用马克思主义的立场、观点和方法调查研究图书分类的实际问题,对客观事物作具体分析,把马克思主义的普遍真理与图书分类的实际情况结合起来。

图书分类法为了体现政治方向和贯彻指导思想,还要求执行党和国家制定的方针和政策。在社会主义图书分类法中,必须全面贯彻"百花齐放、百家争鸣"、"古为今用、洋为中用"的方针,发扬社会主义民主,为创立崭新的无产阶级的图书分类法而奋斗。

中华人民共和国成立以来出版的一些分类法,无论是《中国人民大学图书馆图书分类法》(简称《人大法》)、《中小型图书馆图书分类表草案》(简称《中小型法》)、《武汉大学图书分类法》(简称《武大法》)、《中国科学院图书馆图书分类法》(简称《科图法》),以及最近修订的《中国图书馆图书分类法》(简称《中图法》)等,尽管都存在着一些问题,但都明确地提出为无产阶级政治服务和以马克思列宁主义、毛泽东思想为指导。例如:《科图法》在开始编制时就很明确的指出:"分类法要以马克思列宁主义理论作为指导思想,并且贯彻到全部类目中去。"在修订第二版时,又进一步提出:为实现社会主义现代化建设服务。由此可见,它们的思想性是明确的。下面我们再看看它们是怎样体现思想性的。

第一,从分类体系上看。它们首先都是以毛主席关于知识分类的主张为依据的。毛主席在《整顿党的作风》一文中指出:"什么是知识? 自从有阶级的社会存在以来,世界上的知识只有两门,一门叫做生产斗争知识,一门叫做阶级斗争知识。自然科学、社会科学,就是这两门知识的结晶,哲学则是关于自然知识和社会知识的概括和总结。"据此,它们都分为"哲学"、"社会科学"、"自然科学"三大部。

同时,根据马克思列宁主义、毛泽东思想是指导我们思想的理论基础,是革命行动的指南,必须作为一个大部,列于首位。此外,对于综合性图书,因其内容涉及一切知识部门,不能归入任何某一专类,故列为最后一大部。

关于"哲学"、"社会科学"和"自然科学"的序列,根据毛主席关于知识分类的指示,"哲学是关于自然知识和社会知识的概括和总结",马克思主义哲学又是马克思主义三个组成部分之一,因此哲学作为第二大部。社会科学是阶级斗争知识的结晶,其中包括马克思主义的另外两个组成部分:政治经济学和科学社会主义。根据马克思主义三个组成部分来说,在哲学之后,紧接安排"社会科学",然后安排"自然科学",这样可以保持它们之间的内在联系。因此,五大部的基本序列是:

马克思列宁主义、毛泽东思想

哲学

社会科学

自然科学

综合性图书

这也就是我们通常说的"五分法"。

第二,从类目设置上看。在社会主义的分类法中,类目设置要有一定政治标准。现行各个分类法设置类目是根据毛主席在《关于正确处理人民内部矛盾的问题》中提出的六条标准和党中央提出的四项基本原则。六条标准是:有利于团结全国各族人民;有利于社会主义改造和社会主义建设,有利于巩固人民民主专政;有利于巩固民主集中制;有利于巩固共产党的领导;有利于社会主义的国际团结和全世界爱好和平人民的国际团结。四项基本原则是:坚持社会主义道路;坚持无产阶级专政;坚持共产党的领导;坚持马列主义、毛泽东思想。为此,各个分类法都首先将马克思列宁主义、毛泽东思想列为第一大部,集中了马列和毛主席著作,而且规定在有关各类作互见。同时为了充分反映党和政府的方针、政策、决议、法令和指示,除了在各个大类等反映出来外,其他类目需要时均可用附表一的有关复分号。例如《科图法》就可用附表一的"01 党和政府的方针、政策、决议、法令和指示"复分。还有对于新事物、新情况、新问题要充分反映,类目要多设一些;与此相反,对反动的旧事物、旧情况、旧问题则尽量压缩,类目要少设一些。只有这样才能突出重点,加强分类法的阶级性和思想性。

第三,从类目名称上看。类目的名称是一个个的概念,而概念的内容,在有阶级的社会里往往反映出一定阶级的利益,打上一定阶级的烙印的,特别是在哲学社会科学的概念上,更要有鲜明的阶级性和思想性。因此,社会主义图书分类法要求每个类目名称都力求用马克思主义的立场、观点、方法去衡量。例如:对于人民的革命运动、人民解放战争、农民革命等历史事件要用宣传、赞扬的类名来表示,绝不能用那些已经陈旧腐烂或反动透顶的名称。又如对含有轻视兄弟民族、宣扬大国沙文主义的类名都应当予以批判,并给予正确的类名。

第二节　图书分类的科学性原则

科学性原则是图书分类的客观依据和排列顺序,也是图书分类的基础,起组织类目的作用。因此,它要求以辩证唯物主义和历史唯物主义为依据,以科学分类为基础,以形式逻辑和辩证逻辑为工具,使图书分类具有一定的客观性、发展性、完整性、准确性和系统性。

辩证唯物主义和历史唯物主义是马克思主义的哲学,是无产阶级的世界观和方法论,是领导人们正确地认识世界、改造世界的科学理论,是无产阶级进行革命和建设的思想武器。所以,图书分类以辩证唯物主义和历史唯物主义为依据有着特别重要的意义:1. 它使图书分类法具有高度的政治思想性;2. 它使图书分类法编得更科学,具有更高的科学价值;3. 它使图书分类法更稳定,时间持续性较长,便于图书馆使用;4. 更有助于图书分类工作人员认识客观规律,从而提出正确解决图书分类矛盾和问题的方法。

图书分类为什么必须以科学分类为基础呢? 因为图书是记载和传播人类生产斗争、阶级斗争和科学实验的知识和经验的重要工具,书中表明着人们对于自然和社会的认识。图书按照内容分类就是按照其中的科学知识系统分类。这是最合乎实用的。因为人们阅读图书是为了获得知识和经验。而且人们通常也总是依照科学知识的门类来寻找图书的。同时,我们也应该知道,对所有一切图书,据以归纳成科学系统的,主要就是图书所反映的科学的研究对象。这些科学研究对象就是客观上存在的物质运动形态的发展程序,它反映着事物现象之间的内在联系和相互关系。这样一个图书体系也就能使客观上存在的任何图书均有类可归,使读者利用图书时有一个共同的客观规律可循。还有,图书内容所反映的客观事物的关系是错综复杂的。因此图书分类时就需要在这种错综复杂的关系中抓住主要的关系,提出主要的分类标准,以便进行划分和排列,把图书整理出一个系统来。由此可见,图书分类是离不开科学分类的,它必须以科学分类为基础。

图书分类法的类目安排,还要符合逻辑,注意它们之间的关系和联系。为此在图书分类法的编制中必须以形式逻辑和辩证逻辑为工具。有了这个工具,才能自觉地把我们的思维内容确切地、有条有理地、前后一贯地组织起来和表达出来。也就是说,能使我们在安排类目过程中,概念明确,判断恰当,排列合理。同时,就使得我们自觉地遵守图书分类的客观规律和图书分类的规则,帮助我们正确认识图书分类表,检验类分图书的正确性。

图书分类是怎样体现以辩证唯物主义和历史唯物主义为依据,以科学分类为基础,以形式逻辑和辩证逻辑为工具的呢?

第一,从图书分类的原则上看,以辩证唯物主义和历史唯物主义为依据的科学分类提供了两条重要的原则:一条是客观原则。即是说,图书分类必须按照图书所反映的科学研究的对象为基础进行分类。这些科学研究对象就是客观上存在的物质运动形态。而每一门科学都是研究某一现象领域内所特有的某一种矛盾。同时,各门科学知识的分类应当适合于各种对象或现象本身一贯的联系,即在各门知识的排列顺序中应当反映外部世界各种现象和事物本身客观存在的顺序。图书分类也是如此,它提供了解决任何问题的可靠标准,保证避免陷于主观主义的泥坑。另一条是历史原则。任何事物或现象在发展的过程中,有着已经完成和正在完成从低级到高级、从简单到复杂的过渡。图书分类时也应当反映这种现象。图书资料的排列顺序应该避免在实际历史过程中所出现的那些偶然周折,要用历史的逻辑的严整形式来表现它的结果。

这两项原则反映着辩证的观点和唯物主义解释事物的因素，二者紧密地结合起来，就构成了图书分类的辩证唯物主义基础。例如，排列类目时，从一般到个别，从抽象到具体，以及从总的历史原则派生出来的发生分析的原则和结构分析的原则。

从这些原则出发，现代图书分类法首先把图书分为若干大部，进一步分为若干大类，再次展开出若干主要类目，构成简表；然后一层一层的复分下去，便构成一个有层次、有秩序的详表。而且每个类目的进一步区分，都是以辩证唯物主义和历史唯物主义为依据，以科学分类为基础的。例如：在动物的分类上，就是根据动物的形态、生理、遗传以及分布等事实，确定某种动物在自然界的地位，在动物界的系统地位，与其它动物的血缘关系。这种分类，反映出自然界动物彼此间在进化发展（唯物辩证原则）过程中发生的血缘关系，是经过长期研究并有一定的科学根据的（如鲸，虽有鳍，但系胎生哺乳温血，呼吸用肺，所以不属于鱼类，而是属于哺乳动物）。根据这些原则，《科图法》动物类是这样区分的：

59.1　　　动物学
　.17　　　　动物分类学
　.171　　　　无脊椎动物
　.172　　　　原生动物门
　.173　　　　多孔动物门
　……　　　　……
　.19　　　　脊椎动物
　.191　　　　脊椎动物门
　　9　　　　哺乳纲
　　93　　　　真兽亚纲
　　939　　　　鲸目

如果需要，还可以进一步按照科、属、种区分。这是一种科学的自然分类法。所以我们说，图书分类以科学分类为基础也就是这个意思。

第二,从图书分类的标准上看,是以图书内容的属性为主要分类标准,而以图书形式的属性为辅助标准。

我们知道,世界上任何事物都有各种各样的性质,诸如颜色、声音、气味、形状、动作等,这些我们都称之为属性。所谓事物的属性,就是事物与事物之间的相同点和相异点。所以对于任何事物的分类都是根据事物所具有的属性作为标准来进行的。但是,事物的属性不只一种,它有本质属性同非本质属性的区别。本质属性又有特有的本质属性和共有的本质属性之分。所谓特有的本质属性,就是决定事物(或某类事物)之所以成为某事物(或某类事物)的属性,并且通过这种属性可以把某事物(或某类事物)同其它事物(或其它类事物)区别开来。这就是说,特有的本质属性表现着事物的特殊的本质。事物的非本质属性不表示事物的本质。非本质属性不仅为某一事物所具有,它可以同时为其它类事物也具有,所以在决定分类标准时,必须肯定其中的本质属性为主要标准,而其它非本质的属性作为辅助标准。图书分类也不例外,从图书的本质属性来说,主要是内容,其中又可分:(1)论述的对象;(2)论述的范围(即科学对象所具有的特殊矛盾性);(3)作者的立场、观点、方法等。从图书的非本质属性来说,主要是形式,其中又可分:(1)编写的体裁;(2)所用的语言文字;(3)出版的地点;(4)出版的年代;(5)著者的姓名;(6)书名的字顺;(7)服务的对象;(8)装订的形式,等等。根据前面所述的客观原则,现代图书分类法都是以图书内容的属性为主要标准,而形式的属性则为辅助标准。也就是说,在编分类表时,总是首先考虑以图书的内容性质来立类。特别是自然科学和社会科学两大部更为明显。例如:《科图法》的自然科学大部就是这样以内容性质为分类的主要标准。

50　　　自然科学

51　　　　数学

52	力学
53	物理学
54	化学
.1	普通化学
.2	物理化学、化学物理学
.23	热化学
.24	电化学
.241	电导性
.242	电动势
……	……
.25	磁化学
.26	胶体化学、表面化学
.27	光化学
……	……
.4	无机化学
.5	有机化学
.6	分析化学
.7	应用化学
……	……

从上面可以看出,自然科学分为数学、力学、物理学、化学等是以物质运动的形态作为分类标准的。化学分为普通化学、物理化学、无机化学、有机化学、分析化学、应用化学等是以研究的对象和范围作为分类标准的;物理化学又分为热化学、电化学、磁化学、胶体化学、表面化学、光化学等是以物理现象为分类标准的。因此,都是以内容性质为分类的主要标准。

但是,在现代图书分类法中,并不是全部以图书内容为分类标准的,这就是图书分类不同于科学分类的地方。例如:"马克思列宁主义、毛泽东思想"这一大部是以经典作家分,"文艺作品"是以写作的形式体裁分（小说、诗歌、散文、剧本等），"综合性图书"这一大部是以编制的形式体裁分（书目、索引、手册、丛书、论文集等）。就是自然科学和社会科学图书也由于还有形式的一面，因此，在分类时，也要考虑以形式体裁为辅助标准。

第三，从图书分类体系上看，现代图书分类法是以逻辑系统组织起来的。图书属性既然很多，所以当根据一定属性标准组成一类以后，还可以在这一类中根据另一属性标准进行复分。复分时，可以一贯采用主要标准，也可以采用某些辅助标准。但应遵守一些条件，这些条件是：

1. 每个类所选的分类标准尽可能是被分对象的本质属性，或足以表明被分对象之间重要差别的属性。

例如：《科图法》在，"67.3 蔬菜园艺"中就是根据食用部位为分类标准的，因此它的体系是：

67.3	蔬菜园艺
.32	根菜类
.33	块茎类
.34	根茎类
.35	嫩茎类
.36	叶菜类
.37	花菜类
.38	茄果类
……	……

2. 每一级的区分，一般只用一个分类标准，如万一需用两个或两个以上的标准时，即用注释划清它们之间的界限或根据它们的先后次序。

例如：生物科学，可以根据研究的对象分为：普通生物学、古生物学、水生生物学、寄生虫学、微生物学、植物学、动物学和人类学；也可以根据研究的问题分为：胚胎学、细胞学、遗传学、形态学、生

31

物物理学、生物化学、生理学、生态学、生物地理学、分类学等。《科图法》是先根据研究的对象分,然后再根据研究的问题分。因此,其分类体系是:

58	生物科学
.1	普通生物学
.3	古生物学
.4	水生生物学
.5	寄生虫学
.6	微生物学与病毒学
.8	植物学
.81	植物演化与发展
.82	植物遗传学和细胞学
.83	植物形态学、解剖学和组织学
.84	植物生物物理学、生物化学和生理学
.85	植物生态学
.86	植物分布、植物地理学(植物志)
.87	植物分类学
……	……
59.1	动物学
.3	人类学

　　根据这样的体系,每一种生物,都像植物那样,可根据问题再进一步细分。因此,在具体分书的时候,关于个别动物或植物的形态、生理、生态等,就应按照各该动、植物在其分类体系中的位置归类,不归入动物或植物的一般形态学、生理学、生态学,更不能归入普通生物学。例如:《蛙体解剖学》一书不入"58.16 普通解剖学",也不入"59.13 动物解剖学",而应入"59.19133 无尾目"。

　　但是有些类的复分,由于考虑不同的需要,就用几个标准。例如《科图法》"54.6 分析化学"一类的复分就用了下列五个标准:

（1）以物质组成分：54.61 无机分析、54.66 有机分析；

（2）以分析过程分：54.62 定性分析、54.63 定量分析；

（3）以取样数量分：54.63 常量分析、54.65 微量分析、痕量分析和点滴分析；

（4）以分析方法分：54.64 物理及物理化学分析（仪器分析）、54.691 生物学分析、54.692 统计分析；

（5）以物质形态分：54.67 气体分析、54.68 液体分析、水分析。

《科图法》为了分清它们之间的主次及划清它们之间的界限，加了许多注释。根据注释可以清楚地看出，在分析化学的分类标准中，是以物质组成为主。这样，有机的定性分析、定量分析、物理及物理化学分析、微量分析、痕量分析及点滴分析等皆集中在"54.66 有机分析"之下。而"54.67 气体分析"、"54.68 液体分析、水分析"、"54.691 生物学分析"、"54.692 统计分析"等则由于其具有特殊性，而予以适当的集中。

还有像《科图法》的"86.57 各种桥梁"类也同时以三种标准区分，即：

（1）以结构分：86.571 桁桥、86.572 桁架桥、86.574 刚架桥、86.575 拱桥、86.576 悬桥、86.577 开合桥、86.578 浮桥、86.579 其它；

（2）以材料分：86.581 木桥、竹桥、86.582 石桥、89.583 钢桥、86.584 钢筋混凝土桥、86.585 其它；

（3）用途分：86.586 铁道桥、86.587 公路桥、86.588 水道桥、86.5889 两用桥、86.589 其它。

对于上述区分，分类法中并没有注明主次，在这种情况下，就可以根据它们的先后次序决定主次。例如：遇到《石拱桥》一书时，就应首先考虑以结构分，号码为 86.575。

3.由一类分出的各个小类之间必须互相排斥，如有容易混淆之处,应加以注释。

例如:《科图法》"76 冶金学"分为"76.2 黑色金属冶金学"和"76.3 有色金属冶金学"。从形式逻辑上看,它们之间是互相排斥的。又如"72 力能学"分为:"72.1 电能学"、"72.3 原子能学"、"72.5 热能学"、"72.599 生物能学"、"72.6 地下热能学"、"72.7 水能学"、"72.8 风能学"、"72.9 太阳能学"等。它们之间也是互相排斥的。但是有些类,由于照顾到图书的具体情况,不得不用两个或两个以上的分类标准时,所分出的小类彼此之间就没有互相排斥,为了分清它们的界限,分类法一般都加以注释。例如:《科图法》"65.84 植物虫害及其防治"一类中的复分就用了被害对象和害虫品种两个分类标准,因此,在有关类目之下作了注释。

65.84　　　植物虫害及其防治
　　　　　　　　　专论某一种害虫及其防治入65.847。
.841　　　　大田作物虫害及其防治
.842　　　　蔬菜虫害及其防治
.843　　　　果树虫害及其防治
.844　　　　观赏植物虫害及其防治
.847　　　　各种害虫及其防治
　　　　　　　　　专论一种植物的各种害虫入65.841—65.844。
1　　　　螟虫
2　　　　蝗虫
3　　　　红蛉虫
4　　　　蚜虫、介壳虫
5　　　　红蜘蛛、蜱螨
6　　　　粘虫
7　　　　蚋虫
8　　　　地下害虫
9　　　　其它

从上面可以看出,每一类进行复分时,都要根据一定的标准。这样,一个大类可以分成几个中类,一个中类可以分成几个小类,而小类还可以再分,这称为类的复分。像这样一层一层按逻辑系统地复分下去,便成为一个有步骤、有层次、有秩序的展开系统,这就是图书分类体系。

被区分的类称为上位类(母项),由上位类直接区分出来的类称为下位类(子项),上位类与下位类之间存在着从属关系,上位类的属性必定存在于下位类,下位类的图书也一定能分入它的上位类。

由上往下不断地细分,称为分类。这种层层的演绎关系,称为系列。如果从基本序列(大部)到某一具体细目,可以用符号"→"表示。例如:

自然科学→生物科学→动物学→动物分类学→脊椎动物学→脊椎动物门→哺乳纲→真兽亚纲→奇蹄目

也可以反过来看,许多下位类共同构成一个上位类,上位类是它们所由区分出来的总体,而下位类是这个总体所组成的各个部分。因此,上下位类之间存在着部分依存于总体的关系。如果一个类不再区分出下位类的时候,那么,它的一切部分也都可以归入这个类。这是因为总体包括着它的组成部分。

由下往上不断的归属,称为归类。这种层层的归纳关系,称为系属。如果从某一具体的细目到基本序列(大部),可以用符号"←"表示。例如:

自然科学←生物科学←动物学←动物分类学←脊椎动物学←脊椎动物门←哺乳纲←真兽亚纲←奇蹄目

因此,也把一本本的图书归入分类系统中的分书工作称为类分,或称为归类。

由一类直接分出的各个小类,彼此称为同位类,同位类之间存在着并列关系,它们在某一点上(即上位类所代表的属性上)是相同的,而在另一些属性(即各小类所特有的属性上)是不同的。因此,同位类之间一般都互相排斥,凡能分入某一个类的图书,一般不能再分入这个类的同位类。

分类体系就是这样表示类目的同等性、次第性和部分对于总体的依存性。为了便于使用者辨认,图书分类法采用了不同的行格和字体表示。下位类比上位类退一格,同位类则在同一格内。例如《科图法》对于各级类目的字体规定如下:

(1)五大部、二十五大类用二号宋体;

(2)工业技术的各个类目用三号黑体;

(3)小数点后一位的号码和类目用三号宋体;

(4)小数点后二位的号码和类目用四号宋体;

(5)小数点后三位的号码和类目用五号黑体;

(6)小数点后四位的所有号码和类目一律用五号宋体:

(7)注释用小五号宋体,排在被注释类目的下一行,比类目后退二格,回行进一格。

通过字体的大小和行格的进退,就使人对分类体系一目了然。

第三节　图书分类的实践性原则

对图书分类的基本原则,过去一般都提:思想性、科学性和实用性。但 1974 年我们在总结《中国科学院图书馆图书分类法》的编制原则和编制方法的时候,发现"实用性原则"概念较窄,而且容易与"实用主义"相混淆,认为有用的就是真理,从而否认真理的客观性。因此建议将"实用性原则"改为"实践性原则"。理由是:1.图书分类理论来自图书分类的实践,又转过来为图书分类实践服务。2.图书分类实践是检验图书分类理论和评价图书分类法的唯一标准。任何一部图书分类法,是否受到图书馆界的好评和采用,决不是凭主观意志或依靠行政命令来执行,而是通过社会实践来检验。3.图书分类不同于科学分类或其它什么分类。其不同点就在于图书分类是针对图书这个特定的对象而进行分类和序列。图书是从三大革命实践中,总结各种知识而加以系统化的产物。图书是有其科学内容和思想内容的,这是图书的主要特征。当然,图书还有其它特征,例如,图书内容所涉及的其它问题,像地域、国家、时代、人名等;图书的形式体裁或编写方法;图书的读者对象等等。它们在图书分类上往往在上述的科学内容这一主要特征的统摄之下,也起着一定的作用,具有必须考虑的重要意义。一般地说,图书分类法的编制是否符合图书分类的需要,在于它的实践性和客观性是否解决得好的问题。图书既有其科学内容和思想内容,就要首先解决图书分类法的思想性和科学性的问题。但是图书分类法不解决图书本身的其它特征所提出的特殊要求,即不能全面处理好图书分类法的思想性、科学性和实践性的辩证统一问题,应当说,同样是违背辩证唯物主义和历史唯物主义的表现。4.实践性包括实用性,即是说,图书分类只有从实际出发,才能有效地为三大革命实践服务。不要片面地强调思想性和科学性,而忽略图书馆分类工作者和广大读者是否方便使用这一重要方面。

关于图书分类实践性原则的内容,可以分为以下几个方面:

第一,图书分类有着明确的目的。图书分类的直接作用在于推进图书馆工作,把图书系统地组织起来,并协助读者按类寻找所需的图书资料。但是,由于具体图书馆的性质、方针、任务、藏书规模和读者对象不同,所以对图书分类表和图书分类工作的要求也就不同。就图书馆的性质而言,有综合性的图书馆,也有专业性的图书馆。综合性图书馆对图书分类法的要求是:①从分类体系上要求以科学分类为基础;②从类目广度上要求全面;③从类目深度上要求比较详细,尽量适应图书的出版情况。专业性图书馆对图书分类法的要求是:①对于分类体系要求结合本专业的具体情况;

②对于本专业的类目要求比较详细的区分;③对于边缘学科和相关学科的类目适当的集中;④对于关系较远或者较少的类目要求简略。因此对于一部既要照顾综合性图书馆而又要照顾专业性图书馆的图书分类法来说,就要求一方面在类目设置上比较全面、详细;另一方面则要在有关学科部门重点的编制交替类目,以便某些专业图书馆要求集中同一对象、问题、事情的图书。例如:《科图法》在经济地质、矿业工程以及石油工业之下都设有"石油地质"这一类目,也即是说,除了在56.575列出类目外,还在74.761和81.72等处设交替类目,以便矿山或石油化工单位集中这类性质的图书。其次对于某些边缘科学,也在有关方面都予以反映,以供使用单位选择。例如《科图法》"54.264 流变学"下注"宜入52.6",即是说关于流变学的图书,一般是归入力学之下,但在化学专业图书馆,可考虑入"54.26胶体化学、表面化学"之下。

对于交替类目,一个单位只能选用其中一个,一贯执行,并将不用的类目和号码加以注明,或者干脆划掉,以免前后不一致。

为了便于使用者认清交替类目,各种图书分类法都采取了一些办法。例如:《科图法》采取了下列办法:

1. 凡是交替类目都注明:"宜入××"。号码用〔〕括起来。

例:53〔.642〕 直流电

宜入72.111。

2. 凡是交替类目之下,还分若干细目的都注明:"宜入× ×,如需集中此处,得依下表细分"。所有号码都用〔 〕括起来。

例:81〔.72〕 石油地质

宜入56.575;如需集中此处,得依下表细分。

81〔.721〕 油气生成学说
〔.722〕 油气的游移和积集
〔.723〕 油气的地层分布
〔.725〕 油气藏量计算

〔.726〕　　　油气田及海底石油

　　　　　　　　　　依国分,用附表六。

〔.729〕　　　油气田地质普查

　　3.凡是交替类目还要仿别类细分的,都注明:"宜入××,如需集中此处,得仿××细分。"号码用〔〕括起来。

例:81〔.73〕　　　石油及天然气钻采

　　　　　　　　　　宜入74.7;如需集中此处,以下各类均得仿74.7的有关类目细分。

〔.731〕　　　矿山设计、建设与规划

〔.732〕　　　矿山机械

〔.733〕　　　矿山建筑及设备

〔.735〕　　　矿山安全

〔.736〕　　　钻井

〔.738〕　　　油气开采

〔.739〕　　　海洋油气开发与开采

　　这就是说,如需要将全部的石油及天然气钻采的图书都集中在81.73时,81.73的细目均得仿74.7的有关类目细分。例如:"74.77钻井"下还有"74.771钻井设计"、"74.773钻井材料"、"74.775钻井方法"、"74.777天然气钻凿"、"74.779钻井设备"等一系列类目。那么"81.736钻井"下也要有相应的类目,即:"81.7361钻井设计"、"81.7363钻井材料"、"81.7365钻井方法"、"81.7367天然气钻凿"、"81.7369钻井设备"等。

　　4.凡是一部分集中,一部分分散的交替类目,都注明"××入此,××宜入××"。号码不用〔〕括起来。

例:50.9553　　　水质污染及其防治

　　　　　　　　　　总论入此,专论宜入有关各类。例:水域环境污染及其防治为56.31,江河污染及其防治为56.3728,……如有需要,可集中此处。

　　5.凡是总论集中,具体应用宜入有关各类的交替类目都注明

"总论入此,具体应用宜入有关各类;如有需要,可集中此处。"号码不用〔 〕括起来。

例:73.849　　远程控制的应用

　　　　　　　　总论入此,具体应用宜入有关各类;如有需要,可集中此处。

6. 凡是总论集中,具体应用宜入有关各类,而需要集中时本身又分若干细目的交替类目,都注明"总论入此,具体应用宜入有关各类;如需要集中此处,得依下表细分。"但总论号码不用〔 〕括起来,而细目号码是否用〔 〕括起来,则视具体情况而定。

例:72.39　　原子能的应用

　　　　　　　　总论入此,例:《和平利用原子能》;具体应用宜入有关各类,例:放射性同位素在生物学上的应用为58.1717;如需要集中此处,得依下表细分。

　　　72〔.391〕　　示踪原子、标记化合物
　　　　〔.392〕　　在科学研究上的应用
　　　　〔.393〕　　在医学上的应用
　　　　〔.394〕　　在农业上的应用
　　　　〔.395〕　　在工业上的应用
　　　　〔.396〕　　在交通运输上的应用
　　　　〔.397〕　　在宇宙航行上的应用
　　　　〔.398〕　　在国防上的应用
　　　　〔.399〕　　其它

另外,为了满足专业图书馆对图书分类法的要求,一般还需要采取这样一些措施:(1)每一个图书馆都要根据本馆藏书情况和读者需要改革一下分类法,对于专业部分的类目,如感到不够细致或不够适合,在不变动总的体系制度下,可以适当补充和修改。对于相关学科的类目,如果分类法设有交替号码,则应尽量选用靠近本专业位置的。对于关系较远或关系较少的类目,而藏书又不多的,应该简略,或者采用简表。(2)每一个图书馆都要在一般分类

原则的指导下,结合专业的需要,制订一个分类规则。这样就可以把有关专业的图书归入本专业的类目或靠近专业的类目里来。(3)如果对于一些关系较大,但为了不致破坏原有分类体系的类目,可以利用"靠近"的办法组织分类目录和排列藏书。例如:对于一个化学专业图书馆来说,"81 化学工业"一类,无疑地与"54 化学"一类关系很大,但是为了不破坏分类体系,不改变分类号码,就可以在组织分类目录和排列藏书时,将这两类"靠近"一起。这样,对于读者使用图书,馆员管理图书,都比较方便。但需要注意的是,不能过多地使用,否则,就容易混乱,弄巧成拙。

就图书馆的方针任务而言,有的图书馆专门负责国家文献的永久保管,有的图书馆则负责促进图书资料的广泛流通。对于前者图书分类可以粗放些,甚至可以不分类,而按到馆先后顺序排列。对后者,图书分类则宜详细些,使其更好地揭示在读者的面前。

就图书馆的规模而言,有的多至一千几百万册,有的则仅几千册。这对图书分类也有影响。即是说,规模大者,图书分类就要详细些;规模小者,图书分类就可以简略一些。为了适应这一点,我国专门编制有中小型的图书分类表。

就读者对象而言,由于其文化程度不同,需要的图书类型也不同。儿童要求一些通俗故事,学生要求一些教科书,科学研究工作者需要一些专著。这种不同要求,在图书分类中也要反映。例如:《科图法》对各类的通俗读物,一律加上附表一总论复分表的"059"区分;对各类的教科书,则加以"054"区分。至于一些专著,则可以不加任何区分符号。

第二,图书分类有着特殊的对象。前面我们曾经指出,图书分类必须以科学分类为基础。但不能说图书分类等同于科学分类,因为图书分类有着特殊的对象——图书馆藏书。即是说,图书分类是有其特殊性的。首先,由于图书有反映知识内容的一面,例如有的是一门学科或一个问题,有的是几门学科或几个问题,有的是综合所有的科学或所有的问题;其次,也有它本身形式的一面,例如:手册、指南、书目、索引、丛书、辞典等。因此在考虑分类体系时,必须设立能够容纳无所不包的"综合性图书"类和采用图书形式体裁作为某些类目的分类标准。例如:《科图法》除了设"综合性图书"一大部外,还在附表一中,详细地列出各种图书的形式体裁。其次,由于图书馆藏有古今中外的图书,因此,图书分类法就要求能够解决类分古今中外图书的问题。过去我国自编的图书分类法,一般很难容纳外文图书。国外的图书分类法又不能容纳中文图书,往往一个图书馆总要采用几种不同的分类法,对读者利用和管理工作都造成一些困难。因为人们在阶级斗争、生产斗争和科学实验中不仅利用今天的中文图书资料,而且也要利用古代以及外文的图书资料。同时馆藏图书是不断积累的,旧书不宜随便销毁,图书分类的对象也应包括在内。还有图书分类是有一定的立场、观点、方法的。不能再像过去一样,利用古代分类法类分古代图书,利用外国分类法类分外文图书。特别是我们为了使全馆各种文字的新旧图书都能统一利用一个分类法进行分类。因此,在编制图书分类法时需要特别注意这个问题。例如《科图法》为了解决古书,首先将其分散到五大部二十五大类,然后在一些类目里又适当集中。"51.1 古典数学"、"62 中医、中药学"、"65.09 古农书"等都是为了类分古书而在数学、医药、卫生和农业科学等大类中专门设立类目的。至于外文图书,由于中外文化交流,互相学习,互相影响,在知识内容方面逐步达到比较一致,而文字只是记述内容的工具符号,同一内容的图书可能用中外的不同文字出版,但并不影响到图书按科学部门分类,即是说按照图书内容性质分类已与图书所用的文字没有多大关系,所以《科图法》在处理外文图书时是和中文图书一样,都用统一的分类体系。

第三,图书分类有着特定的技术。图书分类包括编类、辨类和归类三个方面。所谓编类,主要是指编制分类表,包括类目的选择和安排,号码的制度和分配以及整部图书分类表的结构和组成等;所谓辨类,主要是指根据图书的内容性质、形式体裁、立场观点、用途范围等,来辨别某一本书应属于哪一类;所谓归类,主要是指根据辨类的结果,结合所采用的图书分类表和制订的分类规则,确定本书应属的门类,给予分类号码。由此可以看出,图书分类既有其理论的一面,也有技术的一面。因为要编制好一个分类表,辨别一本书的类别,给予一本书的分类号码,都不是很简单的事。其中是有它们的特殊技术和方法的。这些,我们准备以后专门论述。

总的说来,图书分类在图书馆工作中无疑的是很重要的手段,但由于图书分类法总是根据一定的思想体系、科学分类和具体情况编制起来的,所以图书分类也有它的局限性。

首先,不可能满足读者从各个方面来寻找图书。因为读者寻找图书的角度是多方面的。例如:有从学科角度寻找的,有从著者角度寻找的,有从书名角度寻找的,还有从地区角度寻找的,等等。但是图书分类只能满足从学科角度寻找的,而对于从其他各个角度寻找的,都不可能满足。如果图书馆要求满足从各个角度寻找,则需要通过著者目录、书名目录和地区目录等去解决。

其次,不可能按主题集中图书。因为图书分类主要是根据学科体系进行的。因此同一主题的图书,就必然会分散到各个类目里去。如"铜"这一个主题,有关铜元素的性质、结构、化学变化等归入无机化学,有关铜矿的成因、结构、分布等归入矿床学,有关铜材料的性能、试验、腐蚀与保护等归入工程材料,有关铜的经济管理、产品贸易等归入经济,等等。如果要求从这方面来解决,只有通过主题目录或专题目录才能实现。

再次,不可能表达所有类目之间的关系。因为图书分类法的各个类目之间的关系是错综复杂的。但由于单线排列的缘故,所以类目之间的关系,只能根据一个标准联系起来。尽管可以利用

"交替"、"参见"等办法，但也只能解决主要的联系。因此，根据一定的标准而建立的分类体系，就不能符合其它方面的要求。如果要求解决这个问题，也只有通过组织主题目录或通过机读目录，才能实现。

最后，还不可能完全适合科学的发展情况。因为图书是反映科学的，但从一门科学的发生、发展到总结写成一部图书，其中有着相当的过程。再说图书分类表一经制定之后，便具有相当程度的稳定性。但是客观事物是发展的，科学的进展是日新月异的，人们的认识是逐渐深入和扩大的。在这种情况下，就常常出现不能完全适合的情况。如果要解决这个问题，就必须定期的对图书分类表进行增订。否则，就会落后。

当我们明白了图书分类的局限性以后，就可以了解图书分类虽然是图书馆组织图书的重要手段，但不是唯一的手段。图书馆中所遇到的问题，并非总是在分类法的各种范畴之内，读者用书的方式也不是永远遵守图书分类法中各种范畴的限制。图书馆必须用别的方法来解决这些问题。

如果不了解这一点，就很容易发生偏见。例如，有些人认为分类法是图书馆的"根本大法"，一经制定之后，便可以解决图书馆的一切问题；有些人以为图书分类可以解决读者从各个角度找到图书，如果找不到，就对图书分类加以责难，说它作用不大；有些人以为分类法一经制定之后，便可使每一部书都有一定的固定位置，无论什么地方都一样；又有些人以为分类法一经制定便可以全国通行，无论什么图书馆都应该一律遵照使用，不能有所变动。其实是他们忘记了图书分类的特点及其应用的局限性。也就是说，他们忘记了图书分类只是图书馆工作中的一种手段，而不是唯一的手段；他们忘记了根据一定思想原则和科学体系编制起来的图书分类表不能普遍地适合任何人从任何角度对图书分类的要求；他们忘记了科学在不断地发展和变化，图书分类表也需要不断地修改和补充;他们还忘记了图书分类表只不过是一个抽象的体系,如果要发生作用,还必须和具体的图书馆工作结合起来。在这个一般和特殊相结合之中,各馆还需要做许多工作,诸如增减类目、调整体系和制订分类规则,等等。

参考文献

白国应:"论图书分类法的思想性——肃清林彪、"四人帮"在图书分类法思想性问题上的流毒和影响"《四川图书馆学报》 1979 年 4 期 49－59 页。

宁博:"怎样看待图书分类法的思想性"《四川省图书馆学报》 1979 年 4 期 60－62 页。

张德芳:"论编制图书分类法的基本原则"《图书馆学通讯》 1957 年 2 期 13－16 页。

凯德洛夫著,中国人民大学图书馆方法研究科索引组译:"论图书分类法问题"《图书馆学通讯》 1959 年 3 期 19－25 页。

杜定友:"图书分类法底理论体系"《浙江省立图书馆通讯》 1951 年 12 期 1－3 页。

皮高品:"编制图书分类法的几个基本问题"《图书馆学通讯》 1957 年 2 期 1－12 页。

刘国钧:"关于新中国图书分类法的一个基本问题" 浙江《图书馆通讯》 1953 年 9 月号 1－5 页。

商志馥:"论图书分类法的实践性"《广东图书馆学会论文》 1978 年。

杰斯林科著 范文津等译:"论苏联图书分类法草案"《图书馆工作》 1955 年 1 期 30－49 页。

第四章 图书分类与科学分类的关系

图书分类与科学分类之间的关系,是图书分类学研究的重要问题之一。这一问题的正确理解,对于图书分类表的编制和图书分类工作的实践,有着重大的意义。

第一节 科学分类的意义和它的发展简史

科学分类问题,即各门科学的相互区别和相互联系问题,是一个哲学问题。这主要是世界观在科学知识组织上的体现,也是一定社会阶段科学水平的反映。哲学家经常依据一定的哲学观点,把他同时代的全部知识或全部科学加以划分,并且按照一定的联系和关系组成一个体系。这种体系在现实生活中是具有一定意义的。首先它在哲学上,对于根据当代科学最新成就构成一个完整的统一的世界图景,具有基本的意义;其次对于从方向和方法论上指导科学发展也具有重要意义;再次,对于科学规划和组织科学研究机构,适当配合各方面的专家组成综合的研究集体,拟订教育体系和教学计划以及图书分类等方面更具有实际的意义。

历代各种派别的许多哲学家对于科学分类问题都提出过自己的见解,建立过适合于自己的哲学观点的科学分类体系。编制图书分类法的人,往往采用这些体系之一作为基础。现将对图书分类影响较大的见解和体系依历史发展顺序介绍如下：

一、亚里士多德的分类

亚里士多德（Aristoteles 公元前 384—前 322 年）是古代希腊哲学家。他把人类知识分为三类：

1. 理论哲学（Theoretical Philosophy），包括物理学（Physics）、数学（Mathematics）、形而上学（Metaphysics）；

2. 实用哲学（Practical Philosophy），包括伦理学（Ethics）、经济学（Economics ）、政治学（Politics）；

3. 生产哲学（Productive Philosophy），包括诗歌（Poetics）、修辞学（Rhetorics）、艺术（Arts）。

二、培根的分类

培根（Bacon Francis 公元 1561—1626 年）是英国哲学家。他用人的心理活动来区分知识，并且认为人的心理活动有三种由低级到高级的官能：记忆（Memory）、想象（Imagination）和理性（Reason）。记忆活动产生了历史知识；想象的活动产生了文艺；理性的活动产生了哲学。因此就把全部知识分为三类：

1. 历史（History），包括自然历史、进化史、文化史、宗教史等；

2. 诗歌（Poesy），包括叙事的、戏曲的和寓言的三种；

3. 哲学（Philosophy），包括神学、人类学、自然学，自然学中又分为算学、物理学、玄学等。

亚里士多德的分类是最早的知识分类，培根的分类则是中世纪的知识分类。这些在当时来说，都具有一定的代表性。但是，因科学不断地在发展，他们的分类体系自然要被时代所淘汰。

三、边沁的分类

边沁（Bentham，Jeremy 公元 1748—1832 年）是十九世纪初期

的英国哲学家。他根据当时的科学状况,将科学分为两大类:

1. 物质科学,包括天文学、地质学、物理学、化学、生物学等;
2. 精神科学,包括历史学、语言学、法律学、经济学等。

边沁虽然是按研究对象进行分类,但是由于缺乏辩证法,所以他的分类法没有反映出各门科学之间的联系。

四、孔德的分类

孔德(Comte, Auguste 公元 1798—1857 年)是十九世纪上半期的法国哲学家。他是实证哲学(Positivism)的创始人。他把科学分为六类:

1. 数学(Mathematics)
2. 天文学(Astronomy)
3. 物理学(Physics)
4. 化学(Chemistry)
5. 生物学(Biology)
6. 社会学(Sociology)

这种分类,据孔德的意见,以为很合于自然的顺序。他的分类及序列标准,就是各门科学研究的实证性(Positivity)或精密程度(Degree of exactness)。数学最精密,所以列在第一位,其次为物理学、化学、生物学;社会学的精密度最差,所以列在最后。孔德还认为这六种科学在发展上有先后的次序;每前一科学,为后一科学的基础。有了数学、天文学、物理学、化学、生理学,才有社会学;如不懂得以前五种科学,社会学就无法懂。但是,孔德的分类,只是从外表上把各门科学并列起来,结果得到只是一个外表的科学对比系列:

数学┃力学┃物理学┃化学┃生物学┃社会学

粗竖线表示当时所公认的科学之间的隔离。

这种分类严格地遵照形式逻辑的划分规则:划分的各个部分

互相排斥,因为它们之间排除了任何过渡。因此,这种分类是人为的、形式主义的,它根据假定造成各门科学之间的界限,而事实上这些界限是不存在的。

五、斯宾塞的分类

斯宾塞(Spencer, Herbert 公元 1820—1903 年)是十九世纪下半期的英国哲学家。他虽然阐述孔德实证哲学的体系,但在科学分类上,却不满意孔德的主张,而自己独创一格。他的分类大纲如下:

1,抽象科学(Abstract sciences),即研究现象间的抽象关系,例如逻辑与数学;

2.抽象具体科学(Abstract concrete sciences),即研究抽象的元素,例如力学、物理学、化学等;

3.具体科学(Concrete sciences),即研究实际现象,例如天文学、地质学、生物学、心理学、社会学等。

斯宾塞将逻辑和数学列为一类,自然是有远见的,因为它们都是高度抽象,而又为各门科学所应用的工具性科学。但他在抽象科学和具体科学中间插进一抽象具体的科学,则为后来研究讨论科学分类的学者所放弃。

六、汤姆生的分类

汤姆生(Thomson, J. A.)是二十世纪上半期的英国博物学家。他根据斯宾塞的第一、第三两类将科学区分为两大类,即:抽象科学与具体科学。抽象科学是研究推论方法,验证科学上叙述的一致与完全与否,并以供给调查的工具,例如:数学(包括统计学)、逻辑、形而上学。具体科学是研究经验的事实及其推论,包括五种普通的或基本的科学,及许多特殊的与应用的科学。所谓五种普通的或基本的具体科学,就是物理学、化学、生物学、心理学、社会

学。前二者属于自然界,后三者属于生物界。由这五种基本科学,而有许多附带的科学。汤姆生又把这些附带科学分为下列三类:

1. 特殊的科学(Special sciences),即研究基本科学现象中一部分的科学。例如:矿物学(Mineralogy)、天文学(Astronomy)、气象学(Meteorology)、测地学(Geodesy)、动物学(Zoology)、植物学(Botany)、美学(Aesthetics)、语言学(Linguistics)、民族学(Ethnology)、制度研究(Study of institutions)等。

2. 联合的科学(Combined sciences),即联合几个基本科学上的方法和概念,而做特殊的研究者。例如:太阳系通史(General history of solar system)、海洋学(Oceanography)、地理学(Geography)、地质学(Geology)、地球通史(General history of the earth)、生物通史(General history of the biosphere)、人类学(Anthropology)、人类通史(Science of human history)等。

3. 应用的科学(Applied Sciences),即研究各种科学知识的应用。例如:冶金学(Metallurgy)、农学(Agriculture)、建筑学(Architecture)、工程学(Engineering)、航海学(Navigation)、森林学(Forestry)、医学(Medicine)、优生学(Eugenics)、教育学(Education)、伦理学(Ethics)、政治学(Political science)、经济学(Economics)等。

汤姆生的科学分类,就当时的情况说,大体上还是比较适当的。但就细类来说,则有许多混乱的地方。例如以形而上学为抽象的科学,以政治学、经济学、伦理学等为应用的科学,都是没有什么根据和理由的。

七、恩格斯的分类

恩格斯(Engels, Friedrich 公元 1820—1895 年)是马克思主义创始人之一。他和马克思不但创立了马克思主义哲学,而且在十九世纪七十年代第一次提出了科学分类的两条原则,即客观原则和发展原则。恩格斯在《自然辩证法》中是这样论述的:"每一门科学都是分析某一个别的运动形式或一系列互相关联和互相转化的运动形式的,因此科学分类就是这些运动形式本身依据其内部所固有的次序的分类和排列,而它的重要性也正是在这里。"又说:"当现在自然界中发展的普遍联系已经得到证明的时候,外表上的顺序排列,如黑格尔人为地完成的辩证的转化一样,是不够了。转化必须自我完成,必须是自然而然的。正如一个运动形式是从另一个运动形式中发展出来一样,这些形式的反映,即各种不同的科学,也必然是一个从另一个中产生出来。"(《马克思恩格斯全集》第二十卷,人民出版社,1971 年 3 月第 593 页)

恩格斯根据上述原则对科学进行了分类。其体系是这样:数学、力学、物理学、化学、地学、生物学、社会科学和关于人类思维规律的科学。

按照恩格斯的说法,上述科学所研究的运动形式是这样联系着的:机械运动(位置变动)是借运动物体的接触(摩擦或碰撞)来完成的,结果机械运动转变为热、电等的物理的运动形式;物理的运动(例如热和电)在达到一定强度时,就引起化学反应;化学的运动形式(即化学物质及其变化)的逐渐复杂化,引起极复杂的有机化合物——蛋白体(生命的体现者)的发生,这样就出现了生物的运动形式;而生物又是依赖于它所生长的气候和地理条件的,生物界发展的结果又出现了人类,也就是人类社会和人的思维,从而发展的过程也由自然界的范围转化到历史的范围。这就预见到自然界发展的图景,并说明了与它相应的科学分类。因此对后人研究科学分类问题提供了科学的理论和科学的方法,影响十分深远,直至今天仍不失为指导科学分类的理论基础。

八、毛泽东的分类

1942 年,毛泽东曾就知识的分类问题作了精辟的论述。根据他

的论述,世界上的知识只有自然科学和社会科学两门。哲学则是关于自然科学和社会科学的概括和总结。所以他的分类体系是这样:

$$\text{哲学} \begin{cases} \text{自然科学} \\ \text{社会科学} \end{cases}$$

九、凯德洛夫的分类

凯德洛夫(Кедров, Б. М.)是苏联哲学家。1954 年 8 月 27 日他在苏黎世举行的哲学家国际代表会议上,曾以《论科学的分类》为题做了学术报告,以后又整理发表在苏联《哲学问题》杂志 1955年第 2 期上。

凯德洛夫根据恩格斯提出的科学分类两大原则制订了自己的科学分类体系。他首先要求弄清楚科学的三个基本部门——自然科学、社会科学和哲学的相互关系,其中每一部门都是由独立科学组成的整个部类或综合。并编制图例如下(见图一)。

通过图一中左右两部分互相对照的办法,可以看清应用于科学分类的客观性原则和发展性原则的实质。这里,科学的顺序和它们的相互联系,直接反映了客观世界本身的一定发展阶段上发生和相互联系的历史顺序,以及最一般的和比较不一般的(较个别的)客观世界规律—物质运动规律的相互关系。

在图一中粗实线表明科学之间的基本联系,可以说是一级联系。这些联系就好像形成了整个科学分类的特殊奠基石。除了三个基本的科学部类以外,还有其它不完全属于任何一个基本的科学部类的科学,但它们是以基本科学的接触和相互渗透为前提的。这样就形成了科学之间的二级联系,本图用虚线标明。

凯德洛夫为了进一步研究社会科学和自然科学的分类,他又分别设计了几个图表。例如关于自然科学的系列可表明如下(见图二)。图中基本科学用大号字体印出。二十世纪出现的科学(小于原子物理学和一切过渡性的科学),以及十九世纪末叶出现的现代

图一

Ⅰ．客　体	Ⅱ．科　学

自然界　　　　　　　　　　　　自然科学

　　　　　　　　　　　　　　　　物理　－－数学－－
无机界　　　　　最　　　　　　化学等
　　　　　　　　一
　　　　　　　　般　　　　　　　　　　　　　　辩
有机界　　　　　的
　　　　　　　　发　　技术科学　　　　　　　　证
　　　　　　　　展
人　　　　　　　规　　　　　　　　　　　　　　法
　　　　　　　　律　　　　　　生物学
即
　　　　　　　　　　　　　　　　　心理学
社　会　和　思　维

（人类的）　　　　　　社会科学　　　　　　哲学

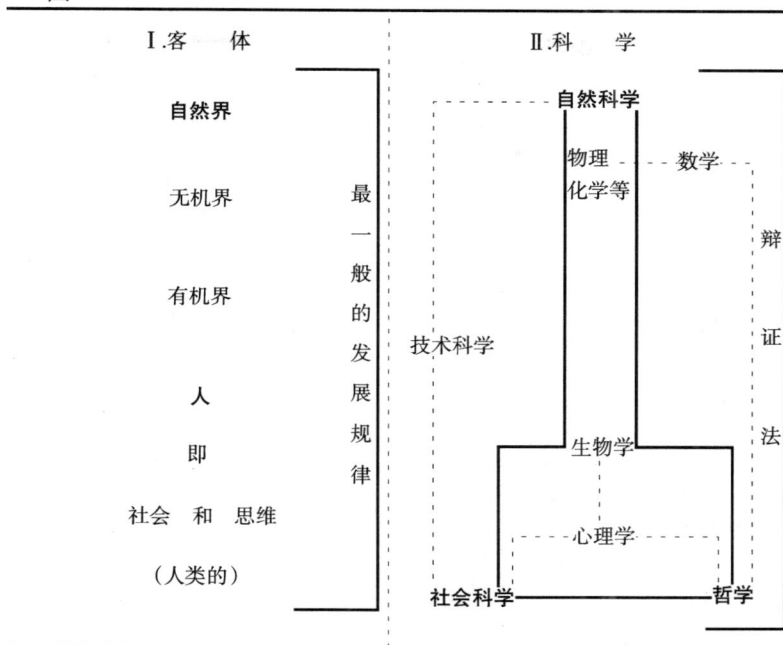

物理学都列在括弧内。从图二可以看出，现代分类法的基本要点大致和十九世纪相同。弧形粗线表明，科学系列的起点由于小于原子物理学的出现而发生分裂。图中指出从生物学（动物学）起，经过人体生理学和人类学，就从自然科学领域进入历史领域。或宏观物理学从力学（宏观力学和量子力学或微观力学）转入数学。在右方和自然科学对照排列着技术科学、农业科学和医学。这些科学位于社会科学和自然科学的交界线上。数学也是如此。

　　凯德洛夫还指出，从实际工作（例如图书馆工作）来看，从分支分类法向单线分类法过渡的问题是很重要的。图一中描绘的分支分类法基本上是属于内部闭合式的。因此，要实行单线分类就

图二

过渡到　　　**数学**　　　宏观的	应用数学
↑	**技术科学**
力学	应用力学
量子力学或微观力学	动力技术科学
"大于原子"物理学或宏观物理学	热工学,电工学,光工学
	和
"小于原子"物理学或微观物理学	无线电技术科学
物理学	原子技术科学
化 学 物 理 和 **物理化学**	化学工艺学
化学	冶金学
地球化学	矿 业
地质学	
生物化学	**农业科学**
生物学	农艺学
植物学	动物饲养学
动物学	
人体生理学	
人类学	**医 学**
过渡到　　　**历史学**	

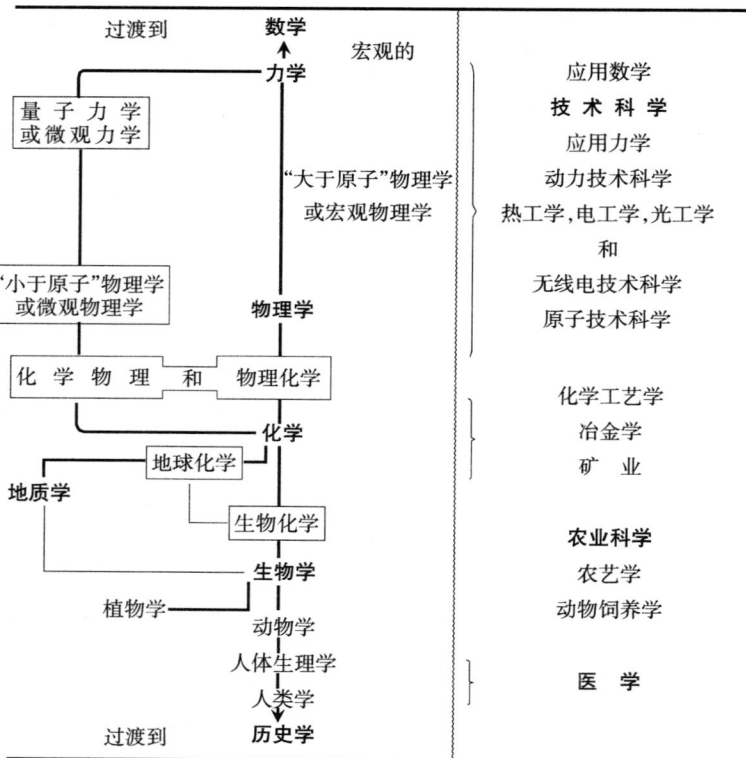

必须在复杂的、分支的、其实是连续不断的科学系列的一定位置上划开一个缺口,以便在这一点上同时构成较简单的科学系列的起点和终点。严格地说,这一缺口可以开在任何一点上,但必须尽可能地减少人为性。因此在哲学和社会科学连接点上划开缺口是十分自然的。因为,作为哲学的组成部分和最重要部分的辩证法,是关于自然界社会和思维的一切运动的最一般规律的科学,所以可把它放在所有科学的总系列的首位。这样,就可以使用一个比较

简单的图例来说明科学分类的系列（见图三）。

图三

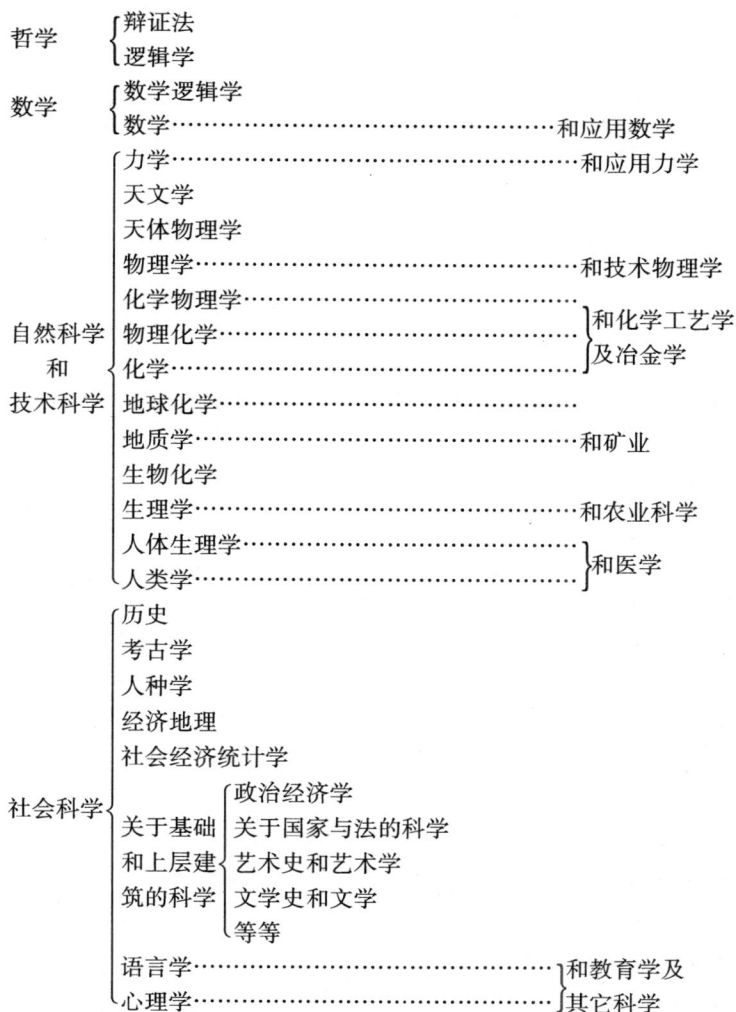

哲学 { 辩证法
逻辑学

数学 { 数学逻辑学
数学……………………………………………和应用数学

自然科学
和
技术科学 {
力学……………………………………………和应用力学
天文学
天体物理学
物理学……………………………………………和技术物理学
化学物理学
物理化学…………………………………… } 和化学工艺学
化学………………………………………… } 及冶金学
地球化学……………………………………
地质学……………………………………………和矿业
生物化学
生理学……………………………………………和农业科学
人体生理学……………………………… } 和医学
人类学……………………………………

社会科学 {
历史
考古学
人种学
经济地理
社会经济统计学
关于基础
和上层建
筑的科学 {
政治经济学
关于国家与法的科学
艺术史和艺术学
文学史和文学
等等
语言学……………………………………… } 和教育学及
心理学……………………………………… } 其它科学

十、钱学森的分类

钱学森是我国著名的科学家。他指出,现在的科学技术体系有六个组成部分,即:

1. 马克思主义哲学
2. 自然科学
3. 数学科学
4. 社会科学
5. 技术科学
6. 工程技术

他认为:科学技术体系学,也就是科学技术的分门别类,各门学科之间的相互联系,学科体系的发展、演变,新学科的成长和老学科的消亡或重新划分。关于上述六个组成部分的完整体系是:

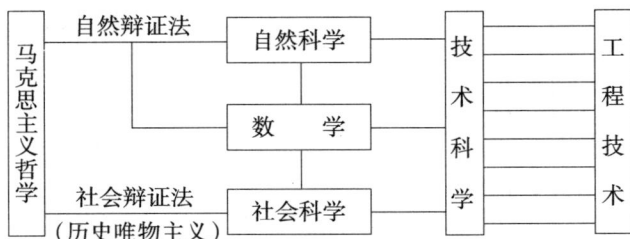

通过上图可以看出,概括一切的是哲学,哲学通过自然辩证法和社会辩证法(历史唯物主义)这两个桥梁和自然科学、数学和社会科学相联接。自然科学研究自然界,社会科学研究人类社会,数学则是自然科学和社会科学都要用的学问。在这三大类学科之下,介乎用来改造客观世界的工程技术之间的是技术科学。那是针对工程技术中带普遍性的问题,即普遍出现于几门工程技术专业中的问题,统一处理而形成的,如流体力学、固体力学、电子学、计算机科学、运筹学、控制论等等。在工程技术问题中新起的一大类是各门系统工程。

钱学森还指出,科学技术体系学不会发展到现在就停下来,将来的科学技术体系也不会就像上图那样固定下来。例如,现在已经出现了苗头的系统科学和思维科学,将来很可能上升到科学技术体系中两个新的大部类学科。

第二节　科学分类与图书分类的区别

在讨论图书分类的科学性原则中,我们曾经指出:图书分类必须以科学分类为基础。可是图书分类还有其本身的特点,也即是说,科学分类与图书分类有所区别。现分述如下:

一、从研究对象来说

科学分类的对象是学科,而图书分类的对象是图书。

科学分类就是根据学科对象所具有的特殊矛盾性进行区分的。例如,力学是研究物体机械运动(位置变动)规律及其应用的科学。又如物理学,作为研究物质运动最一般的规律和物质的基本结构的科学,有着它的学科对象。它研究的是:构成自然界物体的分子的运动(分子物理学)和构成原子的基本粒子的运动(基本粒子物理学)。

而图书分类的对象,由于是图书,就比较复杂。它不能完全以学科为分类依据,其中有些类目还要根据图书的情况设立。例如根据编写的体裁可以分为:专著、论文集、书目、索引、文摘、名词、术语、辞典、百科全书、手册、指南、图谱、表解、丛书、期刊等等;根据采用的语言文字可以分为:中文图书、英文图书、德文图书、法文图书、俄文图书、日文图书,等等;根据出版的年代可以分为:古代图书、近代图书、现代图书或宋版、元版、明版、清版,等等;根据作者的国籍可以分为:中国的、日本的、英国的、美国的、苏联的,等等;根据读者的成分可以分为:儿童读物、学生课本、大学教材、盲人用书等等。

二、从内容范围来说

科学分类中每一个类目的内容范围比较单纯.而图书分类中每一个类目的内容范围比较复杂。

科学分类中每一个类目,一般只包括一门学科,而每一门学科只研究一种事物或一个问题或某一种事物的某一个方面。例如:植物学是研究植物的;植物形态学是研究植物的形状和构造的;植物地理学是研究植物在地球表面上分布及其分布规律的。

图书分类中每一个类目可以只包括一门学科,也可以包括两门学科,如《中图法》的"064 物理化学、化学物理学"、"052 高压与高温物理学";还可以包括多门学科,如《中图法》的"O 数理科学和化学"、"O175 微分方程、积分方程及其它"。

再说,每门学科都有它自己的对象和内容,各门学科之间彼此有相当分明的界限。但是图书的内容范围并非一定遵守着学科之间的界限的。例如,有综合各门知识的图书,如百科全书、类书、国家书目、期刊目录等。但没有包罗一切的学科。

三、从分类体系来说

科学分类体系最重要之点 就是按着物质运动形式的固有次序去分类和排列。例如 在自然科学的分类体系中,所以把力学摆在最前面,原因是力学研究物质的最简单运动——机械运动。而机械运动是借运动物质的接触(摩擦或碰撞)来实现。接着是物理学,也是因为当机械运动转变为热、电等物理运动形式时,便进入物理学领域。再就是化学,因为当物理运动(例如热和电)在达到一定强度时,就引起化学反应,进入了化学领域。再就是生物学,因为化学的运动形式(化学物质及其变化)逐渐复杂化,就会引起极复杂的有机化合物——蛋白质(生命的体现者)的发生,这就出现了生物的运动形式,进入了生物学领域。从此可以看出力学、物理学、化学、生物学,一方面都各自具有特殊的运动形式,而另一方面又是相互依存、相互联系,这就构成了它们之间的体系。人们把这种分类看作是"本体"的分类。遵循这样的原则去认识世界,就获得了很大的自由,他们可以随时把确被认识之物添在分类体系之中,随时纠正自己认识中的偏差或谬误,对各门独立学科中陈旧的概念、范畴、规律、学说进行校正,使之发展为更加深刻的科学认识。各门学科又在新的认识成果基础上互相交叉、互相渗透,而不断地革新科学分类的体系。例如:物理学自十九世纪末、二十世纪初进入微观领域以来,对其它门类的自然科学的影响尤为巨大。本世纪六十年代已发现基本粒子近二百多种,不仅可以排列出基本粒子的质量谱系,而且开始窥测质子内部的结构。可以预期物理学即将到来第四次大的突破。与之有关的科学中的陈旧认识也随之而修正补充,科学分类的体系也将发生新的变化。

图书分类体系,虽然以科学分类体系为基础,但由于图书分类对象的特殊性和图书分类标准的多样性,所以图书分类体系也比较复杂。例如:《科图法》的哲学史,首先根据国家分,其次根据时代分,再次根据人物分,最后根据体裁分。因而形成下列体系:

　　12　哲学史

　　.1　世界哲学

13　　中国哲学　···　国家

　　.21　　汉代哲学　┐
　　.22　　　西汉　　├··························　时代
　　.23　　　东汉　　┘

　　　.231　　　桓谭　┐
　　　.232　　　王充　┘·························　人物

　　　　1　　　全集(本文)　┐
　　　　2　　　注释、语译　├·············　体裁
　　　　3　　　节本　　　　┘

14　　亚洲哲学
15　　欧洲、非洲、美洲、大洋洲哲学

同时图书分类体系也不能像科学分类体系那样自由,因为图书是一些观念形态的著作实物,在图书分类体系中,不能像扬弃科学分类体系中旧概念、范畴、公式、规律、学说那样,去扬弃旧的著作内容。新的图书产生了,旧的图书仍然存在,不能不管,还需要有适当的类目来容纳它。当然,图书分类法也不是科学发展的总图表,不能把历史上的旧概念客观主义地一一罗列,而需要进行适当的概括和归纳,能够纳入新的学科概念的纳入新的学科概念,不能纳入的则给以恰当的概括的类目来容纳。这种情况在中国哲学史、中医中药和中国古代经籍等的分类体系中比较常见。

四、从来源上来说

科学分类的来源主要是哲学家依据一定的哲学观点,把他同时代的全部知识或全部科学加以划分,并且按照一定的联系和关系组成一个体系。这种科学分类一直是哲学上的一个重要课题。不同时期的哲学家往往有不同的知识综合和组织。由于他们是按一定的哲学观点进行的,因而科学分类的体系就体现出一定的世界观。

图书分类的来源除了哲学上的科学分类体系外，还有教学上的学科划分和过去时代的图书分类体系。因为哲学上的科学分类体系、教学上的学科划分以及过去时代的图书分类体系都可构成任何时期图书分类法的实际环境，是任何时期图书分类法的材料来源。例如现代的图书分类法体系就是以恩格斯和毛泽东关于科学分类的体系为基础。类目的划分绝大部分与高等院校的学科或学程相同，而且许多材料都是吸取过去时代图书分类法的成果。

五、从时间观念来说

科学分类必然要反映当代最新的科学成就。图书分类法虽然也要反映当代最新的科学成就，但它所要类分的是古今中外的图书，而且应用了标记符号就在一定程度上束缚了图书分类体系的扩展。而科学是在不断地发展着的，新兴学科、边缘学科的出现，新图书的出版这就需要不断修订图书分类法，以便增加类目、修改类号，但是为了便于利用，又不能频繁地进行修改。即是说图书分类既要有修订扩充的可能性，又要有相对的稳定性。就这点来说图书分类总是落后于科学分类。

六、从结构形式来说

科学分类的结构形式比较自由，可以是树枝式（图一）、环式（图二）或交织式（图三）。而图书分类的结构形式则比较固定，主要是单线式（图四），原因是科学分类比较灵活，而图书分类则是由于解决图书排架和目录组织的先后次序问题，因此不能不采取线性排列。现以图表的形式说明一下。

图一:树枝式

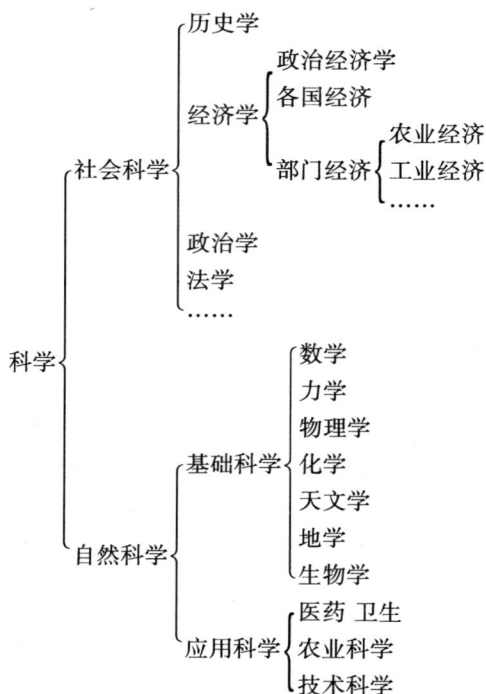

图二:环式

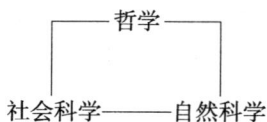

图三:交织式（网状）的一部分

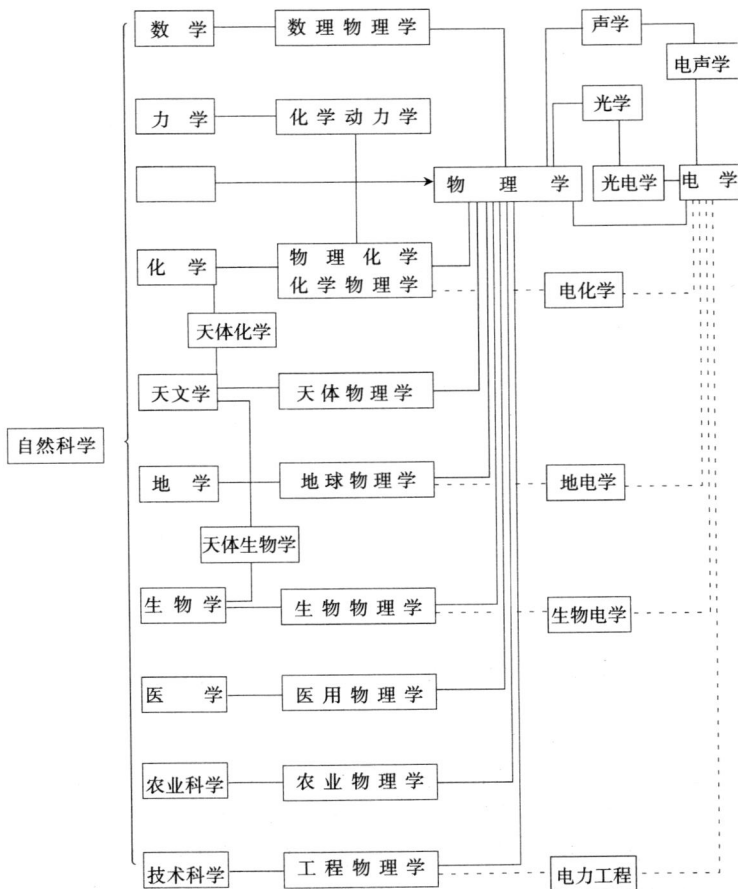

图四：单线式（线形）（注：线形主要表现在号码的排列上）

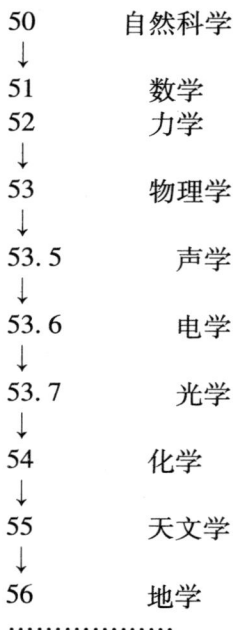

```
50          自然科学
↓
51          数学
52          力学
↓
53          物理学
↓
53.5            声学
↓
53.6            电学
↓
53.7            光学
↓
54          化学
↓
55          天文学
↓
56          地学
……………………
```

七、从所起作用来说

科学分类的作用主要在于指导科学的发展，特别是进行科学规划、设置科研机构、划分专业教育和类分图书上更为需要。

而图书分类的作用主要是在于科学地管理图书，指导读者阅读和检索。因此，每个图书馆，都可结合本馆的具体任务和适应读者的要求，调整图书分类体系，将内容上应当属于甲类的图书归到乙类去。

综上所述，图书分类虽然有赖于科学分类，但不能等同于科学分类。因为图书分类还有自己本身的特点。这就告诉我们，无论是编制图书分类法,还是具体类分图书都要牢牢记住这一点,否则容易发生错误。

第三节　现代科学发展对图书分类法的影响

二十世纪以来,特别是近三十年来,科学技术的发展,无论在速度上、规模上,或者是对人类社会的生产和生活的影响上,都是前所未有的,新学科、新技术层出不穷。例如:数学中出现了运筹学、优选法、网络理论;物理学中出现了高能物理、等离子体物理、高压物理;化学中出现了量子化学、辐射化学、核化学;天文学中出现了高能天体物理学、空间天体物理学、星际航行动力学;地学中出现了数学地质学、宇宙地质学、岩石力学;生物学中出现了分子生物学、遗传工程、仿生学;技术科学中出现了光电子技术、红外技术、遥感技术等等。关于这些新学科、新技术的图书资料也在迅猛地增长。因此在分类法中如何安排或增补这些新学科、新技术,则是一个比较困难的问题。

在安排或增补的时候,首先碰到的问题是科学技术的发展错综复杂,互相关联,形成纵横交错的网状;而在图书分类法上,则必须是单线排列,同时又必须照顾学科之间的亲疏远近关系。特别是对于修订分类法来说,问题更为复杂。因为它还要考虑到使用单位改编图书资料和修改目录的实际困难,尽量做到分类体系和号码制度不作大的变动。这样,在安排或增补新学科、新技术时,就不得不考虑必须根据具体情况分别给以处理。

一、分化学科

所谓分化学科,就是由一门学科不断发展,分化而成的一些新学科。在增补的类目中,最多的就是这一种。增补的办法是尽量利用分类法的空号或者是在原来分类号的后面加以扩充。例如《科图法》第二版增补"分析力学"时就是利用原来的空号"52.16"。至于所有的新兴学科都是由一门老学科分化出来,那就用层累制的办法扩充号码,即是在原来的号码后面增加一位数字。例如:"质点动力学"、"质点系动力学"、"刚体动力学"、"撞击理论"、"摩擦理论"都是由"动力学"分化出来的,因而《科图法》第二版扩展成为下列的形式:

52.13	动力学
.131	质点动力学
.132	质点系动力学
.133	刚体动力学
.134	撞击理论
.135	摩擦理论

二、边缘学科

所谓边缘学科,就是由几门学科相互交错、相互影响、相互渗透而形成的一些新学科。边缘学科形成的共同特点是,应用一门学科的理论或方法去研究另一门学科的对象,使不同的学科理论或方法与另一门学科的对象有机的紧密结合在一起。各门学科的相互交错、相互影响、相互渗透大大扩展了科学研究的对象,揭示了客观世界的许多新的秘密,形成了新的理论思想,开创了新的实验技术。例如:近年来,在物理和化学的影响和渗透下,生物学的发展非常迅速,逐渐由观察生命活动的现象深入到认识生命活动的物质,从而形成了像分子生物学、化学仿生学等一系列全新的边缘学科。又如数学与各门学科相互渗透也出现了物理数学、生物数学和经济数学等一系列新边缘学科。这些边缘学科在现代科学发展中具有决定性的意义。认真研究不同学科的相互渗透对如何安排或增补边缘学科的类目是十分重要的。例如,《中图法》考虑到各学科之间存在着错综复杂、相互渗透的交叉关系,各类型图书馆在图书资料分类上要求不同,在分类法中的处理办法也有所不同。它一般按下列原则安排:首先,在总体上,以综合性图书馆在图书资料分类上的要求编制。但为了照顾专业图书馆的需要,在有关学科部门,有重点地编制交替类目,以便选择使用。例如,自然地理学的各个边缘学科:气候学、水文地理学、土壤地理学、生物地理学、医学地理学等等。一方面集中编列在"P9 自然地理学"内,另一方面为了适应专业图书馆的需要,也规定了把这些边缘学科,重复反映到各有关门类,或直接分到有关各类。其次,有些学科内容,应用到另一门学科,成为另一门学科的理论、方法时,一般分入应用到的学科。例如,"生物化学"入"生物学",不入"化学";"教育心理学"入"教育学",不入"心理学"。再次,有些学科门类,关系到两个学科部门,一般是按照它们的重点关系分,并在有关学科编列交替类目。例如,"航空医学、宇宙飞行医学"入"V航空、航天",在"R 医药、卫生"中作交替类目。又如《科图法》在修订时,也是采取这样的原则:凡是利用一门学科的理论或方法去研究另一门学科的对象所形成的边缘学科,就将其分入被研究的学科里去。例如,"经济数学"是用数学方法研究经济规律的问题,它的研究对象是经济,因而入"经济学",不入"数学",号码是"29.18"。但在数学专业图书馆里,如有需要,可将其集中在"51.99 专业应用数学"类下。

三、综合性学科

所谓综合性学科,是指这种学科的研究对象涉及到各门学科,它的领域十分广阔,既涉及到自然科学,也涉及到社会科学。例如:"科学学",从它的研究对象来看,涉及的学科是很多的,研究范围是十分广泛的。它不仅要着眼于现代科学技术的现状,而且要总结人类有史以来,特别是近三百多年来世界各国科学技术现代化的经验,还要预见到今后二十年和下一个世纪科学技术现代化的发展趋势。它不仅要着眼于科学技术本身,而且还要联系到整个国民经济和整个社会。因而"科学学"涉及的科学领域也非常广泛,它要综合应用自然科学、社会科学、自然辩证法和哲学等许多学科的知识来研究科学技术现代化的基本规律。所以说,"科学学"是一门横跨自然科学、社会科学的综合性学科。

又如"环境科学",也是一门新兴的综合性学科。在近一、二十年内,它得到了迅速的发展。从研究的对象来看,环境科学是研究人类环境质量及其保护和改善等问题。它的领域十分广阔,不仅包括各种自然因素,也包括一定的社会因素。它是以生态学和地球化学为主要基础理论,充分利用化学、生物学、物理学、地学、医学、工程学、经济学和法学等各个领域的科学知识和技术,对人类的活动引起的空气、水、土地、生物等环境的问题进行系统的研究。

对于这些学科,现代图书分类法都是根据其综合性的特点,尽量安排在总论性或概括性的类目之下。例如:《中图法》把"科学学"安排在"文化"之后,"教育"之前,使它们共同组成"G 文化、科学、教育、体育"的类组。至于"环境科学",则作为一个独立大类,排在"自然科学"中的最后,号码为"X",以适应今后之发展。

四、横断学科

所谓横断学科,是指如:控制论、信息论、模拟理论等一些崭新的学科。它们不是以客观世界的某种物质结构及其运动形式为对象,而是以许多物质结构及运动形式中的某一共同方面为研究对象,它们所研究的共性超出了过去所熟知的一切科学领域。它们在科学方法上实现着一场革命。它们不再企图把复杂系统分解为简单系统,用简单系统去近似地说明复杂系统;而是将复杂系统如实地视为复杂系统,力求找到适合于复杂系统的方法。这些新学科正在广泛地向各门自然科学、技术科学和社会科学渗透,在全部科学知识体系中具有一般方法论的作用。根据这一特点,现代图书分类法在安排类目时,采取两种办法:一种是将其列在自然科学、技术科学或在社会科学有关方法论的类目之下,例如,《科图法》把"模拟理论"安排在"50.35 自然科学方法论"之下,具体号码为"50.359";一种是将其列在通用技术或一般性问题的类目之下,例如,《中图法》把"自动化系统理论"、"自动控制论"、"信息理论"、"模拟理论"、"学习理论"、"开关电路理论"、"可靠性理论"都列在通用的"自动化技术、计算技术"之下。其具体体系是:

TP　　自动化技术、计算技术
　1　　　自动化基础理论
　11　　　自动化系统理论
　13　　　自动控制理论
　14　　　信息理论
　15　　　模拟理论
　16　　　学习理论
　17　　　开关电路理论
　18　　　可靠性理论

五、相关学科

所谓相关学科是指与几门学科都有关联的学科。例如:"植物遗传学",既是"植物学"必须研究的一个问题,又是"遗传学"中必不可少的一个组成部分。对于这种学科,现代图书分类法一般都是采用交替的办法处理。首先按照它的研究对象确定其位置,同时在相关的学科内设立交替类目。例如:《中图法》、《科图法》等都是将"植物遗传"列在"植物学"之下,同时又在"遗传学"之下设立交替类目。所以当一个图书馆开始使用分类法时,对这些交替类目,需要认真地加以选择,并且要一贯遵守。

六、重点学科

科学技术不断地发展,规模日益扩大,图书资料不断增加,但是科学技术之间的发展又是不平衡的。如果图书分类法按照科学分类体系平衡列出,类目将越来越多,号码越来越长,而且其中有的类书多,有的类书少,甚至出现"空头类目",白白浪费号码。因此编制分类法时,必须面临一个分清重点学科和一般学科的问题。

怎样选择重点学科? 这个问题应从两方面来考虑。

第一,与国家目前或将来迫切需要解决的重大问题有关的主要科技领域,这是由国家和社会对科学技术的客观需要来决定的。例如,我国在制定《一九七八——一九八五年全国科学技术发展规划纲要(草案)》中就明确规定计算技术、半导体技术、农业科学、遗传工程等为重点学科。

第二,从科学技术本身的发展来考虑,即拥有极大潜力,并对其他学科具有重大影响的科学技术领域。例如:"激光"是二十世纪以来重大发明之一,它的出现对光学技术发展的影响是极其深刻的,许多以往光学技术办不到的事情,现在能办到了;过去能办到的,引用激光之后,效果和精度得到成倍甚至几十倍、几百倍的提高。十几年来,作为精密的研究工具和研究方法,激光已渗透到许多科学技术领域,超短脉冲激光揭示了原子、分子微光动态过程,用调谐激光研究原子、分子能级的精细程度比传统光学方法提高了成千上万倍,激光频率及长度基准的建立为更精确地检验一些基本物理提供了可能性。总之,激光对物理学、化学、生物学等一些分支今后发展的影响,将不亚于 X 射线对晶体学发展曾起过的那样重大的影响。

当确定重点学科后,在不影响图书分类法整个体系的前提下,适当突出它们的级位,利用较大的号码,扩充较多的子目是必要的。例如:《中图法》在自然科学的学科门类中,就对重点的新学科、新技术根据需要予以充分反映。如"地球科学"中的"地质力学"、"海洋学","无线电电子学"中的"微电子学、集成电路"、"光电子学、激光技术","生物科学"中的"环境生物学"、"分子生物学"等,都编在较显著的位置,以适应新学科的发展。又如《科图法》第一版时,"计算技术"只有几个类目,到第二版则进行大量的扩充,共增加了五十多个类目;还有"激光",除专门设置类目外,也增添了十几个子目。

参考文献

恩格斯:"自然辩证法" 《马克思恩格斯全集》第二十卷 人民出版社 1971 年第 593 页。

恩格斯:《反杜林论》 北京 人民出版社 1970 年。

凯德洛夫:"论科学分类" 《学习译丛》 1955 年 10 期第 29 – 44 页。

陈世骧:《进化论与分类学》。

杜定友:"科学分类与图书分类" 《光明日报》 1962 年 4 月 23 日 2 版。

钱学森:"科学学、科学技术体系学、马克思主义哲学" 《哲学研究》 1979 年 1 月号第 20 – 27 页。

钱学森:"关于建立和发展马克思主义的科学学的问题" 《科学管理》 试刊 1979 年 3 – 4 期第 32 – 41 页。

刘发:"科学分类与图书分类——关于图书分类的对象、方法和体系" 辽宁《图书馆学刊》 1979 年 1 期第 25 页。

КеdlРов Б. М.《Классфикация наук》 1959 年。

白国应:"关于《中国科学院图书馆图书分类法》修订中的几个问题" 《中国科学院第一次图书馆学情报学科学讨论会文集》 1980 年。

第五章 图书分类表的结构分析

图书分类表是类分图书的工具。因为在现代的图书馆中,通常是按照一定的分类表将每一种图书进行归类,而不是聚集了大量图书以后才据以分类的。这样才符合图书馆经常的图书分类工作,避免前后不一致。图书分类表既是作为具体进行图书分类时的工具在运用着,它就直接影响着图书分类工作的质量和效果,所以在进行图书分类学习时,应先对图书分类表的结构有一个基本的认识。

图书分类表通常是由类目、号码、正表、附表、说明和索引等六个部分组成的。现在分别叙说如下:

第一节 类目

一、类目的意义

类目是图书分类表最基本的单位,是构成图书分类表的主要成分。因为图书分类表是由许多类目依照一定原则组织起来的一个体系。

什么是类? 类是一组在某一点上彼此相同或相似的许多事物的总称。"物以类聚"、"人以群分"中的"类"和"群"就是这个意思。结合到图书分类表上来说,类就是一组在某一点上彼此相同的许多图书的总称。每一个类必须给予相应的名称,这就是类目,或称为类名。它不仅体现类的称呼,以便区别于其他的类,而且规定了该类的性质和范围。例如:"生物"这一类目,不但区别于"矿物"而且规定了该类的性质和范围。即是说,凡是有生命的东西,包括微生物、植物、动物、人类等都可以属于此。因此一类的图书,就是一组在某一点上彼此相同的图书。

二、类目的内涵和外延

类目从形式逻辑上说就是概念,而概念有着它的内涵和外延。因此类目也有它的内涵和外延。所谓类目的内涵,是指这个类目所反映的与图书有关的本质属性,也即是类目的涵义。例如:"生物"这个类目的内涵是指能新陈代谢的,含有蛋白质的,能生长繁殖的,具有感应性的属性。又如"人类"这个类目的内涵是指能思维、能说话、能制造生产工具的这些属性。类目的外延则是指这个类目的适用范围,也就是这个类目所能包括的范围。如"人类"这个类目的外延就包括古今中外的一切个别的人。又如"动物"这个类目的外延就包括脊椎动物和无脊椎动物。

类目的内涵和外延虽然可以区别,但不能分割。没有,也不可能有只具外延不具内涵的类目,换句话说,一切类目都必须同时具有内涵和外延,它们是类目的两个方面。它们成反比例的关系。类目外延愈广,内涵便愈简单;反之,外延愈狭,内涵便愈丰富。因为外延较广的类目所包括的图书范围较大,种类可能较多,它们共同的本质属性便比较少;反之,外延较狭的类目所包括的图书范围较少,它们共同的本质属性便比较多。一个类目对于外延较狭的次一级类目来说,是上位类;而后者对于前者来说,则为下位类。上位类和下位类只是相对而言。因为在某种情况下,可能是上位类,而在另一种情况下,也可能是下位类。例如:"生物"对于"动物"为上位类,但对于"自然科学"却成了下位类。

在图书分类过程中,时常会因实际需要而扩展原来类目的范围,即推广它的外延(同时简化内涵),称为类的"扩大",如将"动物"扩大为"生物",反之,也可将原类目的范围缩小,即限制它的外延(同时加深内涵),称为类的"缩小",如将"元素"缩小为"金属元素"。

三、类目间的关系

在图书分类体系中,类目间的关系是错综复杂的,既有区别又互相关联。其中有些是不可比较的,因为它们没有有关的共同之处,如"风"与"马","道德"与"物理"。另一些类目则是可以互相比较的,因为它们具有共同的基础,或者属于同一上位类的下位类。如"无机化学"与"有机化学",都是"化学",可以比较。自然,所谓"可以比较"并不等于它们相同。譬如"牛"和"羊"同属动物,可以互相比较,但不能说"牛"就是"羊",或"牛"可以为"羊"。

在可比较的关系中,从外延和内涵方面看,又有"相容的"和"不相容"的区别,前者指两个类目所反映的图书内容具有部分的或全体的迭合关系,后者则指两个类目所反映的图书内容是互相排斥的。但无论如何,凡可比较的关系,必有共同之处,至少会通过范围极大的第三个类目而发生一定的关系。

在相容的关系中,又有下列关系:

1. 从属关系

在分类法中凡具有共性与个性、全局与局部、总论与各论关系的类目都可以看作从属关系。对于这种关系,现代图书分类法的处理办法是:

(1)用上位类和下位类表示 就是说这两个类目在图书分类表中所反映的内容性质是上位类与下位类的关系。下位类的外延被含在上位类的外延中,而下位类的内涵则包含了上位类的内涵。

74

例如:"化学"与"有机化学"就是上位类与下位类的关系。"有机化学"的外延被含在"化学"外延之中,而"有机化学"的内涵则包含了"化学"的内涵。它们在图书分类表中,通常是用字号大小或行格进退来表示的。例如:《科图法》从五大部、二十五大类、四百多个主要类,以致到最小的类都是层层的从属关系。现举"54 化学"一类的体系加以说明。

54　　化学
.1　　　普通化学
.2　　　物理化学、化学物理学
.4　　　无机化学
.41　　　化学元素与无机化合物
.43　　　非金属元素化学
.44　　　金属元素化学、金属间化合物化学
.45　　　稀有元素与稀散元素化学
.46　　　络合物化学
.47　　　无机合成化学
.5　　　有机化学
.6　　　分析化学
.7　　　应用化学

从以上看出,"化学"与"无机化学","无机化学"与"化学元素"都是从属关系。化学就是属于共性、全局的类目,而普通化学、物理化学、化学物理学、无机化学、有机化学、分析化学、应用化学等则是属于个性、局部的类目。

(2)用注释表示　这是最复杂,也是分类人员最难掌握的一种方法。其所以复杂,原因在于总论集中在某一个类目里,而各论的又分散到有关各类中去。例如,"应用化学"与"医用化学"、"农业化学"、"工程化学"等类的关系,在一定程度上可以看做从属关系,但它们并没有直接构成上、下位类。那怎么知道它们是从属关

系呢? 主要是通过注释。例如,《科图法》通过"54.7 应用化学"的注释:"总论入此,具体应用宜入有关各类。例:工程化学为71.214;如有需要,可集中此处。"这就是说,如果分散,总论性的入54.7,各论的分入有关各类;如果集中,则无论是总论或各论的,均集中在54.7之下,必要时,还可以进一步细分。

这种办法,使用的地方很多,归纳起来大概有:

A. 一种理论、原则、方法在许多方面的应用,在被应用的理论、原则、方法的类目下作注释。

B. 一件事物、一个问题或一个原因在许多方面的影响,在起影响的事物、问题、原因的类目下作注释。

C. 一种研究对象,如果分为总论与各论,而又不是上、下位类时,在总论的类目下作注释。

但是也有一些没有作出注释,而依靠分类原则或各馆制订的分类规则决定的。例如,一种物品或一种机器在多方面的应用,总论的一般都跟随产品归类,在各方面的应用则归入有关各类。

(3)用详表和附表表示 一般说来,详表是主,附表是从;详表的类目与附表的类目的关系也可以看作是从属关系。因此,使用分类法时,先使用详表,后使用附表;或只使用详表,不使用附表。但不能只单独使用附表。关于附表的编制方法和使用方法在后面再谈。

2. 同一关系

即两个或两个以上的类目反映的是同一内容。它们有着同一的外延,但类名可以相同,也可以相异。这种关系在图书分类表中有三种情况:

(1)同义词 即一个类目有两个或两个以上的同义词。例如,"概率论"与"几率论"、"或然论","射电天文学"与"无线电天文学","晶体学"与"结晶学","胚胎学"与"发生学",等等。分类表的编者为了帮助人们识别它们是同义词,通常是选择其中一个

通用的或经过有关单位审定的名词作为正式类目,而将其余的名词用括弧括出置于正式类目的后面。例如《科图法》:

51.71	概率论(几率论、或然论)
54.9	晶体学(结晶学)
55.7	射电天文学(无线电天文学)
59.115	动物胚胎学(动物胎生学、动物发生学)

(2)边缘科学　所谓边缘科学就是介于两门科学之间的科学。例如"宇宙医学"是介于"宇宙航行"和"医学"之间的一门科学。对于这种情况,在现代分类法中,都是采用"交替"的办法处理。即首先在总体上,以综合性图书馆在图书资料分类上的要求编制,但为了照顾专业图书馆的需要,在有关学科部门,有重点地编制交替类目,以便选择使用。例如,《科图法》对于"宇宙医学",首先在"宇宙航行"里设"87.974 宇宙医学",同时为了照顾医学专业图书馆的方便,也在医学类里设一交替类目,即:

〔64.95〕　　宇宙医学

宜入87.974。

所以当一个图书馆开始使用分类法时,对这些位置,必须加以选择,并且要一贯遵守;但在分类目录中仍可以利用导片作参照。

(3)一个类目涉及几个方面　在图书分类体系中,有一些类目是涉及几个方面的,似乎可以归属到几个不同的上位类里去。例如,工业经济既涉及到经济科学,也涉及到工业技术。因此,在分类法里,也要采用"交替"办法处理。如《科图法》对于"工业经济",首先在经济科学里设"29.2 工业经济",同时为了照顾工业技术图书馆的方便,也在技术科学类里设〔71.1〕工业经济一类,并注明"关于工业经济的图书宜入29.2;如需要集中此处,可仿29.2的类目细分"。

3. 交叉关系

交叉关系又称交错关系。凡是相关类目都具有这种关系。相关类目有两种情况:一种是两个不同的类目的内涵和外延有一部分是重合的,相同的;而其他一部分则是不相同的。例如:"大学生"与"共青团员"这两个不同的类目,不是从属关系,也不是同一关系,更不是并列关系,而是部分的重合关系。因为在大学生中,有一部分是共青团员,或说在共青团员中有一部分是大学生。在图书分类表上,通常用互相参见的办法把它们联系起来,以便分书时衡量一下,到底应归入哪一类更好。同时也便于读者通过分类目录寻找相关的图书。

还有一种相关类目是由于共同研究一种对象,但由于研究的角度不同,分属于不同的学科。对于这样一些类目,图书分类表是按科学分类体系处理的,即分入有关各类。例如金属,如果是研究它的组织、性能,则应将其列入"金属学";如果是研究它的冶炼,则应将其列入"冶金学";如果是研究它的热处理、铸造和压力加工,则应将其列入"金属工艺、金属加工"。

在不相容的关系中,也可分为:

1. 并列关系

所谓并列关系即两个或两个以上的类目所反映的内容性质,同为某一类的下位类,彼此外延、内涵互异,但不含有互相反对或矛盾之意。例如:"原始公社制度"、"奴隶制度"、"封建制度"、"资本主义制度"和"共产主义制度"这五个类目,它们都属于"社会制度"这一外延较广的上位类之内,而它们彼此之间都处于并列地位。这些类目,我们称之为并列类目或同位类目。它们有时相加可等于上位类,也可以不等于上位类。但遇到相加不等于上位类时,图书分类表通常增设"其他"一类予以补足。例如《科图法》:

66.8	刺激作物
.81	茶
.82	咖啡
.83	可可

.84   可拉

.85   烟草

.89   其他

在分类表中，并列类目所用的印刷字体和行格完全相同。从它们的排列方法来说，也是有一定原则的。对于学科类目的排列，是从一般到特殊，从抽象到具体，从低级到高级，从基础理论到应用技术。

根据从一般到特殊的原则，例如，《科图法》对"81 化学工业"一类的下位类是这样排列的：

81.1   化工技术一般著作

.2   基本化学工业、化工原料生产

.3   电化学工业

.4   肥料工业

.5   硅酸盐工业

.6   燃料、爆炸物工业

.7   石油及天然气工业

根据从抽象到具体的原则，例如，《科图法》对"27 经济、经济学"一类的下位类是这样排列的：

27.1   政治经济学

.4   政治经济学史、经济思想史

28   各国经济制度、经济史地

29   专门及各科经济

根据从低级到高级的原则，"科图法"对"生物"的类目是采取先排低等，后排高等。例如，在植物中，先排孢子植物，后排种子植物；在动物中，先排无脊椎动物，后排脊椎动物。

根据从基础理论到应用技术的原则，图书分类表一般都将基础科学（数学、力学、物理学、化学、天文学、地学、生物学）排在应用技术（医药、农业、工业）的前而。另外，在各个类目中也都贯彻

这一个原则。例如,《科图法》对"73.774 红外技术"的下位类是这样排列的:

1	理论
2	光源
3	红外光学材料
4	红外光学器件
5	红外探测、探测器
6	红外系统装置、红外仪器
7	红外通讯
8	红外跟踪与制导
9	红外技术的应用

对于地区类目的排列,是从世界到各国,从中到外,从近到远。

根据从世界到各国和从中到外的原则,例如,《科图法》在历史、经济、政治、文学等类中,都是先列世界性的类目,次列中国的类目,后列其他各国的类目。而在其他各国的类目中,则是根据中国对世界各地的自然距离来排列的,因此先是亚洲,次是欧洲,再次是非洲,最后是美洲和大洋洲。

对于时代类目的排列,一般都是从古到今。但有个别分类法在某些类目则采取从今到古的反纪年办法,我们认为这是违背辩证唯物主义和历史唯物主义的。

2. 对立关系

这种关系又称为反对关系,即两个类目所反映的图书内容彼此极端相反,但相加并不等于全体。例如:"无产阶级"和"资产阶级"是两个对立的阶级,但是相加并不等于"阶级"的全部。又如,"无机肥料"和"有机肥料"也是两种对立的肥料,但相加也不等于"肥料"的全部。所以在分类体系上,一般都将其列作同位类。例如《科图法》:65.254 各种肥料(肥料分类)

1	无机肥料
9	混合肥料、复合肥料
.2551	有机肥料、农家肥料
3	绿肥
5	细菌肥料
6	颗粒肥料
7	间接肥料
9	杂肥

3.矛盾关系

两个类目所反映的图书内容互相排斥,但相加等于全体,即等于它的上位类。例如,"脊椎动物"和"无脊椎动物"两个类目是互相排斥的,但它们相加等于"动物"全部。又如,"黑色金属冶金学"和"有色金属冶金学"也是矛盾关系,但它们相加等于"冶金学"的全部。所以在分类体系中,通常也是将其作为同位类处理的,即排在同等的位置上。例如,《科图法》"76 冶金学"之下是这样排列的:

76	冶金学
.2	黑色金属冶金学
.3	有色金属冶金学

现在把上面所讲的类目关系,列表如下:

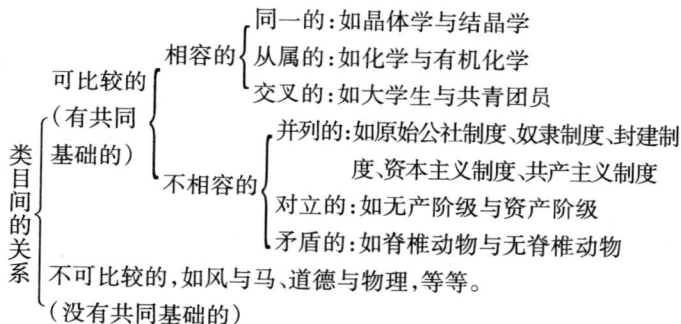

```
                                            ┌ 同一的:如晶体学与结晶学
                              ┌ 相容的 ┤ 从属的:如化学与有机化学
                              │          └ 交叉的:如大学生与共青团员
              ┌ 可比较的┤           ┌ 并列的:如原始公社制度、奴隶制度、封建制
类            │(有共同 │           │       度、资本主义制度、共产主义制度
目            │ 基础的)│ 不相容的┤ 对立的:如无产阶级与资产阶级
间            │          └           └ 矛盾的:如脊椎动物与无脊椎动物
的            │
关            └ 不可比较的,如风与马、道德与物理,等等。
系              (没有共同基础的)
```

四、类目的种类

类目的种类可按不同的标准加以区分。

1.内容类目和形式类目

这是按类目所反映的图书属性划分的。内容类目指反映图书的本质属性(即图书的内容)的类目。所反映的可以是各门学科,例如:数学、力学、物理学、化学,等等;可以是著者所采用的立场、观点、方法,例如:马克思主义、修正主义、唯物论、唯心论,等等;可以是涉及的人物,例如:马克思、恩格斯、列宁、斯大林、毛泽东,等等;可以是涉及的地区,例如:亚洲、非洲、欧洲、美洲、大洋洲、中国、美国,等等;还可以是涉及的历史年代或具体时间,例如:古代、中世纪、近代、现代或十月革命、五四运动、四五运动,等等。为了称呼方便,通常又把反映学科的类目叫学科类目;反映立场、观点、方法的类目叫观点类目;反映人物的类目叫人物类目;反映地区的类目叫地区类目;反映历史年代或具体时间的类目叫时代类目或时间类目。形式类目是指反映图书的非本质属性(即图书的形式)的类目。所反映的可以是编制的形式体裁,例如:书目、索引、丛书、手册,等等;可以是文艺的形式体裁,例如:诗歌、小说、散文、戏剧,等等;可以是所用的语言文字,例如:汉语、日语、英语、俄语,等等;可以是出版的年代,例如:宋本、元本、明本,等等;可以是编著者所属的国籍,例如:中国、朝鲜、越南、日本,等等;还可以是版型的大小、装订的形式以及所用的物质材料,等等。不过,由于现代图书分类主要是以本质属性为主要标准,所以形式类目采用的不多。

2.单一类目和组合类目

这是按类目的量划分的。单一类目是指只反映某一学科或问题图书的类目,例如:哲学、历史、经济、政治等,因为它们都只是包括单一的学科或问题范围的图书。组合类目又称类组,它是指由几个学科或问题组合为一类的类目,例如:"文化、教育"、"医药、卫生";或在一个总的名称下包括好几个学科或问题的类目,例如:"数理科学和化学"、"地质、地理科学",等等。因为数理科学和化学是数学、力学、物理学、化学和天文学的总称;"地质、地理科学"是地球物理学、水文学、气象学、地质学、地球化学、岩石学、矿物学、地理学、测量学和制图学的总称。组成组合类目的各类,一般都是并列关系,但也有个别是从属关系的,例如:"物理化学与胶体化学"这个类目中的"物理化学"就是"胶体化学"的上位类。

有些人把组合类目称为综合类目,本来也是可以的,但在现代图书分类法中,都设有"综合性图书"或"综合参考"一类。这就很容易使人误会"综合类目"即"综合性图书"或"综合参考",因此还是用"组合类目"或"类组"为好。

3. 从属类目、并列类目、交替类目和相关类目

这是按类目的关系划分的。从属类目是反映具有从属关系的类目,例如:无机化学对化学、原子核物理对物理,等等。并列类目除了指具有并列关系的类目以外,还包括一些具有对立关系、矛盾关系的类目。因为根据分类规则,由一类区分出来的各个类目都是互相排斥的,而在互相排斥的关系中就包括有并列关系、对立关系和矛盾关系等三种。交替类目是反映同一关系的类目,因为这种类目,不管分别置于两处或几处,其实所反映的内容范围是一样的。为什么出现交替类目呢?原因很简单,因为知识的各个部门,也就是各类图书之间的关系是相互联系、相互依赖和相互影响着的。特别是在现代边缘科学不断出现以后,各个学科之间的关系更显得越来越密切了。面对着这种情况,图书分类表不得不用交替办法来处理,以便能够适合不同方面的需要,满足专业图书馆的选择等。相关类目是指反映具有交叉关系的类目,它与交替类目不同。交替类目实质上只是一个类目;而相关类目则是两个或两

个以上的类目,它们谁也不能代替谁。

4. 总论类目和专论类目

这是按类目所反映图书内容成分的不同划分的。因为每一门类分为若干小类后,其中有一个是总括性的,而其余则是特殊性的。反映总括性的类目,称之为总论类目;反映特殊性的类目,称之为专论类目。在现代图书分类表中,对于总论类目有两种表示方法。一种是在同一上位类下,设"××一般著作"或"普遍××"等类目,与其他专论类目并列起来,例如《科图法》中:

86　　土木建筑工程

　.1　　土木建筑工程一般著作

　.2　　结构工程

　.3　　房屋建筑工程

　.4　　地下建筑工程

　.5　　桥梁工程、隧道工程

　.6　　环境工程、市政工程、卫生工程

　.8　　水利工程

另一种办法是将总论类目归并到上位类去,而不单独设立总括性类目。例如《科图法》中:

54.9　　晶体学(结晶学)

　.91　　几何晶体学

　.92　　晶体结构、晶体化学

　.93　　晶体物理

　.94　　晶体物理化学过程

　.96　　晶体形态学

　.98　　晶体生长

　.99　　晶体学的应用

这就是说,关于晶体学的一般著作就直接归到"54.9 晶体学"中去。

五、类目的名称

图书分类表上所列的每个类目,都有它各自的名称,简称类名。类名不仅仅是类目的称呼,而且它决定了这一类的范围。有些类目的名称,只用一个词表达,如"阶级"、"哲学"、"数学"、"物理"等;有些类目的名称则是用词组(两个或更多的词组合),如"社会主义社会"、"共产主义社会"、"阶级斗争"、"无产阶级专政"等。类名的选择是很重要的,它牵涉到思想性、科学性和实践性问题。除了前面我们所说类目的名称要求有思想性外,还应该要求下列几点:

(1)确切 即所用的词或词组,能够确切的反映该类目的内涵和外延,也即是说能够确切的反映该类目的全部内容和范围。为了做到确切,类名必须采用科学概念,而不应用文学上的比喻或隐喻之类的词汇。另外还要注意用词准确,不能有所含糊,否则会造成模棱两可,给分类工作人员带来困难。例如:有的分类表就用过"马克思列宁主义与语言学"这个名称,那是不够确切的。因为它既可以指马克思列宁主义经典作家关于语言学的著作,也可以指一般人运用马克思列宁主义的立场、观点和方法阐述语言学的著作,还可以指马克思列宁主义与语言学之间的关系的著作。由此可见类目名称一定要求十分确切。

(2)概括 即所用的词或词组能够全面的反映类目的内容和范围。自然科学的类目名称,由于大都使用科学名词,一般说来是比较容易做到这一点的。但社会科学的类目名称就比较困难一些。在此情况下,就得注意两个问题:第一,上位类是否完全包括了它所有下位类的概念;第二,下位类的概念是否能准确地表明它是否由上位类分出来的。

(3)精练 即所用的词或词组力求简短明了,切忌冗长。如果类目名称过于冗长,就会影响工作效率和质量。例如:一个分类法曾用"关于新中国成立后的恢复与发展各种建设以及各种政治运动,为巩固人民民主专政的小说"这样的名称,就很令人费解。当然也不能过于简略,特别是一些组合类目(类组),更不能简化。

(4)真实 即所用的词或词组,能够真实地反映类目的内容和范围,也即是说采用真实的概念,而不应用虚伪的概念。概念有真实和虚伪的分别。概念和概念所反映的事物不是一回事。事物是客观存在的,是物质的东西,概念是对于事物本质属性的反映,是主观反映客观的思维的东西。概念是反映事物的,反映就会有正确反映和歪曲反映,所以概念也会有真有假。如果概念正确反映了事物的本质属性,则该概念是真的;如果概念歪曲反映事物的本质属性,甚至完全虚构和捏造,则该概念就是假的。一般说来,科学名词的概念都是真实的概念,因此可以用作类目名称。有些概念在客观世界中根本不存在,只是阶级敌人用作骗人的工具,就不能用作类目的名称。

为了达到上述要求,我们首先尽量选用经过有关部门审订过的名词作为类目名称。例如:自然科学部分的类目名称就可采用中国科学院自然科学名词编订室审订过的名词。其次注意大众化。原因是有一些名词未经有关部门审订,因此在选用类目名称时,就应根据各种学术杂志或科学论著通常使用的名词。再次注意将类名和注释分开,凡是对类目的内容范围需要解释的,都应作为注释处理。最后不加不必要的形容词。这就需要运用上、下位类的概念来解决,即是说凡是上位类的类名和下位类的类名有部分重复的,上位类予以全称,下位类予以简称,即去掉重复的部分。例如《科图法》中:

```
41.59      日本语
  .591       语音
  .592       词汇、语源
  .593       语法、修辞
```

.594	文字
.595	词典
.596	方言
.597	读本、会话
.599	翻译研究

以上 41.591—41.599 的类名都省去了"日本语"三个字。

六、类目的设立原则

图书分类表类目的设立和序列,不能是任意的,它必须遵循下列原则。

1. 概括性和具体性

设立类目,必须注意概括性和具体性的统一。某一类目对其上位类,必须具有独立的或特殊的具体内容;对其同位类,必须相互区别和并列;对其下位类,又必须具有准确的概括性,能包括其下位类列,外延不能大于或小于下位类列外延的总和。也就是说,类目的概括性要求根据事物运动发展的矛盾普遍性而设立类目,而类目的具体性则要求根据事物运动发展的矛盾特殊性而设立类目。这样,在类系中就能体现出概括性的类目统属着具体性的类目,总是从一般到具体,从总到分。当然,概括性与具体性,是指在当前文化、科学发展水平上已认识的具体事物而言。随着社会、自然的发展和演化,我们对客观世界认识的深化,又有新的事物、新的学科、新的问题出现,也可能在概括性类目之下增补新的具体性类目;而具体性的类目也可能有概括性的内容。这是必然而且允许的。因此,在设立类目和序列类目时,必须充分考虑划分依据和立类标准的准确性以及类目名称的确切性,另外还要注意每当设立一个具体的子目时,必须要有一有概括的类目能包容它。

2. 历史性和现实性

历史性和现实性是互相联系而又有区别的两个概念。设立类目时,必须体现历史性与现实性的辩证统一,即是说,在处理历史性类目和现实性类目时,既考虑到历史发展,又要照顾到当前实际。一方面切忌割断历史或颠倒历史,另一方面又要防止厚古薄今或崇古非今的倾向。同时考虑到历史与现状在一定时间、地点、条件下,虽然有所区别,但在历史长河中,历史和现状并没有多大的区别,特别是叙述现状的图书,过了一定时期就变为历史资料。如果把历史与现状分别规定两个不同的号码,那过一定时期,也要进行修改。所以,为了照顾图书分类的相对稳定性和解决实际分书的困难,不少分类法是把历史和现状并为一个类组列在"总论复分表"内。例如:《科图法》就是一律用"04"表示"历史、现状、概况和传记";《中小型表》也是一律用"02"表示"历史、现状"。这是可取的。如果为了突出现状,则应在组织目录时加以解决。

3. 稳定性和发展性

类目的稳定性是图书分类法必须考虑的重要问题。因此就要求类目不要变动频繁。但是图书分类法又要适应科学的发展而不断修订和补充类目,这就是发展性,也即是说稳定性和发展性是相对的。稳定是相对的稳定,适应是相对的适应。稳定只能是在一定的范围和时期内的稳定。例如:基本大类和基本类目不可轻易作大的变动,以免牵一发动全局,给图书馆工作增加许多麻烦。而且类目调整、增删和展开也要定期进行,不可朝令夕改,使分类人员无所适从。为了适应科学的发展和图书出版情况的变化,这就要求立类和列类要有一定的机动性、预见性和不随意性。例如:《中图法》、《科图法》都留有一定的空号,以便将来增加新的类目。

4. 规定性和灵活性

图书分类法是供图书分类工作人员使用的规程性的方法书。图书分类法具有一定的约束力和统摄作用。因此建立类目,必须遵循规定性和灵活性的统一。规定性也可理解为统一性、划一性或一致性,也就是说,性质相同的类目,处理方法应该统一、划一或

88

一致,使分类工作有规律可循。切忌忽此忽彼,随意为之,使人难于捉摸;更不能自毁体例,自相矛盾,使人难于理解。灵活性是指在统一的原则、统一的体例指导下,运用一些特殊的方法或技术。例如:运用交替类目、相互参照、组配方法等,使类目的设置能适应不同类型、不同规模、不同专业的图书馆及情报机构的要求。但灵活性不等于随意性,也即是说灵活性必须在规定性的原则指导下进行,否则便无规律可循。总之,要从实际出发,必须联系一定的条件、时间和地点,认真分析图书资料的特点和使用单位的要求,设立一些既有共性,又有特性的类目,让使用单位自己抉择。只有这样,才能使图书分类法的编制达到定而不死,活而不乱,为各馆更好地类分图书,提供和创造有利条件。

5. 通用性和专门性

图书馆既有综合性的,又有专业性的;既有大型的,又有中小型的;藏书中也是既有中文的,也有外文的;既有现代的,也有古代的;既有图书,也有资料。这就要求图书分类法加以解决。所以设立类目时,就必须注意它的通用性和专门性。也即是说,既设有适合综合性图书馆的类目,也要设有适合专业性图书馆的类目;同时还要求类目的设立和序列,必须适合不同类型不同规模的使用单位所提出的各种不同要求,既能处理中文图书,又能处理外文图书;既能处理新书,又能处理古籍;既能类分图书,又能类分资料。

以上这些原则,都是一个问题的两方面,是相互联系、相互制约的。不仅涉及类目的设立和序列问题,而且关系到图书分类法的思想性、科学性和实践性的结合问题。因此必须认真的加以研究和运用。

第二节 号 码

一、号码的意义

号码也称为标记符号。它是分类体系内类目的代表,也可以说是类目的代号,所以又称为类号。现代图书分类表中,无论什么类目,都有固定的号码为代表。

号码的作用在于:一方面表示类目在分类体系中的位置,另一方面则表示类目的排列顺序。但是,也必须体会到,号码虽然给分类表的结构带来实践上的很大便利,却同时也给分类表的结构带来了一定的限制。有了号码,分类体系就固定下来,不能随便变动。所以一部好的图书分类表既要有好的分类体系,也要有好的分类号码。如果没有好的分类号码,就会影响图书分类表的推广使用。用了以后,也会给图书馆工作带来困难。

那么,什么是好的分类号码呢? 为了回答这个问题,必须首先了解号码的要求和号码的类型,然后进一步了解号码的编制方式和号码的编制方法。

二、号码的要求

所谓好的号码,必须符合下列三点要求:

1. 逻辑性

即是说号码本身具有一定的自然顺序,而且能够显示类目在分类体系中的位置,这样,才能反映类目的逻辑性。因为我们知道,图书分类表的号码,是分类体系的表现形式,号码所代表的类目,是分类表的具体内容,内容决定形式,反过来说,形式必须服从内容。但是,也要看到顺序和等级相比较,顺序是主要的,因为图

90

书排架和分类目录卡片的排列形式是一条线。而等级是次要的，因为图书在架上不一定需要反映出等级来。

2. 简易性

即是说，号码要求简单、明了、易认、易读、易记、易写、易于打字、易于输入计算机、易于排列、易于检索。因为图书馆工作人员经常利用号码组织分类目录和排列图书，这就需要经常说、写、记忆、排列和检查各个号码。同时，读者在使用图书馆目录和藏书的时候，也需要通过号码。再说随着图书馆工作逐步走向机械化，自动化，分类号码也要适应这一点。

3. 伸缩性

伸缩性也称弹性，即是说在一定的地点、时间、条件下有它的相对稳定性，但又随着地点、时间、条件的变化要有扩充发展或削减压缩的可能性。简单地说，就是能增能减。为什么要有伸缩性呢？因为按照辩证唯物主义和历史唯物主义的观点来看形势，总是不断地变化，一些事物消失了，另一些事物新生了；图书分类体系必须随着形势的变化而变化，有时需要增补一些反映新事物、新情况、新学科、新技术、新成就的类目，而有时又要合并或压缩一些反映旧事物、旧情况等的类目。作为类目代号的号码来说，一定要适应这些情况。当类目增加的时候，号码就能相应的增加，当类目合并或压缩的时候，号码就能相应地削减或压缩，如影随形，毫发不爽。

三、号码的类型

从分类号码的成分来看，可分为单纯号码和混合号码。完全用数字或字母或其他单一符号组成的号码，称为单纯号码；用字母和数字，或其他任何两种或几种符号组成的号码，称为混合号码。

在单纯号码中，以数字最为通用，而在数字号码中又以阿拉伯数字最为通用。因为阿拉伯数字与其他数字，例如：中国数字、罗马数字等比较起来都容易辨认、念读、记忆、书写、排列和检索得多。同时，阿拉伯数字有着广泛的群众基础。无论在我国各族人民中，或在全世界各国人民中都已广泛地使用。这样就可以使各馆的各种文字图书能够统一使用一种号码。但数字和字母相比，则不容易满足简短的要求。因为数字的基数只有 10 个，所以只能编成数量很少的简单号码。例如：用两个数字排列组合，只能得出 $10^2 = 100$ 个，用三个数字排列组合，只能得出 $10^3 = 1000$ 个，用四个数字排列组合，也只能得出 $10^4 = 10000$ 个。这样，对于具有类目较多，而又需要留出适当号码待以后使用的分类表来说，就会导致号码较长的结果。

至于单纯的字母号码，它最大的优点，就是能组合较多的号码。例如：用汉语拼音字母排列组合，两位就可得出 $26^2 = 676$ 个，三位就可得出 $26^3 = 17576$ 个，四位就可得出 $26^4 = 456976$ 个。同时也有着一定的群众基础。特别是我国大力推广汉语拼音文字以后，这种字母已受到图书馆界的注意。可是，它也有不少缺点，最大的缺点，就是经过排列组合后，不易认、不易读、不易记、不易写，而且使用时，常常容易发生差错。因此，世界上采用单纯字母为号码的分类表不多。

由于数字和字母都各有一定的优点和缺点，所以有混合号码的产生。在混合号码中，通常使用的是以少量字母（一至两个，最多三个）和大量数字的混合。因为这种配号方法，既能缩短一系列的分类号码，而又能使它易认、易读、易记、易写、易排、易检。

四、号码的编制方式

号码的编制方式也称号码的编制制度。它决定号码的组合和排列方法。由于编制方式的不同，而产生各种不同制度的号码。通常归纳为三种：顺序制、等级制和混合制。

1.顺序制　又称数序制，它是根据号码的自然顺序排列的方式。即把分类体系中的一切大小类目,不问其是上位类、同位类,或是下位类,都按照顺序每类给予一个分类号码。例如:一个分类体系有20000个类目,采用阿拉伯数字编制,那么它的第一类是1,第二类是2,第三类是3,第四类是4……,第十类是10,第十一类是11,第十二类是12……,第一千类是1000,第一千零一类是1001,第一千零二类是1002……,直至第二万类是20000。这种方式的优点是:能够确切的表示类目的先后位置,而且比较简短,在一万个类目以内,只用四位数(即0—9999),十万个类目以内,只用五位数(即0—99999)。但也有其严重的缺点,就是不能反映类目的等级和依存关系,而且缺乏一定的伸缩性,不便于压缩或增加号码。例如,"数学"的号码是51,而在这一类后面的是"算术",那么"算术"的号码便是52。如果要在"数学"和"算术"之间加一个"初等数学",那就没有号码了,所以现代图书分类表很少单独采用这种方式。

2. 等级制 又称层累制,它的组合和排列方法是利用号码的基数和次序将一个个的号码层层展开出来。也即是说,根据类目的不同等级,给予相应的不同位数的号码,一级类用一个号码表示,二级类用两个号码表示,三级类用三个号码表示,依此类推。例如:

0	马克思列宁主义、毛泽东思想
1	哲学
2	社会科学
21	历史
211	世界史
1	原始社会史
2	古代史
3	中世纪史
4	近代史

5　　　　现代史

212　　　中国史

……　　　……

从上面例子可以看出,0、1、2……9 是第一级,20、21、22、23……29 是第二级,210、211、212……219 是第三级,2110、2111、2112……2119 是第四级。总之,一个号码代表一级,在它后面加上一个号码,就表示是它的下位类。等级清楚,层次分明。同时它们的从属关系也十分明显,2 是 20、21、22……29 的上位类,而 21 又是 210、211、212……219 的上位类。因此这种方式,基本上能够反映出图书分类表的逻辑体系。但是也有它的不足之处,即类目分得越细,号码就越长,特别是类目分得很细的时候,例如,分到十级,那号码也要有 10 个。这对实际工作也是不方便的。

以上两种编制方式,其号码的排列方法是不同的。顺序制是按整数的办法排列,例如:“1”、“2”、“13”、“31”“351”、“509”、“1123”、“2456”等,而等级制(层累制)是按小数制的办法排列。上述八个号码的等级排列次序为“1”、“1123”、“13”、“2”、“2456”、“31”、“351”、“509”等。所以从号码的排列方法上说顺序制又称整数制,等级制又称小数制。

3.混合制　指既采用顺序制,又采用等级制的一种编号方式.原因是顺序制和等级制都各有优缺点,而且这一种的优点,正是另一种的缺点,各有所长和各有所短,正好互相补充对方的不足。这种编制方式比较灵活,有些类目用顺序制编号方式反映,有些类目用等级制反映,这样基本上既能够缩短号码,而又能反映某些类目的等级。我国现有的分类法,除了《人大法》外,大都采用这种方式。至于各个分类法号码的具体编制方式准备以后分别详谈,不在此叙述。

五、号码的编制方法

上面我们已经谈过号码的类型和它的编制方式,现在准备在上述的基础上进一步谈谈号码的一些特殊编制方法。

这些方法可以说是根据分类体系的要求而对号码加以灵活运用的一些办法。其原因是符号的数量是有限的,阿拉伯数字仅十个,汉语拼音字母仅 26 个,而同级类目往往超过这些符号。这一矛盾怎么解决,大致有两种办法。一种是人为地把同级类目压缩到这一组符号的数量范围内,但这种办法是削足适履,形而上学。另一种办法与此相反,类目的设置不受号码数量的限制,该有多少同位类就立多少类。那么符号不够怎么办? 既要反映类目的等级性,又要注意不能削足适履。这就要在号码的编制技术上加以研究。过去,有些分类法由于没有注意到这一点,以致不能适应分类体系的发展而发展。解放以来,已逐渐引起注意,现将一些比较重要的方法分别叙述如下:

(1)间隔编号法   间隔编号,也有人称之为留空位。这主要是编制分类表的时候,考虑到不可能毫不遗漏地把过去、现在和将来的图书都能归纳成类目——反映出来;同时,也考虑到将有许多学科或问题常常会从两个学科或两个问题之间产生出来。为了适应这种情况,于是就采用间隔的办法来编排号码,例如:1,3,5,7,9,或 A、B、D、F、H 等。这样,就可以留出一些备用的号码,给增订分类表时使用。如果不采用间隔编号法,而采用连续的编号法,把所有的号码都用完了或者用完了前半部,到修订时就会移动原来的号码,影响分类表的稳定性,给图书分类排架和组织分类目录增添麻烦,耗费不少人力物力进行改编和改排。因此为了使分类表保持相对的稳定性和扩充发展的可能性,应该提倡采用间隔编号法。至于在哪一级、哪一位采用,则应根据具体情况而定。

(2)扩展编号法   所谓扩展编号法,即是在某一个号码的后面,多伸展一些号码,以表示同位类。这种办法主要是解决单纯数字号码不能适应十个以上并列类目时使用。例如:八分法就是用前八个数字表示前八个类目,到第九类以后则在9的后面进行扩展。这样,第九个类目用91,第十个类目用92,第十一个类目用93……直到第十六个类目用98。假如并列类目还有很多,那么第十七类还可用991,第十八类用992,余依此类推。总之,并列类目不止八个时,对于第九以后的各类,就可用1—9的任何一个号码进行扩充。这种办法从理论上讲可以扩充很多,但在实际使用时,一般都只扩一两个号码,而且每个号码都只扩一级,基本上限制在十六个并列类目以内。否则号码越扩越多,就达不到号码简易的要求了。例如:八分法每超过八个类目就要加长一位数字。第一类至第八类用一个数字(1,2,3,4,5,6,7,8),第九类至第十六类用两个数字(91,92……98),第十七类至第二十四类用三个数字(991,992……998),第二十五类至第三十二类用四个数字(9991,9992……9998),这样,号码就越来越长了。

(3)双位编号法 所谓双位编号法,就是当并列类目很多时,第一类不用1,而用11;第2类不用2,而用12;第三类不用3,而用13;同理第九类不用9,而用19;并从第十类起开始使用21来编号,这样第十一类就用22,第十二类用23,一直编到第八十一类时就用99。根据现代分类体系,有八十一个号码已足够并列类目使用了。这种办法,也适用于字母,例如:当并列类目超过二十六个时,第一类不用汉语拼音字母A,而用AA,第二类不用B,而用AB,这样同位类的号码不仅整齐,而且简短,但是由于采用纯字母编号的分类表不多,因此,一般只作为混合号码中的大类分配。例如:美国《国会图书馆图书分类法》就只在大类中用双字母,其余都是采用数字。

(4)借位编号法 借位编号,简称借号。借号有两种情况,一种是为了缩短号码或需要分配较大的号码时,借用上位类的号码,

例如:《科图法》中的"74.93 贵金属矿"、"74.94 铜矿"等就是借上位类的号码。现列表如下:

74.9　　金属矿

　　.91　　黑色金属矿、铁矿

　　.92　　有色金属矿

　　.93　　　贵金属矿

　　.94　　铜矿

　　.95　　锡矿

　　.96　　铅矿

　　.97　　镍矿

　　.98　　铝矿

不过,借号时必须注意不要妨碍上位类的发展。

另一种是为了适应并列类目过多(超过九个以上),而又要求合理使用号码时,借用下位类的号码。即在 1、2、3、4、5、6、7、8、9中选择一个或几个号码,多扩展一位数字,以便容纳比较多的并列类目。例如:《科图法》中的"55.38 天体化学"和"55.39 天体生物学"就是借"55.3"的下位类号码。现列表如下:

55　　天文学

　　.1　　天体测量学及时间、历法

　　.2　　天体力学(理论天文学)

　　.3　　天体物理学

　　.38　　天体化学

〔.39〕天体生物学

　　.4　　恒星

　　.5　　太阳系

　　.6　　银河系、河外星系、宇宙学

　　.7　　射电天文学(无线电天文学)

　　.8　　空间天文学

.9 　　天文台、天文仪器、观测资料与图表

　　但是,使用这种办法时,必须注意不要妨碍原来类目的扩展。

　　(5)起讫编号法　起讫编号又称扩充编号。主要是表示类号的范围,一般用斜线"／"或短横"—"来联接一组连贯号码之中的最前和最后的两个号码,从而表示两个号码之间所有的各个类目。这种办法可以表现一些关系极为密切的类组,而且又可以节省一个上位类的号码。例如:《中小型表》用 U—Y 表示工业技术,其中包括 U1 工业经济、U2 普通技术科学、U3 动力工程、U5 矿业工程、U6 金属学、冶金工程、U7 金属加工、U8 机械工程、机械制造、U9 各类机械制造、V 化学工业、W 轻工业、手工业、X 土木建筑工程、Y 交通运输工程。

　　(6)联结编号法　联结编号一般是利用冒号":"联结原有两个相关类目的号码重新构成另一个类目的号码的办法。这种办法,特别适用于编制边缘学科的号码。例如:可以利用"58 生物"和"54 化学"联结成"58:54 生物化学"。对于这种编号,有的分类表详细列出,有的分类表则只作原则性的说明,留待具体分书时再编出。还有的分类表不予使用,而对于各种边缘学科则一一列出。

　　(7)辅助编号法　有些分类表,为了使号码清楚醒目、易于辨认、易于扩充,还采用一些辅助符号。例如:《中图法》采用了小圆点"·"、小写字母"a"、短横"－"、方括弧〔〕、小括弧( )、等号"＝"。但使用辅助符号也有很多不方便之处。首先不易读,其次不易排。所以一部理想的分类表还是尽量少用为好。

第三节　正表

　　正表是整个图书分类表的主体,是图书分类体系的具体表现。它是根据图书分类的基本原则区分的许多大小门类,编排成一个

有层次的逐级展开的排列表。它的表现形式一般有：基本部类表、基本大类表、主要类目表和详细类目表等。下面将分别介绍它们的意义和作用。

一、基本部类表

基本部类表由基本部类组成；基本部类又称为大部，或称为基本序列。它是将图书馆的藏书，根据其内容、形式，结合图书馆的方针任务以及图书分类的原则作最概括的区分。这些区分，就一个社会来说，是具有相当长久性的。在这个基础上，每一部类都可以大大地发展。因此，每一个时代的图书分类表的基本部类一般是没有多大的差别。例如：我国封建社会图书分类表的基本部类，起初虽是"七分"，但演变到"四分"后就固定下来了。又如我国半封建半殖民地社会的图书分类表，由于大都是根据杜威的《十进分类法》编制，因此，它们的基本部类都是"十分"。至于我国现行图书分类表的基本部类，大都是"五分"，也即是说分为：①马克思列宁主义、毛泽东思想；②哲学；③社会科学；④自然科学；⑤综合性图书。这与资产阶级图书分类法是根本不同的。

二、基本大类表

基本大类表又称为大纲，是在基本序列的基础上进一步展开而成。基本大类是整个分类表的第一级概括性的类目。因此，编制图书分类法时应当充分考虑到设置基本大类数目的合理性。究竟基本大类应该有多少，各个分类表不完全一致。但应明确的是：基本大类的特点首先是由具有独立性的学科组成；其次为了减少基本大类的数目，也可以由某些内容性质相近的学科或者历来关系就比较密切的学科组合而成。这样，基本大类有二十个左右就可以了。如果过多，则头绪纷繁，不便记忆和使用；如果过少则会形成人为的拼凑，不符合各学科之间的发展状况和客观联系，并且使号码冗长。

三、主要类目表

主要类目表又称基本类目表，或称简表。它是由基本大类区分出来的类目及若干重要的三级类目共同组成的。通常包括的类目有几百个，从这个类表中可以看出一部分类表的概貌。因此，它的要求是：包得下，分得匀，展得开。

所谓包得下，就是要在这些主要类目中，能够包括中外古今各种知识门类和各种形式体裁的图书，使每种图书都有类可归。

所谓分得匀，就是各类图书的数量大致上相等，号码长短也差不多。

所谓展得开，就是要基础打得好，由基本大类到主要类目，由主要类目到详细类目，可以逐级展开。这是跟着包得下、分得匀而来的。如果主要类目表包不下，那就会使许多类目发生遗漏；如果主要类目分不匀，那就会使一些类目十分拥挤，无法展开，同时也会把一些不太重要的类目也包括进来了，占去了好些主要的号码，从而影响整个体系的展开。

主要类目表在整个分类表中起着承上启下的作用。因为这个表可以缩小为基本大类表，也可以扩大为详细类目表。同时对于一些藏书不多的图书馆来说，可以只用主要类目表，不用详细类目表来分书。至于对藏书较多的图书馆来说，也是很有用处的，主要是便利分类人员通过本表寻找详细类目表中的类号。

四、详细类目表

详细类目表简称详表。它是由一切不同等级的类目所组成，是分类表的最后完成，也是正表的重要部分，所以一般都依据它来类分图书。当然，对于一些继续要求以形式体裁或地域、时代等细分的图书，还得用附表的号码进行复分。

如果作为一部综合性的大型图书分类表来说,它对详细类目表的要求是:

(1)全面、概括　这即是说,详细类目表的类目既能全面地反映古今中外的图书,而且在类名上又求得概括。

(2)详细、实际　所谓详细,即是说,有书即有类,保证每种图书都能归到适当、具体的类目中去。但是详细也不等于毫无选择地罗列一些很细很细的概念,或者照抄各类教科书的篇章节目,因为这和图书实际情况不符合,容易造成空设类目,占据大量类号,对于分类表的修订和实际分书工作都产生不便。因此为了避免这种情况,应该讲究实际,力求有类必有书。

(3)完整、系统　详细类目表的类目从体系上应该力求完整、系统。也即是说,从大部、大类,直到最小的类,都全部列出,而且列出时还得照顾它们彼此的关系。这样,才能反映全表的面貌,体现类目之间的逻辑性。

第四节　附表

附表也称辅助表或复分表。这是因为在编制图书分类表时,正表中有许多类目的进一步细分,都是采用同一标准,而分出来的细目也大致相同。所以为了节省篇幅和帮助记忆,于是把这些相同或相似的细目集合起来,配以号码,编排成表,附于正表之后。

附表的主要功用是在于辅助正表的不足,便于正表各个类目的扩充和展开。根据其应用的幅度可以分为通用附表和专类附表两种。

一、通用附表

通用附表是一种具有普遍意义的细分表。它可作为许多门类图书在内容上或形式上的共同区分的根据。这些表的号码可以附在正表有关类目号码的后面。在现行的图书分类表中，附表的数量很不一致，有的多至八、九个，而有的只有三、四个。但就一般而论，大致设有总论复分表、地域区分表、时代区分表、民族排列表等四种类型。另外，有的分类法还编有机关出版品排列表。现分别介绍它们的性质和用法如下：

1. 总论复分表

总论复分表亦称总类复分表，是适用于一切类目的一个综合性附表。它包括的范围很广，大致可以分为九个方面：

第一个方面是反映马克思、恩格斯、列宁、斯大林、毛泽东关于某学科或某问题的论述。即是说，凡是马克思、恩格斯、列宁、斯大林、毛泽东论述哲学、社会科学和自然科学的个别著作及专题汇编，除了应分入"马克思列宁主义、毛泽东思想"一类外，还应按内容性质作互见。

第二个方面是反映党和政府的方针、政策、决议、法令与指示。即是说，凡是党和政府制定关于某一问题或某一工作的具体方针、政策、决议、法令与指示，都应按内容性质分入有关各类，然后加以本表的复分号。

第三个方面是反映学习和运用马克思列宁主义、毛泽东思想的经验体会。即是说各条战线学习和运用马克思列宁主义、毛泽东思想指导和解决某一具体问题的著作分入有关各类后，还应加本表的复分号。

第四个方面是反映立场、观点、理论与方法，其中包括方法论、学科分类、学派、相互关系和立场、观点的区分。关于立场、观点的区分，各个分类法的处理办法不同。例如，《科图法》规定，除了极端反动的图书外，一般的都可以直接归入详表各类，不用加"0399资产阶级、修正主义理论和路线"复分。

第五个方面是反映历史、现状、概况及传记。这方面的复分号用途比较广,除了历史类或详表中已设有专门的类号以外,各个学科的历史、现状、概况、水平、动向、综述及传记等,均可以用本表的复分号进一步细分。

第六个方面是反映教学法、研究法、工作方法、课本、教材、标本、实验、计算、宣传、推广和普及读物等,但关于课本的处理,各馆应根据具体情况而定。因为课本如果依程度分,可以分为中小学课本、中等专业技术学校课本和大专院校课本三种。在一般图书馆里,中小学课本宜集中于教育有关各类。中等专业技术学校课本则应按内容性质分入有关各类,然后加以本表的课本复分号。至于高等学校课本,只要分到有关各类就可以了。

第七个方面是反映有关机关、团体、学校会议方面的出版物。从机关类型方面来看,可分为:政府机关、人民团体、党派组织、研究机构、学术团体、学术会议、学院学校、图书馆、情报所、展览会、博物馆等;从出版物类型方面来看,大致有概况、组织、规程、会员录、职员录、工作报告、会刊等。分书时,原则上是各机关、团体、学校的出版物要按照内容性质分入有关各类,然后加本附表的有关复分号。

第八个方面是反映工具书和参考资料,包括书目、索引、文摘、评介、名词、术语、百科全书、手册、指南、年表、大事记、图谱、表解、公式、数据、统计资料、规章、制度、条例、标准和档案、资料等。分书时,凡是各门学科的工具书和参考资料皆入有关各类,然后加本附表的有关复分号。至于综合性的工具书和参考资料则应入“综合性图书”有关各类。

第九个方面是反映丛书、全集、选集、杂志、年鉴、年刊和论文集等。分书时,凡是各门学科的丛书、论文集等皆入有关各类,然后加本附表的有关复分号。至于综合性的丛书、论文集等则应入“综合性图书”有关各类。另外,对于杂志的分类,如果是与图书一起排架,则加本附表的复分号,如果单独排架,则用不着加复分号。

通过上面所述，可见总论复分表的范围和用途都是很广的。但在使用时必须注意：

（1）凡分类表中各类有必要时均得依此表复分，即以表中的号码加在原有分类码之后。

（2）使用本表时，各馆可结合具体情况斟酌使用。如果藏书不多，三级以下的类目可以不必使用本表复分。

（3）凡正表中已列出该类的总论复分号者，即不再重复加本表的复分号。

（4）一种图书如有加两个复分号的可能时，一般只能根据其主要内容或形式选用一个。

2. 地域区分表

地域区分表是根据图书涉及到的地区或国家编制的。因为在历史、经济、政治、法律、军事、教育、文学、艺术、地质、地理以及动物、植物等类中，都含有地域的性质，也即是说，需要依国别或地区细分。在现行分类表中，对于地域区分表的编制是不一致的。但一般的说，大致都编有世界地域区分表和中国地域区分表两种。

世界地域区分表，不仅要列出现代国家的名称，而且还要列出各个自然区域的名称。为了求得分类表的相对稳定，编表的原则是以自然区域为主，然后再依行政区域划分；排列时，先列世界，次列中国，后列外国；而在外国中，则先列亚洲，后列其他各洲。号码一般都采用阿拉伯数字编制。

使用世界地域区分表时，必须注意：

（1）凡详表中注明"依世界地域区分表分"者，才得使用本表复分；如果没有注明，可以省略；如果一定要用，必须先用"总论复分表"中有关历史、现状或"分国"的号码，然后再加上本表的有关号码。

（2）凡正表中原来已表示地区意义的类号，则不需要再用本表复分。

（3）凡本表中所列的非行政区域（如亚洲、东南亚、东非、西非等），如果需要采用其他标准（如学科、问题等）继续进行细分，而所分的号码与所属的国家号码冲突时，必须在非行政区域号码的后面加"0"。

中国地域区分表是根据图书涉及到的中国地域名称编制的。它们的次序，原则上都是先列出首都北京，然后根据江河流域列出华北、西北、东北、华东、西南、中南等地区，最后在地区之下按现在的省、市、自治区划分。另外，为了处理旧图书资料，一些分类表还增添一些已被撤销建制的省份号码。

使用中国地域区分表时，必须注意：

（1）凡详表中注明"依中国地域区分表分"者，才能使用本表复分；否则，一般不宜使用。

（2）如果没有注明，而又必须区分时，必须先加上"世界地域区分表"中的"中国"号码，然后才得加上本表有关的省、市、自治区的号码。

（3）凡正表中，原来已设有省、市、自治区的类目，不得再用本表复分。

3. 时代区分表

时代区分表是根据图书涉及到的时代而编制的。从理论上说，各国的时代区分表最好是以它自己历史发展的具体情况进行编制，但实际上却是困难的。所以在我国现行的图书分类表中，大都只是编一个中国时代区分表，而其他各国则是共通使用"国际时代区分表"。

国际时代区分表首先分为原始社会、古代、中世纪、近代、现代五个时期，每个时期之下再根据世界的重大历史事实划分。因此使用时，除了中国外，其他各国一般都可以使用，即是说，凡分类表中注明"依国际时代区分表分"的，均可将本表的有关号码加于原有分类号码之后。

中国时代区分表的时期划分比较详细,但由于史学界对中国历史分期问题尚无定论,所以各个分类表的划分也是很不一致的。使用时,应该注意:

(1)凡详表中注明"依中国时代区分表"分者,均可将本表的有关号码加于原有分类号码之后。

(2)如详表中没有直接注明依时代分,而又必须使用时代号码时,应该先用中国号码,然后再用时代号码。

(3)凡论述几个时期的著作,可使用最早时期的号码或足以说明其主要时期的号码。

4.民族区分表

民族区分表是根据图书涉及到的民族名称而编制的一种附表,但在现行的分类表中,只有少数几个编有《中国民族表》。所以在类分有关民族的图书时,必须注意:

(1)如果编有《中国民族表》者,只有中国的民族才能依此表复分。

(2)如果涉及其他国家的民族时,一般只分到有关国家或地区。

5.机关出版品排列表

机关出版品排列表是根据每一个机关、团体、学校可能出版的图书类型而编制的一种附表。这些类型大致有:概况、组织、规程、会员录、职员录、工作报告、会刊以及杂件等。但是由于一般图书馆不可能也不必要收集所有机关、团体、学校的出版物,所以一般分类表不编制这种附表,只有一些专供大型综合性图书馆使用的分类表才编有。

另外,这个表的使用方法也与上述各个附表不同。它的号码不是作为分类号码的组成部分,而是作为同一机关著者号码的组成部分。这一点,应该特别注意。

二、专类附表

专类附表是在详表中的某一类里面，所附的专用复分表。它只供该类的有关下位类使用。如在"各国文学"类下编有"文学专用复分表"。但也有的分类表不设这种附表，而藉助于"仿××分"的办法进行细分。不过以单独编制较好，因为这样比较醒目，容易复分。所以我国现行的一些重要分类表，例如:《中图法》和《科图法》，都在哲学、历史、经济、政治、法律、军事、文化、教育、语言、文学、艺术等类中设有专类附表。

使用专类附表时，一般只在规定的类号后面加上细分号即可。但也有的分类表规定在详表类号和专类附表号码之间加一定的符号。

总的说来，附表是从正表中来，而又回到正表中去的。所以附表不能单独使用。相反，如果详表不需要再细分，不使用附表倒是允许的。

第五节　说明

"说明"也是图书分类表的一个不可分割的组成部分。它是对分类表的编制目的、结构原理和使用方法等的揭示，其中包括序论说明、大类说明和类目注释等。我国解放后编制的几部图书分类法都很重视说明的编写，这对于正确理解图书分类法，做好图书分类工作是很有帮助的。

一、序论说明

序论说明又称总的说明，或简称序和序论。通常被置于正表的前面。它阐述整个分类表的编制目的和要求、理论基础、编制原则、体系结构、号码制度、使用方法以及编制的经过,等等。因此,要了解和掌握一部图书分类法,必须首先阅读它的序论说明。

二、大类说明

大类说明也称类叙,通常置于每个大类详表的前面。它分别阐述每个大类的内容性质、收书范围、编制原则、类目体系以及一些特殊的分类方法等。它能帮助人们进一步了解和掌握每一个大类的特点。因此,对于从事分类工作的人员来说,更应该仔细地研究它。

三、类目注释

类目注释可简称注释,主要是对一些容易混淆或具有特殊意义的类目所作的注解。它能帮助图书分类人员正确了解和掌握分类表,保证图书分类的准确和一致。为了做好注释工作,首先要运用马克思列宁主义的立场、观点和方法注释;其次要求阐述清楚,使人一看就明白;再次要求明确注释的范围,哪些需要注释,哪些不需要注释。例如,关于类目的涵义就不能一一的都作注释。因为要阐明类目的涵义,这牵涉到很多专门学科知识,编辑能力达不到,而且增加篇幅,影响使用。因此只能有选择的做。最后要求简洁,不要搞烦琐哲学。类目注释的作用各有不同,现以《科图法》为例,举其重要的如下:

1.指示类目的内容和范围,解释类目的涵义 其目的在于帮助分类人员明确一个类的内容和范围,分清相关类目的界限。例如:"10 哲学"下注"总论哲学,即研究自然、社会和思想的一般发展规律的著作入此。关于一门学科的基本概念和基本原理的研究入有关各类。例:历史哲学入 21.03"。这种注释很重要。为了做好这种注释,通常采用下列五种办法:

(1)凡指明这一类的内容和范围的应注明"××入此"。

例:65.22　农业物理学

　　　　　物理学及生物物理学在农业上的应用入此。

　　（2）凡指出某些内容亦属于本类的,也需要注明"××入此"。

例:54.236　热力学平衡

　　　　　相平衡入此。

　　（3）凡指明总论性的图书归入本类,而专论性的图书归入其他有关各类的,应注明"总论××入此,专论××入有关各类"。

例:65.23　农业气象学

　　　　　总论农业、林业、畜牧业、渔业的气象入此,专论各种气象入有关各类,例:森林气象为68.23。

　　（4）如类目的概念不够明确,可用定义加以注释。

例:56.546　新构造运动(新构造学)

　　　　　研究第三纪到第四纪期间发生的构造运动。

　　（5）凡一个类目包括的各个问题,如不需列作下位类的,可作为注释。

例:63.411　用药法

　　　　　内服法、外用法、注射法等。

　　2.举例说明　　凡一个类目包括的问题很多,可选择部分问题作为例子,以便通过例子使分类人员更好地了解类目的内容范围和正确地类分图书。这种办法在动物、植物两类里特别多。

例:58.891214　颖花目

　　　　　黍、稻、香草、燕麦、大麦、玉蜀黍等。

　　3.指明交替类目　　交替类目也叫作选择类目,目的是帮助专业图书馆解决专业图书的集中问题。

例:〔65.1〕　农业经济

　　　　　关于农业经济的图书宜入29.3,如需要集中此处,可仿29.3的类目细分。

　　这就是说,一般图书馆对"农业经济"的图书应入29.3,而不入 65.1;农业图书馆则可入 65.1,而不入 29.3。

4.指明参照类目　参照类目即相关类目。目的是帮助分类人员认识类目之间的关系。为此,图书分类表采取了两种办法。

(1)凡指出与本类有关的类目者,注明"××入× ×"。

例:54.242　电动势

电池入 81.32。

(2)凡指明本类与别的类关系很密切,而彼此又不属于同一上位类的,需要注明"参见× ×"。

例:53.8184　真空物理

参见 71.7。

分书时,就要认清它们之间的关系和区别,根据图书的具体内容性质来归类,但并不是说一书可以归入两类。例如:关于"电池"方面的图书应入 81.32,而不入 54.242。

至于注明"参见"的,意思是说这两类关系很密切,分书时,要根据其内容的重点归类。例如一本关于"真空"方面的图书,如果偏重于物理,就入"53.8184 真空物理";如果偏重于技术,就入"71.7 真空工程"。

5.指出细分办法　即是指一些类目依照或仿照另一些类目细分。这有好几种办法:

(1)凡指明这一类一定要依某一附表细分的,需要注明"依××分,用附表×"

例:51.04　数学史

依国分,用附表六。

(2)凡指明这一类可由使用者确定是否依某一附表细分的,需要注明"得依××分,用附表×"。

例:64.98　民族医学

……中国得再依民族分,用附表四。

(3)凡指明这一类可根据实际情况仿照另外一类细分的,需要注明"仿××分"。

例:66.14　稻

　　　　　仿66.11细分。

（4）凡指明这一类可由使用者确定是否仿照另外一类细分的,需要注明"得仿××分"。

例:65.841　大田作物虫害及其防治

　　　　　得仿65.821细分,例:谷类作物虫害及其防治为65.8411。

但要注意的是,依或者不依,仿或者不仿,使用者必须先行选择,并保证前后统一。

6. 指明类目的同义词　指明类目同义词的目的在于提供分类人员辨别类目和制作分类目录导片时参考。所以凡一个类目有几个同义词的,分类人员应选择正式的类目名称用作分类目录的导片。如有需要,也可酌情将其他同义词用"（　）"括在正式类目的后面。

例:59.115 动物胚胎学（动物胎生学、动物发生学）

7. 指出外国人的原名或科学名词的外文名称　这主要是由于国内对外国人的姓名尚未有统一的翻译名称或对某些科学名词未有统一名称,为了避免不必要的差错,因此在中文名称后面附以外文名称。

例:51.93　控制论

　　　　　控制理论（Control theory）和控制论（Cybernetics）的数学理论入此。

8. 指出排架方法　这是指某些特殊类型图书的特殊排架方法。凡是某一类型图书需要特殊的排架方法时,都应加以注明。

例:21.16　地理志、地图

　　　　　……世界地图入此,在类号上冠以"A"字,以便各种地图集中排架。

9. 指出组织分类目录的特殊方法

例:50/$^{01.3}_{-08.1}$　马克思、恩格斯、列宁、斯大林、毛泽东论自然

科学

　　马克思、恩格斯、列宁、斯大林、毛泽东论自然科学的个别
　著作及专题汇编应分别入01.3，02.3，03.3，04.3，05.3，
　06.3，08.1等类，同时以原书分类号作为著者号，作如下互
　见片，排于本类其他著作之前。

50/01.3　　马克思、恩格斯论自然科学
50/02.3　　马克思论自然科学
50/03.3　　恩格斯论自然科学
50/04.3　　列宁论自然科学
50/05.3　　斯大林论自然科学
50/08.1　　马克思列宁主义经典作家关于自然科学的论述
　　　　　　汇编

　　10. 指出同类书的区别办法　在一般情况下，同类的图书是以
著者区分的。但某些类目，由于特殊的需要，不采取依著者区分，
而采用别的办法区分。

　　例：86.869　　各国河流治理
　　　　　　　　依国分，用附表六，依名称排。

　　这就是说，各国河流治理的图书，不是以著者取号码，而是以
河流名称取号码。其目的主要是将同一条河流的图书集中一处。

　　关于注释的写法，一般都是写在被注释类目的下一行，比类目
后退二格，回行进一格，写完后加句号。

　　如一个类目之下有几种注释的，其排列次序大致如下：

①×××、×××等。
②×××、×××入此。
③依××分，用附表×。
④得依××分，用附表×。
⑤仿××分。
⑥得仿××分。
⑦宜入×××。

112

⑧××人× × ×。

⑨参见×××。

第六节　索引

一、索引的意义和作用

图书分类表的索引是按标题字顺方式利用分类表的工具。通常以检索表的形式附在分类表的最后面，或另外单独成册。作为一个完善的分类表来说，应该编制索引。但至今还有一些分类表没有予以足够的注意，因而削弱它的一定使用价值。

索引的作用首先是帮助图书分类工作者正确使用分类表。因为我们知道分类表里的类目是按科学分类体系组织的。在这些成千上万的类目中，有些是相互关联的，有些是彼此相似的，有些是名异实同的，有些是同名异类的。假如没有很好地了解分类表的体系和结构，要想准确地知道某一类目的位置，一定会感到不容易，特别是对初用者更加困难。有了索引，按照检字办法，一索即得，非常简便。另外在图书分类过程中，也可以帮助使同类图书分到相同的地方去，起到图书分类规则的某些作用。

其次，索引可以帮助读者查阅分类目录和使用开架式的图书（这里是指按分类排列的）。因为分类目录和分类开架都是以分类表的体系组织的。如果读者不熟悉分类体系，那么在查阅分类目录和使用开架式图书时，就往往感到所需要的图书不知道在哪一类。特别是寻找同一主题或某一专题图书的时候，由于它们不是集中在一个地方，而是分散在好几个地方，因此尤感困难。例如：有关牛的图书就分散在好几处。牛的生理、生态在动物学，牛的饲养、繁殖在畜牧学，牛的屠宰及其肉品加工在食品工业。但这些问题,在一部编得好的相关索引中,便可以通过"牛"这个标题很快地找到。

由此可见,索引是图书分类工作人员使用分类表的钥匙,也是读者利用图书馆藏书的可靠助手。

二、索引的种类

根据索引的标题范围和编排方式的不同,索引可分为直接索引和相关索引两种。

直接索引又称单一索引,它将分类表中的所有类目(有时也包括一些注释和实例),按照一定的字顺次序排列起来,并在每个类目后面标明它的号码。这种索引编制起来比较简易,但使用价值不如相关索引。因为只有按照分类表中的类目名称查找才能使用。

相关索引,也有人称之为双关索引。它除了将分类表中的类目、注释、实例归纳成标题外,还将许多与这个标题有关的类目也集中在一起。也就是说相关索引是把同一主题分散在分类表的各个方面集合在一起。另外,像科学名词的同义语、重要历史事件、常见动物、植物、矿物名称以及一些新兴学科或分类表中没有细分而未列入的重要问题,等等,亦均尽量收入。编排时,它首先组成标题的方式,然后按照一定的字顺次序排列起来。对于每一标题,均在其后面注明所属的号码。

这种相关索引,编制方法虽然复杂,但如果编得好,作用是很大的。

三、索引的编制原则

要编一部好的分类表索引,也像编整部分类表一样,必须遵循图书分类的三项基本原则。但具体到索引来说,它的编制原则是:

(1)在标题的选择和定名上,必须坚持马克思列宁主义的立

场、观点和方法,立场要鲜明,观点要正确,方法要科学;

(2)在内容上力求充实,并要求结合中国的实际;

(3)在结构形式上力求简单明了,检索方法必须简便易用,使人一索即得;

(4)在使用对象上,必须明确分类表索引是为图书馆工作人员和读者编制的,因此必须充分照顾图书馆以及图书的实际情况。

四、索引的编制方法

前面曾经指出,直接索引主要是根据分类表的类目字顺排列的,因此编制方法比较简单,这里就不详细的叙述了。现在我们着重地谈谈相关索引的编制方法。同时,为了说明方便,所举的例子皆引自《科图法》及其索引。

在选择标题的时候,一般都是通过分类表的类目、注释以及相关内容进行的。现分别叙述如下:

1. 在分类表的类目中选取标题

一部分类表的类目可分原有类目和扩充类目两种。取作索引标题时,对于原有类目,必须经过选择和整理,即是说,凡能独立成一标题者一律收入,例如,"辩证唯物主义"、"历史唯物主义"、"物理"、"化学"等。但是有些类目,像"其他"、"各国状况"等一离开它的上位类就无法表达它的原意,不能取作索引标题。另外还有一些类目是以图书形式体裁命名或各类共有的,前者如丛书、全集、选集、手册、指南、书目、索引等,后者如历史、传记、概论、原理、方法等,如果都列作索引标题,则篇幅庞大,而功用又不见得显著,所以凡各类中与"总类复分表"相同之类目,除了"综合性图书"外,均不应收入。

在分类表中,常常有些类目名称相同,而研究对象却不同。取作标题时,一律加注释。注释一般采取它上位类为宜。如其上位类仍旧不能确切表示学科范围时,可以采取再上一位类,余类推。

注释部分用小括号括起来列在正标题下面。例如：

Wéi　　维生素

　　　　（普通生物化学）　　　　　　　　58. 17433

　　　　（人体与动物的生物化学）　　　　59. 5176

　　　　（药物）　　　　　　　　　　　63. 387

　　　　（植物生物化学）　　　　　　　58. 84273

为了适应专业图书馆的需要，便于集中与本专业关系较密切的图书，分类表采用了许多交替的办法。因此在编制索引时，也要给以适当的考虑。凡是交替类目，将交替类号列在一般采用类号的下面，并用小括号括起来。例如：

Gōng　　工业经济　　　29. 2

　　　　　　　　　　　（71. 1）

Nóng　　农业经济　　　29. 3

　　　　　　　　　　　（65 . 1）

分类表中有好些类目牵涉到两个主题的，例如：材料力学，一方面是材料学的重要组成部分，另一方面又是力学的分支。对这些类目就得做两个标题，不论在材料或在力学中都可以找着。这样，凡有关同一主题的资料就能集中起来了。现以力学为例：

Lì　　力学　　　52

　　　波动　　　53. 36

　　　材料　　　71. 221

　　　地质　　　56. 541

　　　工程　　　71. 212

　　　机械　　　78. 11

　　　建筑　　　86. 21

　　　矿山　　　74. 211

　　　量子　　　53. 36

　　　……　　　……

至于扩充类目,取作索引标题时,则有以下几种情况:

(1)凡一组类目需要再依或再仿别组的类目细分时,一般常用的都加以适当扩充,以减少使用者套号的麻烦。例如:分类表"65.821 大田作物病害"下注"得仿 66 农作物细分",那在索引里的小麦、大麦、稻、玉蜀黍、高粱等类目标题下都有"病害"一项,并且附有号码。

(2)凡是根据共通附表扩充的类目,一般不要选择作标题。如果为了示范,可选择其中一个为代表,并加以适当的注释或利用省略符号表示。例如:

Yǔ　　语言分布　　41.04

　　　　各国　　41.04f

f 为《科图法》"附表六　世界地域区分表"的代号,意思即是语言分布可以依国分,用附表六。

(3)凡是根据专类附表扩充的,可以选择重要的作索引标题。例如:在分类表"28.4—.5 其它各国经济"类下注明依专类附表细分。因此在作索引时就选用美国为例,列出美国经济政策、美国经济结构、美国经济危机、美国经济史、美国经济地理等标题。至于其它各国,限于篇幅,用不着一一都加以扩充,但需要加以说明。

2. 在类目注释中选取标题

分类法中的注释是相当多的,为了检索方便,凡能够归纳成一标题者都一律选入。

例如:66.93　香料作物

胡荽、洋茴香、葛缕子等。

这些注释就可以分别归纳成"胡荽"、"洋茴香"、"葛缕子"三个标题收入索引。但是,对于一些无法归纳的类目注释,则不必勉强。

3. 根据类目相关内容选取标题

收集分类法以外的相关内容,是相关索引特点之一,但也不是

无边无际的。一般说来,只限于下列几个方面:

(1)类目名称的同义词或一些习惯使用的旧名词 现代分类法中的各个类目名称大都是根据中国科学院自然科学名词编订室审定或其他有关部门编订的名词选择的。但是由于目前还有很多名词未经审订,而翻译名称又不统一以及某些历史原因,因此同是一件事物,往往有好几个名称,甚至有些名称,例如"酶"和"酵素"还同时并存。为了使用者的方便,应该参考国内外的一些工具书,把有关类目名称的同义词或一些习惯使用的旧名词选作标题,并指引它所属的类号。例如"51.71 概率论"就还有"几率论"、"或然论"等几个同义词。因此索引都应该收入。

(2)新兴学科或分类法没有再细分的重要问题 科学在不断地进展,作为处理科学图书的分类法本应不断地扩充和修订,但是分类法在相当时期内有着它的相对稳定性。所以有关分类法出版后的新兴学科,依赖后来出版的索引补充也是一种很好的办法。同时在实际分书过程中,也会发现遗漏一些重要问题,这些都可以增补到索引中去。

(3)重要历史事件 关于中外古今历史事件的图书是很多的。为了便于查找,应该将一些有关重要历史事件选作索引标题,例如中国的"赤壁之战"、"方腊起义"等。并将其所属的号码附在后面。

(4)动物、植物分类名称 由于动物、植物的种类很多,分类也很复杂。一般图书分类工作者往往感到归类困难。因此《科图法》在"分类法详表索引"之外专门编制"动物植物分类名称索引"。编制时参考了中国科学院编译局编订的《孢子植物名称》、《种子植物名称》、《无脊椎动物名称》和《脊椎动物名称》等工具书,收入了门、纲、目、科、属以及一些具体植物、动物名称,对分类工作者很有帮助。

(5)矿物分类名称 矿物和动物、植物一样,种类很多,分类方法也不一致。《科图法》为了查找方便,也参考了(苏联)别捷赫琴著,丁浩然、关广岳合译的《矿物学教程》(1956年,北京,地质出版社)一书中的矿物分类部分,收进一些重要的矿物作为索引的标题。

(6)其他 除了上述以外,像一些大型器具、重要科学家、重要作品等也可酌量收入索引。

至于索引标题的排检方法,一般有汉字部首、笔划笔顺、四角号码和汉语拼音四种。《科图法》是按《汉语拼音方案》拼音,并依字母顺序排列的。首字拼音相同者自然汇成一组;同组各字,按笔划顺序排;笔划相同,再按"丶"、"一"、"丨"、"丿"顺序排。首字相同的标题,其第二、三字依照同样办法排列,余类推。至于以外文字母为标题首字,不便用汉语拼音者,皆分别排列于"分类法详表索引"和"动物、植物分类名称索引"的最后面。

《科图法》索引的著录项目有:①标题首字拼音;②标题;③分类号。例如:

| Rén | 人造卫星 | 87.91 |
| Shù | 数学分析 | 51.61 |

另外,为了便利对汉语拼音暂时不熟悉的读者使用索引起见,在"分类法详表索引"和"动物、植物分类名称索引"后面都分别附有"标题首字笔划检索表"。

五、索引的使用方法

使用索引时,首先要确定自己所找的标题名称,然后按照一定检字方法去检索。如果是分书,还应该通过标题后的号码,找到类目在详表中的位置,核对无误后,才能将此号码写到所分的图书上去。例如:钢筋混凝土,在《科图法》索引里找,就应按照汉语拼音"字字相比"的方法去检索。查到86页Gāng,知道它的号码是86.1686。然后通过与分类法详表核对,就可以使用此号码了。同时要注意,不可单凭索引进行分书。因为索引只是利用分类表的工具,而不是直接用来分书的。

另外,在分书时,为了保证分类前后一致,最好查一查索引。例如:分一本关于"蛋白质"的书,当你检查索引后,得知"蛋白质"在"胶体化学"、"普通生物化学"、"植物生物化学"以及"人体与动物生物化学"中都有。这就可以帮助你进一步审查本书的主要内容性质,从而更准确地归到应有的类目中去。

如果所使用的索引是相关的,那么有关同一主题的资料自然汇集在一起,所以在某种程度上起着主题目录的作用,对于专找某一主题资料的读者或参考咨询工作者有着一定的帮助。例如:要找"铜"的有关文献资料,先在《科图法》索引301页找到:

Tóng	铜	
	(材料)	71.22231
	(化学元素)	54.411
	(金属学)	75.72
	(矿床)	56.5713
	(矿物)	56.882
	(冶金)	76.4
	……	……

然后依照上述号码,到分类目录里去找,就很快找到所需要的资料了。

当找某一个国家的资料时,本来应该在某国的名称之下找到,但为了节约篇幅,一般只列一个或几个国家作为示范,所以要找其他各国资料时,还得将分类号码换算一下。例如《科图法》是以"中国"为示范的,因此找"美国地质"时,就应先找385页。

Zhōng	中国	
	地质	56.562

根据附表六,美国的号码是563,因此"美国地质"的号码应

为 56.56563。

当然,索引的用途还很多,例如可以帮助组织分类目录的主题字顺索引,寻找专题文献等。但是,由于篇幅关系,只能简单介绍以上几点。

参考文献

白国应:《"中国科学院图书馆图书分类法"的编制原则和编制方法》(图书管理学补充教材) 武汉大学图书馆学系印 1975 年 2 月。

袁涌进:《图书分类法编制的技术》 北京大学图书馆学系印 1959 年。

安巴祖勉著,刘国钧译:《图书分类目录编制法》 北京 时代出版社 1957 年。

刘国钧等编:《图书馆目录》 北京 高等教育出版社 1957 年。

第九章　图书分类工作

前面,我们已经把图书分类的基本原则和重要的图书分类表作了一个概括的叙述。现在开始谈谈图书分类工作。

这一部分在学习图书分类学中,可以说是一个比较重要的部分。因为我们学习图书分类学的目的主要是在掌握一定的图书分类理论基础上,运用一定的图书分类表和一定的图书分类规则来进行图书分类工作。

第一节　图书分类工作的意义和要求

图书分类工作是运用一定的图书分类体系来整理和组织图书馆藏书的工作。换句话说,图书分类工作就是将图书馆陆续收到的图书进行分析,根据既经选定的图书分类表,确定类目,给予类号的工作。经过分类后,本来是先后出版,陆续进馆,彼此原来毫无关系的图书,就变为一个有组织、有条理的藏书体系。所以就此来说,图书分类工作是图书馆中具有组织作用的基础工作。因为实践经验证明,图书通过分类之后,就会对图书馆各种工作都产生一定的积极影响。比如对典藏工作来说,就可以使藏书按照科学门类集中成为一个有内在联系的、有逻辑的科学体系,使典藏工作人员准确地进行取书、还书,系统地了解藏书和熟悉藏书;对出纳

122

工作来说,就可以直接向读者宣传图书,推荐图书,特别是一种书借完了,可以另选一种代替。对检索工作来说,分类的质量直接关系到检索的效率。如果分类准确,就能迅速地检出,否则,就会造成漏检、误检。因此,图书分类工作的好与坏,影响很大。为了更好地完成图书馆各项工作,图书分类工作必须达到下述的质量要求:

1. 充分性

所谓充分性,即是说充分揭露图书的内容、性质、形式、用途等。因为图书内容可能涉及一个主题,也可能涉及两个以上的主题;可能讨论一个学科,也可能讨论两个学科或同一个学科的几个方面;而且每种图书都有着不同的写作目的、用途和各式各样的编制形式、体裁。分类工作必须从不同的角度充分揭露,给出确切的分类号,包括主要分类号和互见、分析分类号。否则很容易造成漏检。

2. 针对性

所谓针对性,即是说图书分类必须有的放矢,密切结合本单位的方针任务和读者需要,力求每一种书都能归入与本单位关系最为密切,用处最大,读者最容易找到的类目中去。

3. 准确性

所谓准确性.即是说在充分考虑每种图书的内容性质、形式体裁、立场观点和读者用途的基础上,恰当地归到一定的分类体系中去,并正确地选定它的分类号码。

4. 及时性

所谓及时性,即是说要求图书分类工作做到迅速、及时,不能积压。我们常说,现代的图书情报工作是科学研究工作的耳目、尖兵和参谋。要起到这种作用,图书分类工作必须高速度,最好做到随到随分,尽快地把图书资料情报送到读者手中去。

5. 一致性

所谓一致性，即是说同性质的图书必须归到一类，同一种图书的不同复本、版本或卷次必须归到一处。同时它们的分类号码相同，或者说一致性就是杜绝一书两入或同类异入。因为图书分类工作就是要对图书进行组织，把性质相同的集中，性质不同的加以区别。因此要避免同一种图书的复本或不同的版本、卷次，由于不是同时或不是同一个人经手而分入不同的类；也要避免同性质的图书先后分入不同的类目或者给予不同的类号。这样才能归类正确，前后一致，位置妥当，条理分明。

根据图书分类工作中的经验证明，要求做到充分性、针对性、准确性、及时性，固然重要，但一般只能达到相对的要求。因为在不同的时间、地点、条件下，你将它归到这一类，而我将它归到另一类，都可能是对的。但是作为一个图书馆使用同一种分类表进行分类时，一致性则是绝对的，也就是说，要求同性质的图书前后分得一致，号码相同。特别是同种图书的不同复本、不同版本或不同卷册的分类，更要前后一致，左右一致，上下一致。

第二节　图书分类前的准备工作

为了给图书分类的经常工作创造有利条件，事前必须做好准备工作。准备工作做得完善，图书分类工作才能顺利进行，才能达到较高的质量。否则，工作就会杂乱无章，忙无头绪，进行缓慢，影响效果。关于准备工作，可以归纳为下列几项：

一、摸清情况

摸清情况是做好图书分类工作的基础。对下列情况需要进行调查研究，以便据之确定图书分类表和制订图书分类规则。

1. 图书馆类型

就我国现有图书馆的类型来说,大致可分为群众性图书馆和科学性图书馆两大类。群众性图书馆是指主要为广大群众服务的县、区图书馆,人民公社图书馆,中小学图书馆和工会图书馆等。科学性图书馆是指主要为科学研究服务的图书馆,包括国家图书馆,省、市、自治区图书馆,科学研究部门图书馆和高等院校图书馆等。科学性图书馆又可分为综合性科学图书馆和专业性科学图书馆两种。前者如北京图书馆、山西省图书馆、中国科学院图书馆和北京大学图书馆等;后者如中国农业科学院图书馆、中国科学院物理所图书馆和北京化工学院图书馆等。这些不同类型的图书馆,它们的性质、任务、读者对象、藏书特点、服务方式都是有区别的。这些区别,则足以影响图书分类。例如:科学性图书馆,主要为科学研究提供图书资料情报,一般藏书比较丰富,分类就要求详细一些;而群众性图书馆,主要为广大群众提高科学文化水平,一般藏书比较少,分类就可以粗略一些。

2. 图书馆任务

如果具体到每个图书馆,其任务都有所不同。就以中国科学院系统图书馆来说,院图书馆要为全院的科学研究工作服务,而分院图书馆则为本分院的科学研究工作服务,所图书馆则为本所的科学研究工作服务。由于任务的不同,藏书范围、读者对象、服务方式也不同。就以藏书范围来说,院图书馆、分院图书馆全面一些、广泛一些,因此要求图书分类照顾到各门学科的平衡性。而所图书馆则专门一些、狭窄一些,因此要求图书分类照顾到专业学科的特殊性,即是说,本门学科分得详细一些,其他学科分得简略一些。

3. 图书馆规模

图书馆的规模有大型、小型之分。大型图书馆的藏书量多些,而小型图书馆的藏书量则少些。藏书多少,对图书分类的详略程度关系很大。因此对于一个图书馆来说必须根据将来的发展规划，估计自己的藏书量，以便据此决定图书分类的详略程度。

4. 藏书特点

一般地说，每个图书馆的藏书都有它的特点。就拿省、市、自治区图书馆来说，虽然类型相同，但各馆由于各地情况不同，藏书则有各自的特点。如有的着重收藏工业技术方面的图书，有的着重收藏畜牧业方面的图书，还有的着重收藏农业方面的图书，等等。至于专业科学研究部门图书馆，它们各自收藏的特点更为明显。这些特点，对图书分类影响更大。不仅影响到详略程度，而且影响到类目的选择。

5. 读者对象

图书分类的根本意义，就是为读者提供图书资料情报，以满足他们研究和学习的需要。读者对象不同，分类也有所不同，科学研究工作者则要求详细一些，而一般读者则要求概括一些。因此，仔细研究读者对象，包括成分、爱好和要求，对图书分类工作都有着重要的意义。

6. 服务方式

图书馆服务方式，从手段来说，有传统式的，也有现代化的。如果是编制传统式的分类目录，一种书的分类号一般只要根据本书的主要内容取一个就可以了；而如果是编制现代化的机读目录，一种书的分类号则可以根据它所涉及的有关类目多取几个分类号，以便提高查全率和查准率。

总的说来，在进入经常的分类工作以前，摸清本馆的类型、任务、规模、特点以及读者对象、服务方式等是非常必要的。尤其是在新建的图书馆中，更是一项必不可少的工作。

二、选择和调整图书分类法

我国图书馆和情报部门目前还没有正式制订全国标准的图书

分类法。各个单位采用何种分类法还是由自己选择。一般说，新建馆总希望采用一部比较理想的图书分类法。老图书馆在感到原来使用的图书分类法不适用时也希望更换一部更好的图书分类法。所以不少图书馆都还面临着选择图书分类法的问题。但是，选择图书分类法是一项十分严肃的工作，必须根据本馆的具体情况，对各种图书分类法认真地进行比较，看看其优缺点和使用馆的反映，同时进行试验，然后慎重地加以确定。一经确定，就不要轻易更改。因为更换图书分类法是一件十分复杂困难的事情。如果对原有图书进行改编，则需要花费很大的人力、物力，一般图书馆难以做到。如果不进行改编，而采用目录改组，则藏书形成新旧分类法两个系统，给管理造成很大的困难，读者进库查书也极为不便。当然，我们不能要求采用一种分类法后一劳永逸，但总希望要求选择一种比较符合本馆要求的图书分类法，使分类工作具有相对的稳定性。

图书分类法选定以后，还应结合本馆的类型、任务、规模、特点以及读者对象、服务方式等作一些必要的调整，以制定适应本馆的使用本。至于具体调整方法，大致可以分为以下几个方面。

1. 确定各类的详略程度

在现行通用的各种图书分类法中，大部分都是以综合性图书馆为对象进行编制的。当一个图书馆，特别是专业图书馆采用时，应当考虑本馆藏书情况，哪些图书是重点收藏，哪些图书是一般收藏，哪些图书根本不藏，然后根据这些情况确定哪些类目采取详分，哪些类目采取粗分，哪些类目根本不用，并把这些规定记载于本馆使用本上。同时，可以把不需要的类目或不需要详细分类的细目号码划掉。例如：一个化学专业图书馆采用《科图法》，对社会科学方面的图书收藏较少，就不必细分，只用简表就可以了。至于宗教方面的图书根本不收藏，就可以完全不用这个类目和号码。

对于注明要采用附表细分的细目，应当先明确哪些门类采用附表细分,是采用哪几个附表,在采用的附表中哪些类目被采用等等。例如工科大学图书馆就对"总论复分表"、"世界地区表"用得较多,其他附表用得较少,甚至不用。这样也可以规定只使用前两个附表,其他附表不采用。对"专类复分表"和有"仿××细分"或"得仿××细分"的这几种注释的类目,也应同样处理。如《科图法》的《中国哲学家著作细分表》,在理工科大学图书馆就可以规定不用。

在确定各类详略程度的时候,各馆必须慎重,不要过粗或过细,如果类目过粗,就会使一个类目内收容的图书数量过多,造成拥挤;反之类目过细,又会使一个类目收容的图书寥寥无几,甚至无书可归,造成空设类目。所以确定类目详略程度时,既要考虑目前状况,又要照顾将来发展。特别是一些大中型的综合性图书馆,一般都不要过于简略,基本上应保持在五级左右。

2.局部扩充

各类的详略规定,是指分类表中已有的类目和号码来说的。局部扩充,则是在分类表原有的基础上,对某些部分进一步详细区分,列出类目,配以号码。扩充哪些门类,应根据本馆的需要来决定。例如:畜牧学院图书馆,收藏饲料作物方面的图书资料较多,而且在教学和科研上的需要又较专深,因此要求对饲料作物尽可能细分。如果采用的是《中图法》,就可以将"S54 多年生豆科牧草"类下面的内容,扩充为:"S541.1 苜蓿"、"S541.2 三叶草"、"S541.3 紫云英"、"S541.4 驴食豆"等细目。各细目下面还可以进一步细分为:

-33	丰产经验
1	生理、生化、生态
19	地理分布和作物区划
2	品种
3	选种、育种

4　播种、育苗

5　田间管理

6　土壤、施肥

7　灌溉、排水

〔8〕　病虫害和其它灾害

9　收获、加工、贮藏

98　机械化栽培

99　综合利用

局部扩充时,除了应该注意本馆的需要外,特别要注意体系和号码不要与原有的发生冲突。因此,所谓扩充,也只能在分类表原有基础上进行,而决不能把某个类目体系和号码制度打乱,自行另搞一套。至于扩充的方法可以分为下列四种:

(1)把内容注释列作细目,配以相应的号码　例如:《中图法》"S564 编织用纤维作物"可以用内容注释扩充为:

S564　编织用纤维作物

　.1　藤

　.2　芦苇

　.3　菖蒲

　.4　草类

　.5　杞柳

　.6　棕榈

　.9　其他

(2)加注使用附表　即是原来的类目没有注明使用某一个附表,而本馆却需要用某一个附表时,可以采用这种办法。例如:《中图法》"Q948.5 植物的地区分布"原来只注"依世界地区表分",而本馆还要中国再依中国地区表复分时,就可以加注"中国得再依中国地区表分"。这样《广东省植物志》一书的号码为:

```
Q948.5 2   6.5
      ↑   ↑
      中  广
      国  东
          省
```

（3）加注"仿××细分"　即是原来没有注明细分的类目，需要利用别的类目细分作为本类目的细分时，可以采用这种办法。例如《中图法》"S219.1 轮式拖拉机"，如果图书资料较多时，可以加注"仿 S219 细分"。

（4）参考其他分类法的有关类目细分　这主要是在本类图书资料非常拥挤的情况下才使用。一般则不必使用。例如一些大型图书馆在使用《中图法》类分某些学科的图书时，如感到类目不够，可以参考《中国图书资料分类法》或《科图法》进行细分。为了避免来回翻检，可以将细分的类目和号码加在使用本上。

3. 局部集中

所谓局部集中，就是根据需要将与某个学科相关的问题集中起来。这主要是由于作者著书的目的和角度不同，以及大量交叉学科、边缘学科的图书日益增加，往往一部分内容相关、特征类似的图书分散在各类之中，一些专业图书馆为了将有关本学科的问题集中起来，可以根据交替类目来集中。例如：《科图法》中经济类有"29.3 农业经济"，下面注明："农业图书馆如将本类书籍集中在农业科学，可将 29.3 改为 65.1，并依本类细目复分。"在农业科学类又有"〔65.1〕农业经济"，它下面注明："关于农业经济的图书宜入 29.3；如需要集中此处，可仿 29.3 的类目细分。"这就指出"〔65.1〕农业经济"是可供选择的交替类目。一般情况是把农业经济的图书归入经济类中的"29.3 农业经济"类。但在农业科学图书馆，则可根据需要将农业经济的图书集中在农业科学类的"〔65.1〕农业经济"，并将交替类号"〔〕"去掉。又如，"〔29.437〕各种商品贸易"类下面注明"宜入 29.49，如愿意集中此处，可仿

29.49 的类目细分。"这也是可供选择的交替类目。如果遇到某一类的图书与几类有关时,可以根据本馆的需要,按交替类目的指示将有关的图书集中到某一类下,例如:"53.9 应用物理学"注明:"总论入此,具体应用入有关各类,例:工程物理为 71.213。"因此,一个物理专业图书馆就可以把应用到各门学科的物理图书都集中到 53.9 这类里。必要时还可以将各专科的号码附加于本类号码之后。例如:工程物理为 53.971,农业物理为 53.965,医用物理为 53.961 。

此外,还可以根据需要,按某一特征将分散在各类的图书集中起来。以《科图法》为例,"26.18 科学家传记"注明:"宜入有关各科,例:数学家传记入 51.04;如愿集中,可将各专科的号码附加于本类号码之后,例:数学家传记为 26.1851。"历史专业图书馆就可将各科名人传记全部集中在 26.18 类里,并将"附表一总论复分表"中的"04 历史、现状、概况及传记"里的传记去掉。

4. 对原有类目进行修改或调整

这里包括对原有类名的修改、个别类目的剔除(或改作注释)以及改变、调动其原来的隶属关系。例如:《科图法》中原来的"49 宗教、无神论",后来修改为"49 无神论、宗教学";原来的"34 国家与法、法律科学"改为"34 法律、法学";原来的"29.4938 饮食业",后来在这里删掉了,改入"29.4994 饮食业"。又如"86.586 铁道桥",原来是"86.5 桥梁工程、隧道工程"的一个子目,若是铁道专业图书馆可以把它调整到 87.152,与铁路隧道一起改归入"87.1 铁道运输工程"。

5. 增补新类目

当使用某分类表时,由于形势的变化或客观事物的发展,当时没有出现而以后出现的新问题、新学科、新技术或编表时发生遗漏的问题,都需要根据本馆的需要增补新的类目。例如:《科图法》最初编表时,还没有出现"人民公社",后来人民公社成立了,就需要增补"32.256人民公社";又如,《中图法》在粉碎"四人帮"以后,就要增补"D655批判'四人帮'反党集团"。现在又要增加"未来学"、"遥感技术"等类目,才能符合时代的要求,解决新出版图书的归类问题.

增补新类目不同于局部扩充。局部扩充是原表有位置可归,只是还没有细分出来罢了,而增补的新类目,则是在原表中没有恰当位置可归的。它要在原有分类体系找出适当的位置,或者找到可以利用的适当号码。没有空号可以利用时,就要对原有类号作局部的改动。但这种改动必须慎重。

6. 加强注释

对分类表中某些类目的含义或内容范围,如果感到不太明确,或者是某些问题,特别是对本馆较为重要的问题,在分类表中没有明显的类目注释,应补作注释说明,以利同一图书馆里的每个分类工作人员对分类法有一致的理解,做到归类统一。例如:《中图法》"TD 矿业工程"类,是按矿业的掘、采、选、运四大分支列出类目的,这样一来,对于综合论述煤的采选著作就不好归类。为了解决这个问题,可以采取权宜的办法,在"TD82 煤矿开采"类下加注:"综论煤的采选入此。"

此外,对于暂时无法调整的类目,可充分利用分类目录中的参照片和互见片来弥补这一缺陷,这样做既可以体现各个类目之间的相互联系、相互补充,使之成为一个整体(例如:《中图法》"S181农业生态学"可以参见"Q14 生物生态学"、"Q948 .1 植物生态学"、"Q958.1 动物生态学"),又可以减少调整类目的麻烦。

为了保证调整好图书分类法,可以参考各种图书分类法新版对旧版的修改、增补情况。如对有关类目内容范围不太熟悉,可以参考有关工具书或教科书,还可以请教专家,尽可能地做到符合科学分类的体系和满足读者的需要。

调整图书分类法不仅在图书分类工作之前要进行,就是在分类工作过程中也要经常进行。这就需要订出调整图书分类法的严谨制度,建立分类法的公用底本,大家遵照执行,不能随意改动,否则就容易造成混乱,浪费人力物力。

　　选择和调整图书分类法是一项十分严肃的工作,要防止只顾眼前的方便,而忽视图书分类法的思想性和科学性的倾向。例如,修改原类目或增加新类目都要从类目设置的稳定性和发展性、概括性和具体性、规定性和灵活性、历史性和现实性、通用性和专业性等来考虑。原有类目从属关系的调整和局部集中、局部分散,也要根据各学科之间的内在联系进行。切不可草率从事。

三、熟悉图书分类表

　　图书分类表既经选定,就要好好学习和熟悉,掌握它的组织方法和使用方法,以便提高实际分书的工作效率。这一点,一般人最容易忽略,其实是不可缺少的基本功训练。因为要想在工作中运用分类表灵活自如,得心应手,不事先下一番苦功夫是不可能的。如果不熟悉图书分类表,就动手分类,就可能事倍功半,或产生错误。

　　学习一部分类表,一般说来,首先要阅读它的序言、凡例、大纲和使用说明,了解其编辑意图、编制原则和体系结构。现代图书分类表虽然基本上采用内容性质、科学门类为区分标准,但在部分类目或一些阶段上也有用形式标准的,诸如编制体裁、文艺体裁、读者用途、作者时代等。这就必须认真地去分析,了解它们的分类标准和分类体系。其次要阅读它的简表和详表,了解分类体系的内容、类目的涵义和各个类目间的关系与区别。明确本类应收哪些图书,不收哪些图书;弄清哪类是上位类,哪类是下位类,哪些是同位类;分清什么是总论、概论,什么是分论、专论,等等。如果遇到困难,可以阅读注释,因为现行的分类表,在有疑难的地方,大都有注释。如果仍有不懂的地方,就应该查阅辞典、手册、百科全书,或请教有分类工作经验的老同志。再次要了解分类号码的编制方法，为正确取号打下基础。因为每种分类表号码的编制方法都多少有些特点，必须正确掌握，才不至于弄错。例如：《人大法》的小圆点"·"就容易点错，《科图法》"0"的使用方法比较灵活，难于掌握。这些都是值得特别注意的。还有要了解附表和索引，搞清楚它们的使用方法。最后，要注意到本分类表所允许的一些变通方法，诸如"相互参照"、"入此入彼"、"复分取号"、"交替定号"等，都要弄清楚，以便正确地运用。

以上，就是一般研究和熟悉图书分类表的方法。如果能找到其他图书分类法互相参照学习，就更可以对它有个较为深入、较为全面的认识。当然，每个人学习分类表还应该结合自己的具体情况。

四、制定图书分类规则

什么叫做图书分类规则？图书分类规则就是在图书分类过程中，为了保证对于同性质的图书，处理方法的前后一致，而事先作出一些原则性的统一规定。它是图书分类工作的准绳，是图书分类表实施的细则。

为什么要制订图书分类规则？因为图书分类工作人员在进行分书的时候，要把每一本书都能归到恰当的类目中去，时常遇到一些疑难问题。他可能遇到一本书，可以归入这一类，又可以归入那一类，模棱两可，犹豫不决。例如：一本《无机化学论文索引》是归入"无机化学"？还是归入"论文索引"？又如，《学习毛泽东同志的教育思想》一书，是归入"毛泽东著作研究"？还是归入"教育科学"？再如，《祖冲之传》一书是归入"历史传记"？还是归入"数学史"？诸如此类的问题是不胜枚举的。如果事先没有统一规定，就可能导致一本《无机化学论文索引》归到"无机化学"，而另一本《无机化学论文索引》归到"论文索引"。这样，不但关于同性质的图书分散到好几处，就连同一种书的复本也可能分到不同的类目中去，使得资料十分零散，失掉图书分类的意义。为了避免这样的问题产生，必须制订图书分类规则。

随着时间的变化，图书的增加，如果再加上分类人员的不稳定，也会产生前后分类不一致的情形。尽管分类表相同，但是每个人的知识程度、看问题的角度不一定相同，你从这方面看，我从那方面看。例如：一本《农业化学》，如果从化学这个角度看，应入"应用化学"，如果从农业那个角度看，则应入"农业基础科学"。这样的情况，在实际分书工作中是屡见不鲜的。假如能在分类规则中规定："对于应用化学一类的图书，总论的入化学，应用到各门学科的化学则入有关各类"，那么《农业化学》一书，就无疑的归到"农业化学"中去了。所以说制订分类规则能帮助分类人员顺利地进行工作。

图书分类是图书馆揭示藏书的手段之一，其主要任务是为了编制分类目录和排列图书，从而正确地反映馆藏，以便宣传图书，指导阅读，提供科学研究和生产建设的参考资料，满足广大读者对图书资料的需要，促进图书资料的流通。如果分类人员不能从这一点出发，而将该集中一类的图书分散了，或者将该入甲类的图书归入乙类去了，这就会带来损失。首先这本书因为分错了类，那在分类目录中的反映，以及在书架上的排列，也就跟着错误，从而失去其应有的效用。其次由于分类的不一致，也容易造成读者漏检、误检，借不到或借不全所需要的图书资料。

由此可见，图书分类规则是很重要的，每个图书馆都应事先制订。但有些图书馆，甚至一些大型的图书馆至今仍然没有分类规则，那是很说不过去的，应及早制订。

图书分类规则怎样制订？首先明确图书分类规则的类型。根据类型的不同，图书分类规则可以分为一般规则和专门规则两种。一般规则是由图书分类的基本原则和图书分类的基本方法引申出来的,它是关于处理各种不同著作的方式、方法和编制体裁的一些概括的、原则性的规定。因此可以适用于任何知识门类的图书。专类规则是关于某一个知识部门图书的分类规则,它只适用于某一学科或某一门知识的图书。所以制订分类规则时,一般规则是每一个图书馆都需要的。至于专门规则则根据具体情况而定。如果是综合性图书馆,可以全面制订。如果是专业性图书馆则应围绕本专业来制订。

其次应根据适用范围来制订。根据适用范围,图书分类规则有其普遍性和特殊性。所谓普遍性,即是说这些规则是根据一般的图书分类方法规定的。因此,不论对任何图书馆或采用任何分类表都可以适用。所谓特殊性,即是说随着图书馆的不同,或所采用的分类表不同,对于某些问题必须作某些特殊的规定。例如:一个半导体物理图书馆,它要求有关半导体的全部图书,包括半导体物理、半导体化学、半导体器件、半导体材料、半导体应用等都集中在"物理"类;而一个电子技术图书馆,则不愿意将半导体器件、半导体材料、半导体应用的图书归到物理类去,相反却希望把有关半导体的全部图书安排在"电子工程"类下。又如对文学作品的处理,就采用《科图法》的图书馆来说,应该是先分国家,而后分体裁,把同一国家的文学作品归在一起;就采用《人大法》的图书馆来说,则是先分体裁,而后分国家,把同一种体裁的作品集中一处。所以在制订图书分类规则时,既要考虑到普遍性,也要考虑到特殊性,即是说要根据具体情况具体处理。

最后,还应该特别指出的是,图书分类规则一般需要在类分图书前制订好,并且要求具有相对的稳定性,但是也要在分类过程中不断地加以修改和补充,使其日臻完善。

以上四项,都是图书分类以前的准备工作。对于一个新建立的图书馆来说,尤其要注意。至于一个成立较早的图书馆,可能不会面临选择分类法的问题,但是作为一个新分类人员来说,还是必须从这几个方面去学习。

第三节　图书分类工作的程序

图书分类工作的过程是一个相当复杂的过程。一般说来,必须经过下列程序。

一、处理复本

图书分类是以一种书为单位,即是一种书的分类号码完全相同。

为了保证一种图书的各个复本不致分在不同的地方,以及避免后到的复本重新分类,因此分类人员每收到一本新书都需要利用公务字顺目录(中、日文图书一般利用书名目录,西、俄文图书一般用著者目录)检查一下。如果发现是复本,即将原来的分类号码抄在复本的书名页上,然后再加著者号和部次号,同时在原来的卡片上加以注记。如果发现不是复本,即作新种书予以分类。

什么是复本呢? 所谓复本,即是一种图书收藏不止一部时,第一部之外的其他各部图书。但由于图书出版情况比较复杂,有时也不容易弄清楚。一般说来,凡补充的新书具有下列情况之一者,均可以作为复本处理。

(1)与原书完全相同。

(2)同一版本的各次印刷本。

(3)虽称重版、再版、新一版,但内容与原书并无差异。

(4)出版年、出版家或出版地与原书虽然不同,但内容完全相同。

(5)装订册数与原书虽然不同,但内容仍旧相同。

(6)装帧虽然不同,例如:精装本和平装本,但内容完全相同。

另外要注意凡属下列情况之一者,均不能作为复本处理。

(1)同一著者,同一书名,但版次不同。

(2)同一著者,同一书名,但因特殊需要,而内容略有不同。

(3)一书的翻译、注释、评论、索引、目录等的单行本。

(4)翻译书籍的不同译本。

查复本时,先查著者、书名,如著者、书名相同,再查版本、稽核、题上、题下和附注等事项,必要时,可到书库查对原书。

遇有多卷书和丛书等出版物时,应注意从汇总编目和分散编目两方面去查,机关团体出版物和会议录等,亦应从机关名称、会议名称或编著者等多方面去找。

若遇有版次不同的图书,虽然不作复本处理,但仍可将原分类号抄在新书的书名页上。所以这样做,是因为新书和旧书属于同一类。

二、辨类

辨类,即是说辨别图书所属的门类,也就是说分析图书,决定类别。

如何分析图书呢? 我们已经知道,图书分类主要是依据其内容性质、形式体裁、写作目的和立场观点等来归类的。所以我们分析图书的事项也就是这几方面。现拟逐项说明一下:

1.分析图书的内容性质

在分析图书的内容性质时,首先要问书中所讲的是关于什么事情,什么问题,什么人物或是关于什么自然现象,什么社会生活,什么心理现象,等等。这就是要决定一书的论述对象或主题。有些书的对象或主题很明确,有些则很复杂,这就得耐心去弄清楚。

其次要问这本书是怎样讲述这个对象或主题的? 这里面又包括有两个问题,即:

(1)它是从哪一个角度或哪一个知识部门来讲述这个对象或

主题的？

（2）它是从某一个知识部门来讲述的呢？还是从许多知识部门综合地来讲述的呢？回答了这些问题，就可以决定本书的学科性质和它应入的门类。

2.分析图书的形式体裁

在分析图书的形式体裁时，首先要问它是用系统的、分析的、逻辑的方式来揭露内容性质的呢？还是用文学或艺术的形式来反映或表达的呢？这就可以决定它是科学著作，还是文艺作品。如果是科学著作，还要问它是用什么编著方式，是论著？是表格？是手册？是指南？还是词典？是书目？是索引？等等。如果是文艺作品，还要问它是用什么形式体裁，是诗歌？是小说？是散文？是剧本？是报告文学？还是音乐？是图画？是电影？是歌曲？是戏剧？等等。

其次要问它的作者是谁？作者属于哪个国家？哪个时代？这一点，对于哲学著作和文艺作品要特别注意。

另外，如有必要，还要问用什么语言文字写成的？或是从什么语言文字翻译过来的？等等。

明确了这些问题，就可以进一步确定这本书在分类体系中的恰当地位。

3.分析图书的写作目的

在分析图书的写作目的时，这就要问作者为什么写这本书？其意旨是什么？预定给什么人使用？实际上可供哪些人使用？是为一般人写作，还是专门为儿童而作？是为专门研究技术人员参考，还是为一般人进行学习？是系统地阐明某个原理，还是为指导实际应用？明白了这些问题后，才能把书归入最大用途的类，才能使书充分发挥它的作用。

4.分析图书的立场观点

在有阶级的社会里，图书都是有阶级立场的人写的，因此必定会反映出著作者的立场、观点和方法。尤其是哲学、社会科学著作更是这样。在自然科学中的方法论、科学史等著作也比较明显。因此,在分析图书的立场、观点时,首先要问它是在什么地点、时间、条件下写成的? 然后再进一步问,在当地、当时的具体条件下,它是站在进步的立场呢,还是站在反动的立场? 是利用唯物主义的观点呢,还是用唯心主义的观点? 是属于学术性的争论呢,还是属于政治性的见解? 对于进步的、唯物的应该根据学科的内容性质分入有关各类,对于唯心的、反动的则应加以区别,对于政治上极端反动的,应该加上特殊符号,另行提存,限制其流通。但要注意的是,切勿混淆学术争论和政治观点的关系,一般说来,如果分不清,则作为一般书处理,不要另加什么特殊符号。

分析图书的主要目的是为归类定号打下基础。只有分析全面、正确,才能正确归类。但是图书的内容性质极为错综复杂,形式体裁各种各样,写作目的各有不同,立场观点也有所区别。要正确地进行判断,可以采取下列一些方法:

(1)详审书名　一般地说,书名是能够确切地表达一书的内容性质的。因此详审书名是分析图书的最简便办法。特别是自然科学著作的书名,更能充分表达它的内容性质。例如:华罗庚著的《数论导引》,一看书名,便知它是关于数论的图书。

但是,这也不等于只凭书名就可以归类。因为有些书名往往不能正确地表示书中的内容性质。第一,有些书名比书中内容范围广,例如:高尔斯基著的《逻辑学》,实际上只谈形式逻辑,而并没有全面地谈逻辑(注:逻辑应该包括形式逻辑、辩证逻辑和数理逻辑)。第二,有些书名比书中内容范围狭窄,例如陶铸著的《理想,情操,精神生活》一书实际上不仅"理想,情操,精神生活"一篇文章,而且还包括"松树的风格"、"太阳的光辉"、"革命的坚定性"、"胜利来得不易"、"高度发扬革命的自豪感"、"更好地培养青年一代"、"要确立社会主义思想"、"需要解决的三个问题"和

"劳动与读书"等许多篇文章。第三,有些书名指示书中的内容不够确切,甚至有些假书名,例如解放前出版的一些进步书籍,为了争取出版和发行,时常以假名出版。第四,有些书名,只有象征的意义,特别是文艺作品和科普读物更为常见,例如:奥斯特洛夫斯基著的《钢铁是怎样炼成的》,假若只看书名,可能把它当作一本冶金学的书,实际上,它却是一部苏联小说。第五,还有一些书名,特别是科普读物和政治宣传书刊的书名,与其说它的目的是显示图书内容,不如说是使读者感到兴趣,引起注意。例如《猜中了的谜》、《惊人的变化》和《十万个为什么》等的书名,对分类人员来说,丝毫不能说明什么。因此详审书名之后,还要查看书的内容提要、目次、序跋、绪论或正文,等等。

在这里,还顺便提一下副书名。这个副书名对于书名,往往有解释的作用,因此分析图书时,也应详细地考察一下副书名。但并不是每种书都有副书名。

(2)研究内容提要　现在出版的图书,一般都写有内容提要。它通常扼要的阐述书中的内容要点,揭露书中的政治思想倾向,指出本书的科学价值,在实现四个现代化中有什么作用以及读者对象等等。如果写得详细一点,还可能对著者作简单介绍,例如:关于他们的生平、学术地位和写作本书的经过以及所用的方法,等等。因此研究内容提要对分析图书有很大的帮助。

内容提要,有的印在书名页背面,有的印在封底上。但也有的没有,这就需要找出版社或书店编印的目录来参考。

(3)检阅目次　目次又称目录。它是全书的纲要,把各篇章的名目按一定的次序列出来。从这些篇章的名目里,可以大概了解书中讨论的范围和题材,从而帮助认识一书的内容性质。例如:对于刘国钧等编的《图书馆目录》一书,如果只从书名上看,是看不出它的全部内容范围的。但是当我们检阅它的目次后,便可知道它的内容范围相当于图书馆工作中所说的图书分类和图书编目两部分。当然,并不是检阅目次后,就可据之归类了。因为有些目次过于简略,有些目次则仅仅是形式地列出章节的次第和页码,所以还要进一步审读序跋。

(4)审读序跋 序就是序言,是写在正文之前的文章。跋就是后记、后语,是写在正文之后的短文。序跋有作者自己写的,多是说明写书宗旨和经过。也有别人写的,多是介绍或评论本书内容。这些材料,对于分析图书也有着重大的意义。特别值得指出的是,近年来整理出版的古典著作和由外国翻译的书籍,大都有编译者或出版者的长篇序言或跋语,详细地介绍出版的原因,分析书中的立场观点、科学价值以及指出阅读时应该注意的事项等。这更可以帮助我们正确地处理这些图书。

(5)细读绪论 绪论,有些书称之为导言。这是学术论著的开头部分。如果通过上述办法还不能决定一书的内容性质时,就应当细读绪论。在绪论中,著者常常撮述本书所研究的问题的意义和性质,以及与有关问题的关系,等等。因之可以藉以明了本书的内容性质。

(6)涉猎正文 就是将全部正文粗略地浏览一遍。目的在于进一步了解本书所讨论的主题以及围绕该主题的有关方面。

(7)遍查全书 如上述一些办法,还不能决定书中的内容性质时,可继续查找书上的其他事项。例如,通过出版社的经营特点,一般可以了解本书的专业性质。又如,通过出版的时间,可以大致了解该书的时代背景。不过,这些方法都只有辅助作用,因为它们常常有例外的情况。

(8)参考工具书 仔细审阅图书,有时未必都能充分了解它的内容性质和它的主题。特别是一些新学科、新技术方面的著作,尤其如此。所以如遇到不明白的地方,应该查阅有关的百科全书、辞典、手册、指南以及各种书目、索引等。

(9)互相商讨 如分类人员不只一人,遇有困难时,应该互相

142

商讨,以便集思广益,使主题更为明确。也可以请示领导或请教馆中的其他有关人员。

(10)请教专家 如遇本馆人员都不能决定此书的内容性质或难于归类时,最好访问有关专业人员或图书分类学专家。但应注意的是,在请教专业人员时,只要他们说明本书的内容性质,确定它的主题就可以了,不必请他们归类。因为他们归类时,往往不易从全局出发,而总愿意将有关的图书归到自己所研究的课题范围里去。这样,对于广大读者使用起来,就有多少不便。

三、归类

归类,即是说根据辨类的结果,结合分类规则,在分类表中找到适合的类目,确定分类号。

在类分图书的时候,从分类表中找到所需的类目,是一个关键的环节。如果不得要领,往往前后乱翻,耗费不少时间。究竟怎样迅速而准确地找到所需的类目呢?

1.通过分类表结构的关系寻找类目

前面我们说过,图书分类表的结构是由基本部类表、基本大类表(大纲)、主要类目表(简表)和详细类目表(详表)组成。它们之间的关系是层层递属的关系。因此,寻找类目时,最好是先根据该书的主题,决定它属于哪一个部类和基本大类,然后查简表,找出适合本书的类目,最后再根据简表的类号去详表中找。在详表寻找类目时,也要根据逻辑关系寻找,即先查第一级,后查第二级、第三级,依次逐级的往下找,一直找到最适合本书的类目为止。所谓最适合的类,就是说既不是它的上位类,也不是它的下位类,而是恰好的类。如果需要进一步以形式体裁、地域、时代或民族复分时,还需要去查一查有关附表。

2.通过分类体系的一些特点寻找类目

例如,《中图法》分类体系的一些特点是:

（1）从分类标准来说，它是以图书内容性质为主要标准，而图书的形式体裁为辅助标准。因此，在寻找类目时，首先得肯定图书的内容是什么，性质是什么，然后再进一步明确图书的形式体裁。例如：在类分刘盼遂著的《论衡集解》时，我们首先明白它是一本哲学史方面的著作，因此必须到"B 哲学"这一类去找。根据哲学的体系：国别—时代—个人—体裁，我们就可以依次找到"B2 中国哲学"—"B234 汉代哲学"—"B234.8 王充"—"B234.82 注释"。又如：类分周立波的《暴风骤雨》时，首先明白它是一本文学作品，因此必须到文学作品类去找。根据文学作品的分类体系：作者国别—文学体裁—时代—小说体裁，我们就可以依次找到："I2 中国文学"—"I24 小说"—"I247 建国后作品"—"I247.5 新体长篇、中篇小说"。自然科学的分类体系更为明显，例如：类分中国科学院编译局编的《植物生态学名词》时，首先肯定它是一本关于生物学方面的图书，然后才肯定它是一本关于名词对照方面的工具书。根据生物科学的分类体系：对象—方面—体裁，我们就可以依次找到："Q 生物科学"—"Q94 植物学"—"Q948.1 植物生态学"—"-61 名词、词典"。

（2）从类目的关系来说，它们都是互相关联的，其中有的是从属关系，有的是并列关系，有的是交叉关系，还有的是否定关系。根据这些关系，我们也能很快地找到所需的类目。先说一说从属关系，例如：

Q　　　生物科学

6　　　生物物理学

691　　　放射生物学

.1　　　水溶液辐射化学

从生物科学与生物物理学来说，生物科学是上位类，生物物理学是下位类；从生物物理学与放射生物学来说，生物物理学是上位类，放射生物学是下位类；从放射生物学与水溶液辐射化学来说，放射生物学是上位类,水溶液辐射化学是下位类。由此可见,《中图法》从五个基本部类到二十二大类,从二十二大类到二百五十多个主要类目,从二百五十多个主要类目到一千五百多个基本类目,从一千五百多个基本类直到到三万多个小类,是层层的从属关系。根据这种关系,我们寻找所需的类目时,就可以从五个基本部类开始,层层而下,直到找着为止。例如:寻找关于"农田排水"的类目时,首先可找"N 自然科学",其次找"S 农业科学",再次找"S2 农业工程、农田水利",最后在"S27 农田水利工程"下,找到了"S276 排水"。

关于具有并列关系的类目,大都是从一个上位类分析出来的,它们具有共同点,但也各具有特殊点。因此,在一定场合下,是互相排斥的;同时,也在一定场合下,有此必有彼。根据这一特点,在寻找类目时,我们就不应找错位置,同时,也正由这一特点,才不会找错位置。例如:在类分(苏)费多洛夫编著的《稀有元素化学》时,绝不应到"O62 有机化学"去找类目,因为"稀有元素化学"是无机化学的一个重要分支,而无机化学和有机化学又是并列关系,其中有很大的不同,因此只有到"O61 无机化学"去找才能找到"O616 稀有元素"。反过来说,当我们在"O61 无机化学"下找到"O616 稀有元素"时,常想找到一些旁证来证明其是否正确,那末,"O62 有机化学"便是旁证之一。

关于具有交叉关系的类目,则具有两种原因。一种是共同研究一种对象、一个问题、一件事情,因为研究的角度不同,分属于不同的学科,置于不同的大类里。例如:" O614.61 铀化学"与"TL212 铀的提取";"Q945 植物生理学"与"S4 植物保护"就是。还有一种是由于学科的互相渗透、互相结合的结果。例如"Q5 生物化学"就是化学和生物学互相渗透、互相结合而产生的一门新兴学科。根据前一种的交叉关系,分书时,就得注意这本书是研究哪一个对象的哪一个方面,不然就会误入歧途,越走越远。例如:

类分鲁滨著的《植物生理学》时，只能在"Q94 植物学"下去找，而不应到"S 农业科学"里去找，因为农业科学中的农艺学只研究植物的栽培问题。根据后一种的交叉关系，分书时，就得注意这两个学科，哪一个是渗透的，哪一个是被渗透的，因为《中图法》安排类目时，常常将这一种"边缘学科"归到被渗透的学科类目下。例如：鲁宝重编的《生物化学》就应归入"Q 生物科学"类下，而不归入"O6 化学"类下。

关于具有否定关系的类目，常常是"两分法"造成的。例如："TF4 黑色金属冶炼"和"TF8 有色金属冶炼"，"O51 低温物理学"和"O522 高温物理学"，等等。这种关系在过去纯粹是互相排斥的关系，只是因为近年来学科间互相渗透的结果，才开始往来。例如："O627.41 硅有机化合物"、"O627.51 磷有机化合物"等就是无机化学和有机化学相互往来后形成的。但是，在《中图法》中由于考虑到图书的实际情况，对于这种具有否定关系的类目，仍旧沿用过去的习惯，将它们排在同等位置上，只是把一些已经形成的杂交学科类目，规定它归入一个位置而已。因此，分书时还需要注意，不要找错类目体系。

（3）从同位类的排列原则来说，现代分类法是有一定排列次序的。对于学科类目的排列，是从总体到部分，从一般到特殊，从抽象到具体，从低级到高级，从基础理论到应用技术。《中图法》也是这样。

根据从总体到部分的原则，在分蔡方荫著的《变截面刚构分析》时，就应找前面的"TU328 刚架结构"；而在分江近仁著的《砖石结构的研究》时，则应找后面的"TU 土、砖、石、竹、木结构"。

根据从一般到特殊的原则，在分秦桐著的《机器生产的一般常识》时，就应找前面的"TH16 机械制造工艺"；而在分范垂本编著的《机械零件》时，则应找后面的"TH13 机械零件"。

根据从抽象到具体的原则，在分汪旭庄著的《什么是商品》

时,就应到前面"F0 政治经济学"里去找;而在分中国人民大学商品学教研室编的《商品学》时,则应到后面"F7 贸易经济"里去找。

根据从低级到高级的原则,在分史密斯著的《隐花植物学》时,就应到前面去找"Q949.1 孢子植物";而在分伦德勒著的《有花植物分类学》时,则应到后面去找"Q949.4 种子植物、显花植物"。

根据从基础理论到应用技术的原则,在分(苏)卡普佐夫著的《电子学》时,就应到"O4 物理学"里面去找;而在分(苏)麦奥罗夫著的《电子调整器》时,则应到"T 工业技术"后面去找。

对于地区类目的排列,现代分类法一般都是从中到外,从近到远。例如:《中图法》根据从中到外的原则,在分范文澜著的《中国通史简编》时,就应找前面的"K2 中国史";而在分(苏)潘克拉托娃等编的《苏联通史》时,则应找后面的"K512 苏联史"。根据从近到远的原则,在分黎国彬著的《印度尼西亚简史》时,就应到前面"K3 亚洲史"里去找;而在分黄绍湘著的《美国简明史》时,就应到后面"K7 美洲史"里去找。

对于时代类目的排列,现代分类法一般都是从古到今。例如:《中图法》根据这一原则,在分李亚农著的《西周与东周》时,就应找前面的"K224 西周";而在分杨宽著的《战国史》时,则应找后面的"K231 战国"。

3.通过类目注释寻找类目

我们知道,现代各种分类法为了帮助分类人员正确地掌握分类法,对许多类目作了注释。其中有的指示类目的内容和范围,规定一个类目的意义,有的举例说明,有的指明交替类目,有的指明参照类目,有的指出细分办法,有的指明类目的同义词,有的指出外国人的原名,有的指出排架方法,还有的指导同类图书的区别方法等。

因此,分书时应该善于利用这些方便条件。例如:通过第一种注释,我们就可以很快地明白这一类目的内容和范围,同时也可以清楚有关类目的去向。如分(苏)布季洛娃等著的《自然科学中的哲学问题》一书,假若到《科图法》"10 哲学"一类去找,一定看到下面注释:"总论自然、社会和思想的一般发展规律的著作入此;关于一门学科的基本概念和基本理论的研究入有关各类。"这样,我们便肯定这本书不能归入"10 哲学",而应到"50 自然科学"里去找所需的类目。

又如,通过第二种注释,我们便可通过举例了解类目的内容,从而正确地类分图书。例如:刘咸著的《猴和猿》,应分到哪一类去？假若我们看到《中国图书资料分类法》"Q959.848 灵长目"下注"猕猴、黑长臂猿、猩猩"以后,便可以肯定《猴和猿》也归入这一类。

再如,通过第三种注释,我们就可以选择对本图书馆关系最大的类目。例如《海洋地质学》一书,可以归入《中图法》"P67"或"P736"两处。但通过注释的指明,如果是一个综合性或海洋专业的图书馆,就可以归入"P736",如果是一个地质专业的图书馆,就可以归入"P67"。

总之,通过每一种注释,都可以直接或间接地帮助我们了解分类体系,从而正确地找到所需的类目。

4. 通过分类法索引寻找类目

以上所说的寻找类目方法,都是从内容涵义出发的。假如不了解内容涵义时,将怎么办呢？这就只有借助于索引了。使用索引时,先确定书中的主题,然后依主题词的字顺查出它的分类号码,再根据这个号码到分类表中找类目,如果这个类目恰好符合本书的内容性质或形式体裁,就采用这个类号为本书的分类号;如果不符,就需另查。

必须记住,索引只是分类法的辅助工具,如果已经熟练地掌握了分类体系和分类号码,并不一定非查索引不可。同时还应记住,不可单凭索引所指示的号码分书,因为只使用这个号码,有时会发生错误。

四、编号

编号就是编定本书的号码。也即是说,当一书寻找到恰当的类目之后,就要把代表这个类目的号码用铅笔写在书名页上的左上端。如果需要使用附表,还应将附表的号码加在原来分类号的后面。这就是本书的主要分类号。

但有些图书,特别是政治理论和交叉学科方面的图书,往往涉及两个或两个以上的问题。也就是说,这本图书既可以归入这一类,又可以归入另一类时,可以根据分类规则确定其中一个问题是主要的,并以它为根据从分类表中寻找类目和号码。这个类目称为主要类目,这个号码称为主要分类号。而将另一个问题看作是次要的或相关的,如要参见,则以它为根据从分类表中寻找类目和号码。这个类目,称为互见类目。代表互见类目的号码,称为互见分类号。如果一本书涉及三个以上的问题,而且又有必要作参见时,可以同时有几个互见分类号。主要分类号写在前,互见分类号写在后,中间用"+"号连接。整个连接起来的号码称为完全分类号。例如《理化知识》一书,如以《中图法》类分,它的主要分类号为04,互见分类号为06,完全分类号为04+06。

还有一些图书,如其中有某篇、某章、某节对本馆读者特别有用,而又未有单行本所能代替时,可以把这篇、这章、这节用分析的办法,归到另一类去。所归到的类目,称为分析类目;所取的号码,称为分析分类号。为了区别于互见分类号,在分析分类号之前可加"分析"字样,或由本馆另行规定符号。

分类号码确定以后,还应该编制索书号,其中包括同类区分号(著者号或种次号)、版次号、卷次号、复本号和其他附加号等。关于索书号的编制方法,拟在后面专门叙述。

五、审核

为了保证分类质量,每个图书馆都应设专人审核。这个工作,如果在大型图书馆,最好由领导分类工作的人员担任。如果在中小型图书馆,可由组或馆的领导人担任。

为了求得同性质的图书类分得前后一致,有必要核对一下公务目录(尤其分类目录),看看过去这种性质的图书是不是这样归类。同时为了使得每一本图书都有各自独立的索书号,也有必要核对一下公务目录,看看本书与其他书的索书号是否雷同。如果雷同,则根据本馆规定的附加符号办法加一些区分号。

至此,分类工作即可完成。

第四节　图书分类工作中的几个问题

在图书分类工作中,还有好些问题,无论在认识上或做法上都不够一致。因篇幅关系,只打算就几个比较重要的问题谈谈一些看法。

一、图书分类工作的组织问题

从以上所讲的图书分类工作程序看来,图书分类工作还是相当复杂而细致的。在工作人员不止一个人时,应予进行合理分工。这在大型图书馆中尤其需要。

目前各图书馆所采用的分工办法大体上有四种。即:1. 按语文分工;2,按学科分工;3. 按工序分工;4. 按书型分工。

按语文分工,即是将不同语言文字的图书分别划归一定人员进行分类。这往往和编目合在一起,成为一个单位,如中文编目组、日文编目组、俄文编目组、西文编目组,等等。这种办法的好处是,可以充分利用懂得一种外文的干部的作用。但要干部掌握各种学科知识,特别是一些新学科、新技术、新工艺、新产品方面的知识就有困难,因此水平不容易提高。

按学科分工,就是把一个或几个知识部门(通常相当于图书分类体系中的一个或几个大类)的图书划归一定人员进行分类。这种方法的好处是,可以使分类人员更加专业化,容易掌握他所担任分类的一门或几门学科知识,较快地提高他的知识水平和工作能力。尤其是图书馆工作情报化以后,这种分工方法更能充分发挥分类人员提供信息的作用。但这种分工,必须懂得多种语文的干部才能担任。否则,他是无法进行图书分类的。同时,这种分工,一般只适合于大型的图书情报单位。

按工序分工,就是把从处理复本到最后审核的全部工作过程分为几个阶段,每人担任一个或两个阶段。但通常分为三个阶段,即是说,处理复本是第一个阶段;辨类、归类、编号为第二个阶段;审核是第三个阶段。这种办法的好处是,可以提高各个工序的工作效率,并易于求得前后一致、左右一致、上下一致。但是实行这种办法必须要有很好、很全面的工作计划,使各工段的速度紧密配合,否则容易窝工或忙闲不均。

按书型分工,就是按出版物的类型,如图书、期刊、特种资料等进行分工。每人或几人担任一种类型出版物的分类工作。这种办法,近年来,随着期刊、特种资料的单独管理,而逐渐流行起来了。

当然,上述四种办法都各有优缺点,所以不宜只采用一种办法,最好是配合采用。至于先根据哪一种,后根据哪一种,则结合本馆的具体情况考虑。例如:各种类型出版物均齐备,而干部又只能各掌握一种文字时,最好先按类型分,次按文字分,后按工序分。又如,有着懂得学科专业的干部,而他们又能普遍地掌握几种文字时,则可先按学科分,后按工序分。

二、集中编目卡片的利用问题

1958 年前后,在中央文化部和全国第一中心图书馆委员会的领导下,全国集中编目事业蓬勃地开展。成立了三个集中编目组,分别由三个图书馆负责管理,即:1.中文图书提要卡片联合编辑组,由中国人民大学图书馆负责管理;2.俄文图书统一编目组,由北京图书馆负责管理;3.西文图书卡片联合编辑组,由中国科学院图书馆负责管理。七十年代后,为了便于集中统一领导,国家文物事业管理局决定将所有的统一编目组全部委托北京图书馆管理,并建立统一编目部。但是由于国内还没有标准的图书分类法,而各馆使用的图书分类法也不大相同,因此卡片上只能选印比较通用的几种分类法的号码。例如:中文图书提要卡片在 1966 年以前印有《人大法》、《中小型表》、刘国钧编《中国图书分类法》和《科图法》的号码,如下卡片。

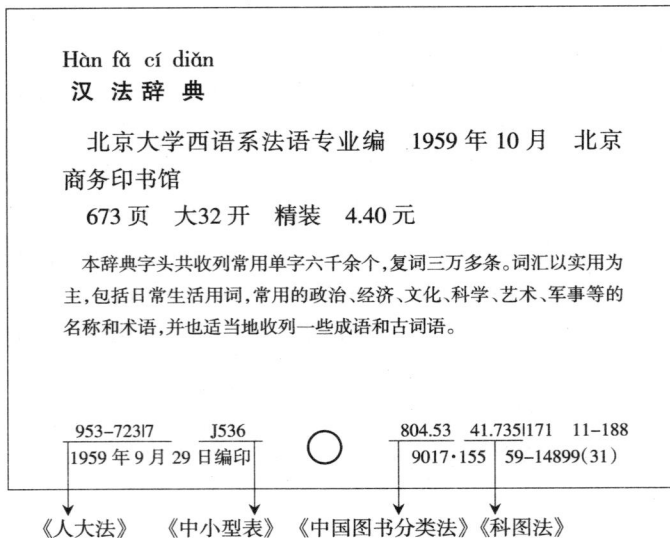

Hàn fǎ cí diǎn
汉 法 辞 典

　　北京大学西语系法语专业编　1959 年 10 月　北京商务印书馆

　　673 页　大32开　精装　4.40 元

　　本辞典字头共收列常用单字六千余个,复词三万多条。词汇以实用为主,包括日常生活用词,常用的政治、经济、文化、科学、艺术、军事等的名称和术语,并也适当地收列一些成语和古词语。

953–723l7	J536	○	804.53	41.735l171	11–188
1959 年 9 月 29 日编印			9017·155	59–14899(31)	

《人大法》　　《中小型表》　《中国图书分类法》《科图法》

目前印有《中图法》、《科图法》和《中小型表》的号码，如下卡片。

```
lóng mén sì pǐn
龙 门 四 品

   北京图书馆   龙门文物保管所同编   文物出版社
1979年6月
   46页   8开   1.40元

《龙门四品》选自我国著名的龙门石窟中。北魏时期的造像题记，是
我国古代书法艺术宝库中的珍品。本书选印了北京图书馆藏清乾隆、
嘉庆时的拓本，是目前最早、最佳的拓本。

                                        1-11〔79〕
J292.2    48.325    L34          ◯   (79)京所一字 234 号-11〔34〕
1979 年 12 月 5 日编印                 8068·729   79-8435
```

《中图法》《科图法》《中小型表》

西文图书卡片在 1966 年以前印有《中小型表》、杜威《十进分类法》和《科图法》的号码，如下卡片。

Went Frits W.

The experimental control of Plant growth; with special reference to the earhart Plant research laboratory at the California institute of technology.Waltham,Mass.,Chronica Botanica Co.,1957.

343P. illus. 22cm.

| R64 | 581.134 | ○ | 58.8436 |
| | | | 59—1692 |

《中小型表》   杜威《十进分类法》   《科图法》

目前印有《中图法》、《科图法》的号码,如下卡片。

Yevjevich,V,and Mabmood,K.,ed.

Unsteady flow in open channels, v.1. Fort Collins, Colorado, Water Resources Pub., 1975.

484P. illus. Ref.

明渠不稳定流   第1卷

本书系于1974年6月在美国柯林斯堡举办的讨论班讲演集。总结了国外这方面的计算方法。全书分3卷。本卷目次:①引言,②不稳定流的基本方程,③特征线法,④明渠方程的数值方法解,⑤不稳定流的简化方程,⑥稳定性,⑦明渠流方程的弱解,⑧用不稳定输移材料,⑨模型选择,⑩明渠流的应用数学模型,⑪单向流模型举例。

| TV131.3 | ○ | 86.8129|Y48 |
| | | F107|42   (2.70) |

《中图法》   《科图法》

154

俄文图书卡片在 1966 年以前印有《中小型表》、《科图法》和《人大法》等三种分类法的号码,如下卡片。

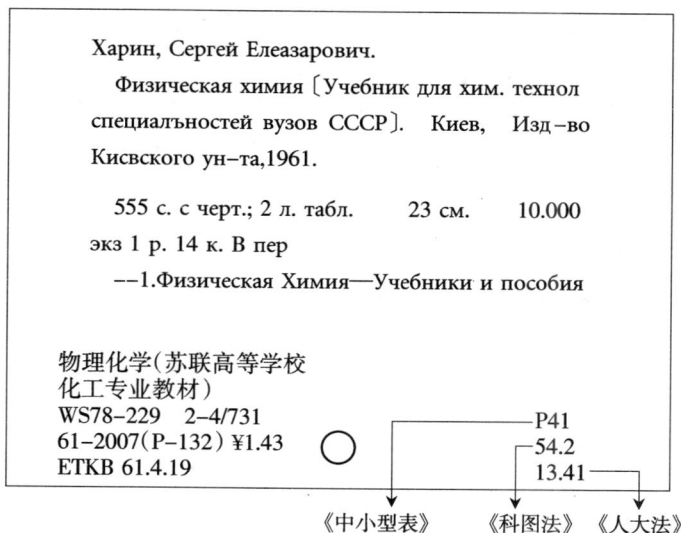

Харин, Сергей Елеазарович.
Физическая химия [Учебник для хим. технол специалъностей вузов СССР]. Киев, Изд-во Кисвского ун-та,1961.

555 с. с черт.; 2 л. табл.   23 см.   10.000 экз 1 р. 14 к. В пер
--1.Физическая Химия—Учебники и пособия

物理化学(苏联高等学校
化工专业教材)
WS78-229   2-4/731
61-2007(P-132)¥1.43 ○   ── P41
ETKB 61.4.19   ┌ 54.2
                         13.41 ┘

《中小型表》   《科图法》 《人大法》

那么,每一个图书馆如何利用这些卡片呢? 我们认为可以分为两种情况:

1. 如果本馆所采用的分类法是卡片上所采用的分类法之一,这就可以使用它的分类号。但是要注意下列几点:

(1)卡片上的分类号是根据一般分类规则进行归类的,不一定适合每一个图书馆的具体情况,因此各馆使用时,还需要根据本馆分类规则进行适当的修改;

(2)卡片上的分类号是主要分类号,如各馆认为有必要进行分类互见和分类分析的,可加分类互见号和分类分析号;

(3)卡片上采用的分类号是根据详表分类的,如果本馆采用简表,则要根据简表进行简化;

（4）卡片上采用的分类号都是原表的,如果本馆已作修改,则应根据本馆修改后的分类表重新分类。

总之,在使用统一卡片的分类号时,必须认真地审查一下,如果与本馆一致,则直接采用;如果不一致,则应该根据本馆情况将其改过来。千万不能图省事而机械地使用。

2.如果本馆所采用的分类法与卡片上所采用的分类法不一致,那当然不能直接采用卡片上的分类号。但是这些分类号仍可供本馆分类时参考,以便提高工作效率,保证分类质量。

三、专业图书馆采用综合性分类表的问题

由于目前国内通行的几种图书分类表,都是照顾全面的综合性分类表,所以对于一个专业图书馆来说,是有一些不适合的地方。如果使分类表适应专业图书馆的要求,还需要经过一定的加工整理。

一个专业图书馆对于一部综合性分类表的要求,大体上有这样四点:

1.对于本专业的类目要求比较详细的区分;

2.对于相关学科的类目要求适当的集中;

3.对于关系较远或者毫无关系的类目要求简略;

4.对于分类号码要求适当的缩短。

现以《科图法》为例,说明专业图书馆采用综合性分类表时,必须采取的一些具体措施。

1.改革分类表

每个专业图书馆都要根据本馆藏书情况和读者需要改革一下分类表。

对于专业部分的类目,如感到不够细致或不够适合,在不变动总的体系制度下,可以适当补充或修改。例如:一个原子能技术图书馆可以不用"53.83原子核物理"这个位置,而将原子核物理的

细目全部改列在 72.132 之下。

对于相关学科的类目,如果分类表设有交替号码,则应尽量选用靠近本专业位置的。例如:一个力学专业图书馆可将"工程数学"集中于数学类下的"51.99 专业应用数学",而废掉技术科学类下的"71.211"。

对于关系较远或者毫无关系的类目,而且藏书又不多的,应当简略,或者采用简表。例如:一个微生物专业图书馆对于"社会科学"一大类,完全可以利用简表进行分书。

为了将号码,尤其专业部分的分类号码缩短一些,一方面可以有限制的使用附表,例如:只用"附表一"中的"04 历史、现状、概况和传记",另一方面可以利用另一种符号代替部分相同的号码,例如用"D"代替"59.1"。这样,动物学类的图书的号码就普遍地缩短了三位数字,如郑作新编的《脊椎动物分类学》,经改变后成为"D91",比起原来的"59.191",显然缩短得多了。

2. 结合专业制订分类规则

每一个图书馆都要在一般分类原则的指导下,结合专业的特点和需要,制订一个分类规则。这样就可以把有关专业的图书归入本专业的类目或靠近本专业的类目里来。例如:一个微生物专业图书馆,如果他们规定"对于交错两类之间的图书,应结合微生物研究工作的需要,归入关系最大的类",那就可把《统计学在生物学和医学上的应用》一书归入"58.1057 生物学统计方法",而不归入"61.225 医药卫生统计"。又如,《同位素在生理学和生物化学中的应用》一书,他们也可以根据这条规则放在"58.1731 放射生物化学"里,而不放在生理学里,因为生理学不如生物化学与微生物的关系密切。

3. 利用"靠近"办法组织分类目录和排列藏书

如果对于一些关系较大,但为了不致破坏原有分类体系的类目,可以利用"靠近"的办法组织分类目录和排列藏书。例如:对于一个化学专业图书馆来说,"54 化学"一类,无疑地与"81 化学工业"一类关系很大,但是为了不破坏分类体系和号码制度,就可以在组织分类目录和排列藏书时,有意识地将这两类"靠近"一起。这样,对于读者使用图书,馆员管理图书,都会感到更为方便。但需要注意的是,不能过多地使用,否则,就会容易混乱,弄巧成拙。

四、改换图书分类表的问题

从原则上说,图书分类表不宜改换,因为改换图书分类表就等于将一个图书馆的图书全部重行分类,耗费大量的人力、物力,而且影响读者使用。但是,对于一些历史较长的图书馆来说,由于它们过去大都是采用旧的图书分类表,因此现在必须改换成以马克思列宁主义、毛泽东思想为指导的新图书分类表。另外,即使是解放后新建的图书馆,也可能由于当初选择不慎,采用了思想性不强、科学性不高、实用性不大的图书分类表,因而也需要进行改换。此外,为了适应建立全国图书情报资料统一的检索体系,也有必要改用标准的图书分类法。

在改换图书分类表时,首先要注意的是换什么分类表。一般说来,前面第五章所谈到对于一部现代完善图书分类表的几点要求是适用的。

其次要注意的是如何改换,这可有几种方法:

1.原来的藏书和目录全部重新分类;

2.原来的藏书按原分类表组织,只重新改组分类目录;

3.原来的藏书和目录按原分类表组织,而新进馆的图书则依新的分类表分类。

上述三种办法,以第一种办法为最彻底,无论对组织藏书、组织目录和读者借阅工作都是很便利的。但工程浩大,需要大量的人力和物力。因此,改换前,一定要进行调查研究,制订好工作规

158

划。凡工作组织上和技术方法上所能预计到的各种问题,如组织方式、人员分工、工作流程、质量要求、完成期限等,都要仔细予以考虑。为了不致影响读者,最好不闭馆,采取按门按类,逐月分段地进行。具体的说,即是:

(1)根据旧分类体系,将全部图书划分为若干段。至于每段是改编一个大类还是一个小类,必须根据该类图书的多少和本馆工作的条件而定。

(2)将需要改编的图书从架上取下,然后依图书分类表予以新的分类号,并将此号码写在书名页及分类目录卡片上。但卡片上的原分类号暂时不改。

(3)根据新分类号改换书标,然后将图书另行排架。

(4)借出去的图书,可将分类卡片抽出排到借书卡里去,待读者还回后再重新分类。

(5)所有图书改编完毕后,将各种目录卡片按原分类号排列,与分类目录卡片一一对齐。

(6)将所有目录卡片上的原分类号去掉,重新写上新的分类号。

(7)所有的目录卡片都改完分类号后,然后按照原来的目录体系还原。如发现卡片已经污损,则同时换制新卡片。

(8)分类目录根据新分类表的体系重新组织,并换制新的导片。

第二种办法用不着改索书号,而只在分类卡片上加上新的分类号。然后按新分类号组织分类目录,其他目录都不要改动。这种办法对于一个规模较大、历史较长、藏书较多,而人力不够的图书馆比较适用。但是,由于藏书组织不能改变,势必与新书形成两个体系,增加管理困难,而且不适宜开架。所以从长远来说,这并不能一劳永逸,而只是权宜之计。

第三种办法也叫"一刀切",即规定一个时间,从这个时间以后的新书按新分类法分类,另行组织藏书,组织目录。旧的藏书体系和目录组织都保持不动。一般说来,这种办法问题较多,不宜采用。因为它容易把同一性质的图书,甚至同种书的不同册次或不同复本分散了。这对于馆员管理和读者使用都不方便。但在人力、物力暂时困难的情况下,先将新书按新分类表分类,待后逐步改编旧书,则是可行的。另外为了方便读者,也可以将新、旧号的图书统一按新分类体系组织分类目录。

当然,上述三种办法,具体到一个图书馆来说,不见得就完全使用哪一种。因为各个图书馆由于实际情况不同,是需要加以灵活运用的。但是,最重要的一点,就是改换图书分类表,重行类分图书(或称重新改编图书)时,必须慎重,做到有计划、有准备、有步骤。同时注意加强审核工作,否则错了,将影响很大。

五、使用新版图书分类表的问题

由于科学技术飞速前进,新学科、新技术不断出现,新图书也不断发展,所以图书分类表必须不断地进行修订和出版。这也就出现按新版类分图书的号码和按旧版类分图书的号码不一致的问题。据初步分析,不一致的情况大致有下列五种:

1.原来分到上位类号,现在需要分到下位类号。例如,以《科图法》类分《宇宙航行生理学》一书,原来分到87.9就可以了,而现在则需要分到87.972。原因是"宇宙航行"在1958年第一版时只有两个类目,现在第二版则将其子目大大地扩充了。一般说来,在现代分类表中,由于增补子目而使号码加长的情况是最多的,约占变动号码的80—90%。

2.原来分到下位类号,现在需要分到上位类号。例如:《中国猿人》,原来分到《科图法》的59.3152,现在分到59.315。原因是《科图法》在第二版中,已将第一版的"59.3151 爪哇猿人"、"59.3152 中国猿人(北京猿人)"和"59.3153 海德堡人"的号码取消,改为注释,归到"59.315 猿人"一类去了。

3.原来分到某一号码,现在需要分到另一号码,也即是说号码已经不同了。例如:《天文年历》,原来分到《科图法》55.85,现在分到55.195。其原因主要是类目位置变动了。所以有时号码虽然相同,但类目内容不一样。这一点要特别注意,不过这种情况不多。另一个原因是局部分类体系发生了变化。例如:《科图法》第二版的"73.6 电子技术"一类的体系,已经全部改变了。这样,关于原来这一类图书的号码,也就需要逐一的加以订正。

4.原来的类号,现在已改为交替类号了。如果本馆不使用这个交替类号,则需要相应地把原来已分编的图书的号码予以更正。例如:《电子计算机》一书,《科图法》第一版的号码是79.983。但因第二版已将"79.98 计算机具"一类全部改为交替类号,因此这本书也就相应地改入"73.872 电子数字计算机"中去。

5.原来的类号,已经被取消。原因是这一类的内容已被归并到另一类去了。例如:《科图法》原版有"54.09 炼丹术、点金术",而在第二版中已被归并到"54.04 化学史",因此这一类图书的号码都要相应改为54.04。

根据上面所述,可以看出新版的类号和原版的类号是有一些不一致的,这就不能不影响到分类目录的组织和图书的分类排架。因此,当采用新版图书分类表时,必须对已经按原版分编的图书和目录进行恰当的处理。不过,使用新版图书分类表并不像重新改换另一种图书分类表那样复杂和困难。至于如何使用新版图书分类表,归纳起来,大致有以下几种办法:

1.全部图书和目录均按照第二版订正。这是最彻底的办法。但这种作法一般只适合于藏书较少而又有人力订正的图书馆。订正工作可以集中人力,限期突击完成,也可分期分批,逐步完成。如果藏书较多的图书馆,也要求进行彻底的订正,那就必须做好工作计划,组织专门班子逐类订正,一类改完,再进行另一类。在订正工作中,要力求避免全部书刊停止借阅。

2.基本上仍维持原版,但参照新版作一些必要的增补,内容着重新学科、新技术和新成就。为了保持一致性,必须根据增补的类号对原来已分编的图书和目录进行核对一次,把不一致的改正过来。

3.对已按原版分类表分编的图书不改动索书号和排架位置;对新进馆的图书,则按新版分类表进行分编和另行排架。但必须改组分类目录。在改组分类目录时要注意:

(1)以公务分类目录为基础,将读者分类目录的卡片(包括分类互见片和分类分析片)逐类加以核对,如遇缺片,必须补齐。

(2)根据新版,逐类加以校订,如果遇到原分类号与新版分类号有冲突,则按新版另取一号,用红笔分别写在公务分类目录和读者分类目录卡片的左下角(或右下角)。此号只供组织目录用,不作索书号。

(3)全部校订完毕后,读者分类目录按新版分类号排列,公务分类目录仍按原版分类号排列。

(4)凡今后新到馆的图书,如果是过去已经分编图书的分卷、分册、复本或不同的版本,则要考虑前后的统一问题,即是说,或者按原版统一,或者按新版统一,必须事先作出决定。假如按新版统一,则要把旧编书一律改过来,以便把同一种的图书集中一处。

采用这种办法的好处是比较节省改编人力,但由于新书另行排架,对于典藏部门管理图书带来很大麻烦。

4.新到馆的图书按新版分类表分类,但排架时仍与按原版分类表分类的图书混合在一起。采用这种办法的好处是既节省改编人力,对典藏部门管理图书也比较方便。缺点是架上图书的分类不够统一。但是根据分类法的修订规律,完全改变类号的只是少数,而大多数则属于增补小类号,基本上还是在同一类目之下。因此,这种办法,对于藏书较多,而且又是闭架的大型图书馆比较适合。

5. 分类目录和图书排架都分成两个段落或两个系统,即是说已按原版分编的分类目录和图书排架均不变动,新书则按新版另行组织目录和进行排架。这种办法的好处也是减少改编麻烦。缺点是除了增加典藏部门的管理麻烦外,还增加读者查阅两套分类目录的麻烦。但如果能够将原来的分类目录印成书本式的,倒可以减少读者查阅的一些麻烦,而且还可以腾出卡片目录空间存放新书的卡片目录。另外,对于新到的图书,如果是旧编书的分卷、分册、复本或再版,最好也是把它们统一起来。

总之,在使用新版图书分类表时,对于已按原版分编的图书和目录的处理,是一项细致的复杂工作,各馆必须结合自己的具体情况研究具体的办法。

六、古今中外图书统一分类的问题

解放前,一个图书馆往往采用好几种分类表来类分古今中外的图书。例如:中文图书采用刘国钧编的《中国图书分类法》或皮高品编的《中国十进分类法》;西文图书采用杜威的《十进分类法》或《美国国会图书馆图书分类法》;俄文图书采用托罗帕夫斯基编的《十进分类法》;日文图书采用森清编的《日本十进分类法》;线装书采用《四库分类法》等。这对于图书馆工作是很不方便的。因此,早就有人主张古今中外图书统一分类了。但是,由于当时没有一个能够容纳古今中外图书的统一图书分类表,所以始终没有彻底实现过。解放以来,一方面由于新建的图书馆有着统一分类的需要和愿望,一方面由于产生了的确能够容纳古今中外图书的统一图书分类表,因而新建的图书馆大都已采用统一的图书分类表来类分全馆的图书了。

问题在于一些已经采用几种分类表的图书馆,如果要统一起来,那任务将是极其繁重的。不过要认识到古今中外图书统一分类是发展的趋向。因为一个图书馆采用几种不同的分类表,特别是采用不同思想体系的分类表,对于现代图书馆来说,是很不适宜的。另外,从图书所记述的文化、知识和学术有继承性、关联性以及从文献检索的统一化、标准化来看,更应该用同一分类表去处理。当然在处理过去或者外国的图书时,应该用批判吸收的态度,为我国实现四个现代化服务。

至于如何统一,我认为应该是逐步的。例如:先统一中文,次统一日文,再统一西文,后统一俄文。不过统一之前,也要慎重地选择图书分类表,如果本馆某一种文字的图书所采用的分类表合用,就以这种分类表去统一其他文字的图书,如果都不合用,则应另行选择分类表。选择好后,再进行统一分类。

另外还需要明确一个问题,这就是统一采用一个图书分类表类分古今中外图书和一馆图书混合排架、组织分类目录是两回事。因为前者属于分类工作范围,而后者则属于典藏和目录组织工作范围了。同时,一个馆只便采用一种统一的分类表,也不见得就非将藏书混合排架、目录混合组织不可。因为藏书和目录是否混合组织,则应根据本馆的性质、任务和读者要求等而决定。

七、图书分类表的不断补充和修改问题

随着科学的不断发展,图书的不断增加,分类表是需要不断补充和修改的。这一点在前面已经讲述过了。

问题在于一个图书馆在使用过程中是否需要补充和修改。因为有些人认为,只要在选择分类表时进行调整、补充就可以了。我们认为,这是远远不够的。因为最初选择时,只能根据当时的具体情况进行调整和补充,至于以后发生什么情况是很难预料的。所以为了使一个分类表随时适应形势,还是不断补充和修改为宜。

还有一个问题,就是有些人认为,补充和修改分类表,只是分类表编辑者的事。这种看法是不够全面的。分类表编辑者当然是

需要不断补充和修改分类表,使用分类表的人也应该尊重编辑者的意图。但是使用单位还应该根据实际情况进行一些必要的补充和修改。特别是当分类表编辑者补充和修改不够及时的时候,使用单位更有随时补充和修改的必要。

至于补充和修改的范围,一般只限于类目和类号。因为基本体系和号码制度原则上是不应随便改动的。补充和修改类目、类号的办法有下列几种:

1. 如果发现这类图书很多,而且内容很复杂时,可以考虑适当增加子目。但是增加时,需要注意:(1)不能违背整个分类法的编制原则;(2)不能破坏整个分类体系;(3)不宜分得过细,因为过细就容易造成繁琐;(4)不宜占用较大的类号,以免妨碍将来的发展。

2. 如果发现一些图书是反映新兴的边缘学科时,一般图书馆,可以把它归到被渗透的学科类目里去或者在该类目之下增补边缘学科的类目。但对于某些专业图书馆来说,则可根据本馆的需要,尽量把它安排在有关本专业的类目里。

3. 如果发现一些类目长期无书时,应该进一步详细研究,把一些确实不需要的类目加以删除。

4. 如果在使用过程中,发现个别类目的归属不适合本馆的读者需要时,可以重新调整,将其转到适合本馆读者需要的大类之内。

总的说来,补充和修改分类表是每个图书馆都可能遇到而又必须做的事情。但是不能随便补充和修改。必须认真进行调查研究,听取读者的反映,领导的指示以及了解各类图书的多寡情况,然后在此基础上进行补充和修改。同时,为了慎重起见,最好与分类表编辑单位联系一下,听取他们的意见。

第五节 图书分类工作人员的修养

从上面看来,图书分类工作是一项具有思想性、科学性和实践性的工作。而做好这项工作的关键是图书分类工作人员的质量。所以在这里特别提出图书分类工作人员的五点修养,作为大家努力的方向。

1. 一定的政治觉悟

作为一个分类工作人员,每天都要对反映着各种科学内容和思想倾向的图书进行处理。这不但要求我们具有识别的能力,而且在新问题、新现象面前要有处理的能力,这些能力都决定于我们的立场、观点和方法的正确。同时,我们的工作是直接为实现四个现代化服务的,需要大家培养为实现社会主义现代化而献身的精神。因此,每个分类工作人员都必须具有一定的政治觉悟。只有这样,才能具有进步的、正确的政治认识和关于社会生活上各种现象的正确理解,才能避免在分书过程中发生立场、观点和方法的错误。分类工作人员要努力学习马克思列宁主义、毛泽东思想以及党和政府的方针、政策,自觉地改造思想,确立无产阶级世界观,树立为四化贡献才智和力量的精神。

2. 熟练的业务技能

作为一个分类人员,首先要熟习本馆所使用的图书分类表——掌握它的编制原则、编制方法、体系结构、号码制度和使用方法。同时尽量多地掌握现行的各种分类法,对它们能对比、鉴别。还要掌握图书馆学、目录学、情报学和文献学等方面的知识。另外在实际工作中要不断地总结经验和向有丰富经验的同志学习。力求把经验上升为理论,不断地丰富自己的业务知识,提高自己的业务技能。

3.广博的科学知识

因为图书分类是以科学分类为基础,我们每天都在跟科学知识打交道,而科学知识又是多种多样的,因此,分类工作人员必须对于一切学问都应有相当的基础知识。这样才可以决定手中的图书属于科学体系中的哪一门类。倘若分类工作人员没有广博的科学知识,就无法完成自己的任务。实践证明,图书分类工作质量不高,在一定程度上是由于分类工作人员的知识贫乏。所以分类工作人员应有计划、有步骤地学习各种知识,领导上也要有计划地帮助他们学习,使他们尽可能地了解各种知识领域,熟悉各门学科的内容、历史、分支、学者、名著以及水平、动向等,以便正确地类分图书。

4.较高的语文水平

图书是用各种语言文字写成的,要正确地辨别图书的内容性质、形式体裁和读者用途,必须有较高的语文水平。但根据实际情况,要掌握很多种语言文字是不可能的,因此,首先要把汉语学好,然后再学习一至两门外文,使其能达到熟练地看、写的程度。如有条件,再进一步学习其他语文。

5.严谨的工作作风

图书分类工作,是一项精密细致的工作。我们对每种图书进行分析研究、综合归纳的劳动成果和思维结晶都表现在几个文字、符号、字母和数字上。稍有差错,就会张冠李戴、文不对题或前后分歧、互相矛盾,使图书造成漏检、错检,直接影响着服务质量。因此,图书分类工作人员,应当具有严肃的态度、严格的要求和严密的方法,养成严谨、认真、踏实、细致的工作作风。

总之,图书分类工作人员在政治水平、业务技能、科学知识、语文知识和工作作风方面都要严格要求,全面发展才成。

参考文献

刘国钧:"图书分类(图书馆员基本业务知识讲话)"《图书馆工作》

1956 年 5 期第 68 - 75 页。

袁涌进:"图书的分类编目工作是图书馆里有组织作用的基础工作"
《图书馆通讯》 1953 年 9 期第 5 - 12 页。

白国应:"从两个所馆看图书分类工作中的问题"《图书馆工作参考资
料》 1962 年 10 月 12 期第 23 - 31 页。

杜定友:"分类与编目"《图书馆通讯》 1953 年 12 期第 5 - 7 页。

金天游:"图书分类编目的意义——图书馆基本工作漫谈"《图书馆通
讯》 1953 年 8 期第 13 - 21 页。

张涤华:"图书的分类"《文汇报》 1961 年 10 月 7 日 2 版。

(苏)克连诺夫著,苏大梅等译:"分类表统一化的任务"《文物参考资
料》 1950 年 8 月 1 卷 8 期第 105 - 107 页。

(苏)安巴祖勉著,万培悌译:"怎样避免图书分类时的不一致"《图书
馆工作》 1957 年 9 月 8 - 9 期合刊第 20 - 23 页。

鞍山钢铁公司技术图书馆:"提高新书分编效率的初步经验"《图书馆
学通讯》 1960 年 1 月 1 期第 28 ~ 30 页。

金天游:"本馆图书分类的历史回顾与前瞻"《图书馆通讯》 1953 年
10 月 10 期第 14 - 24 页。

张元英:"全国图书统一分类加印类号的建议"《图书馆工作》 1956
年 10 月 5 期第 48 页。

威理:"在中外文书籍的统一分类工作中应用托罗帕甫斯基分类法的经
验"《图书馆学通讯》 1957 年 6 月 2 期第 19 - 22 页。

(苏)鲁舍夫斯卡雅著,李申译:"论统一分类法在科学院图书馆的应用"
《中国科学院图书馆通讯》 1957 年 4 - 5 期合刊第 10 - 16 页。

汪长炳等:"苏联和民主德国图书馆的分类、编目与典藏工作"《图书
馆学通讯》 1958 年 4 月 2 期第 63 - 66 页。

中国科学院历史研究所图书室:"我们是怎样突击分编积压线装书的"
《图书馆工作参考资料》 1965 年 10 月 10 期第 24 - 30 页。

第十章　类分图书的原则和方法

　　类分图书是指图书馆分类工作人员依据本馆所采用的图书分类表,将收藏的每一种图书根据它的内容性质、读者用途、立场观点和形式体裁归入最恰当的类目中去,从而将图书分门别类地组织在一起。

　　类分图书的原则和方法,即分书的原则和方法,也可称归类的原则和方法。其目的是为了保证图书归类,做到准确无误和前后一致。因此,它又是图书分类工作中的指南,是图书分类基本原则的引申和运用。

　　类分图书的原则和方法,可分为一般的和专门的两种。一般的原则和方法所讨论的不是关于某一科或某一类图书如何归类,而是研究图书归类的基本原则和基本方法。因此它适用于类分各门学科的图书。专门的原则和方法则着重探讨某一门学科图书的归类原则和方法,因此只适用于类分某一门学科的图书。

　　下面首先谈谈类分图书的一般原则,其次分别从著作方式、编制体裁、写作目的、读者用途和立场观点等方面讨论类分图书的一些基本方法。至于各门学科图书的类分原则和方法准备在后面一一阐述。

第一节　类分图书的一般原则

类分图书的一般原则是由图书分类基本原则引申出来的。尽管我国现在各图书馆所采用的图书分类表不一致,但类分图书的原则和方法是具有共性的,也即是说,这些原则对任何图书馆都可以适用,并且不能与它们发生矛盾。根据以往工作经验,我们认为以下几条原则有着普遍的意义。

1. 科学图书根据内容性质和形式体裁归类

科学图书主要是指区别于文艺作品和综合性图书而言。其写作目的主要是研究和阐述各门学科、各个问题、各种事物的内容性质。至于形式体裁只是编制方法的不同而已,是从属的。所以不管是社会科学或是自然科学,也不管是基础理论或是应用技术的图书,每当拿到一本书,必须首先考虑其内容性质应属何类,然后再考虑加以形式体裁区分。例如:《化学手册》一书的内容性质是化学,形式体裁是手册,所以应归入"化学"(06;54)*,然后再按"手册"(-62;073)复分。

同时,由于图书分类法是以科学分类为基础,而同一事物(主题)的各个方面在图书分类法中往往是分属于不同的学科的,图书本身也往往是从不同学科研究同一主题或几个主题的,因而类分图书时,不是按主题,而是按学科归类,即从什么学科研究,就归入什么学科,这是图书分类的本质,了解这一点很重要。只有抓住了这一本质问题,才不致在工作中发生错误。例如:《烟草栽培》和《烟草工艺学》两书,其研究对象,即主题虽然都是烟草,但却属

＊ 为了节省篇幅,以后一般只举《中图法》和《科图法》的分类号为例子,而且省去《中图法》和《科图法》的字样,即直接写出两种分类法的号码,如:(06;54)。

于不同的学科。所以归类时也就归到两个不同的类目中去,《烟草栽培》归入"农业"(S572; 66.85),《烟草工艺学》归入"烟草工业"(TS4;85.4)。

2. 文艺作品根据文艺形式体裁归类

这种图书主要是指文学作品和艺术作品,不包括文学理论和艺术理论。一般分类法对于文学作品都是以文学体裁分,例如:诗歌、剧本、小说、散文等;艺术作品都是以艺术形式分,例如:雕塑、书法、绘画、摄影、电影、戏剧、舞蹈、音乐等。而不是以内容性质分。所以像周立波著的《暴风骤雨》、《铁水奔流》、《山乡巨变》三本书,尽管主题不同,历史背景不同,人物不同,但是它们都是小说,所以都归到"小说"类去(I247.5;44.5728)。

3. 综合性图书根据编制形式体裁归类

这是指内容十分广泛,不属于任何一个学科知识门类的图书。例如《辞海》、《苏联大百科全书》、《全国总书目》、《新名词词典》等。它们的内容几乎涉及所有的人类知识,其编制的目的主要是供查考,不是供从头至尾的系统阅读。因此,归类时应着重考虑其编制的形式体裁,例如:书目、索引、百科全书、词典、年鉴、期刊、论文集、丛书,等等。至于其他因素,都可放在次要地位。如《大英百科全书》首先依编制的形式体裁分入"百科全书"(Z2;92),然后再依国家分入"英国百科全书"(Z256.1;92.511)。

4. 揭示图书内容的政治方向

哲学、社会科学图书总是反映一定阶级的立场观点的,在分书时,应以马克思列宁主义、毛泽东思想作为指导,揭示图书内容的政治方向,把政治上确实反动的图书区别开来。例如:张春桥写的《论对资产阶级的全面专政》一书,就是打着无产阶级专政的旗号,宣扬所谓"从民主派到走资派"的反革命政治纲领的书。分书时,除了按照内容性质归入有关类目外,还应加上特殊区分号,例如:《中图法》加"-8",《科图法》加"0399"。如果各馆另规定有特殊符号,则可以不再重复加分类法所规定的复分号。但在加特殊符号时,必须慎重,切莫混淆两类不同性质的矛盾。

5. 根据著者写作目的和书中主要意旨归类

这里包括三个内容,即:

(1)类分图书应决定于著者的写作目的和书中主要意旨,也就是说要辨明著者写这本书的目的是要提供什么样的知识和解决什么样的问题。例如:一本《物理学》,主要是从理论上提供物理全面的知识。而一本《物理游戏》,则是通俗地解释一些常见的物理现象,因此处理的办法就不能一样。一般地说,对于普及读物、科学游戏等图书,除了根据内容性质各入其类外,还加特殊复分号(-49;059)。

(2)图书应归入有最大用途的类,也就是说,当一书有几种用途时,应根据本馆的性质、任务和读者要求,分入最有用的类。例如:《工程数学》一书,可以供工程技术人员用,也可供数学工作者用。遇到这种情况,就要进行选择。如果本馆是工程技术方面的图书馆,就应入"工程基础科学"类(TB11;71.211);如果本馆是数学专业图书馆,就应入"应用数学"类(O29:TB11;51.9971)。

(3)图书应归入最切合其内容实际的类,也就是说论述专门问题的图书应归入最恰当的类目中去,不能随便归入它的上位类。但是这个问题是相对的,如果本图书馆对于某一类用不着那么详细类目,也可以略去,但必须首先作出规定,并一贯执行。

6. 要遵循图书分类法本身的逻辑性和系统性

凡能分入某一类的图书,必定是也能归入这一类的上位类的图书。同时,必须区别总论的图书和专论的图书,不要把专论的图书归入总论的类;也要区别阐述一般原理的图书和研究具体问题的图书,不要把研究具体问题的图书归入阐述一般原理的类。也即是说,在分书时,必须将图书分类法的体系搞清楚。什么是上位类,什么是下位类,什么是同位类;什么是总论性类目,什么是专论性类目;什么是一般原理的类目,什么是具体问题的类目。只有这样,才不致在逻辑上发生错误,闹出张冠李戴的笑话来。例如:一本《兽医内科学》,就不能只看到"内科"就归到《中图法》的"R5内科学"或《科图法》的"63.8内科"去。因为"R5"或"63.8"是人类的内科学。而《兽医内科学》应归入"兽医"类去(S856;69.382)。

7. 必须保持分类与编目的一致性

在类分图书时,还必须保持分类与编目的一致性。尤其是丛书更要注意。例如一套完整系的丛书采用综合著录的方法著录时,应以整套丛书作为归类的根据。反之,如果采取分散著录的办法,那么就应以每种书作为归类的根据。

8. 先归入主要类,必要时互见其他类或作分析

如果一书的内容涉及到两个类,首先应该归入主要的类,但为了充分揭示该书的内容,提高该书的使用价值,使其得到多方面的利用,可以互见到其他的类。例如:《现代遗传学与现代育种学》一书,先归入《中图法》的"Q3遗传学",作为该书的主要分类号;同时互见到"S33良种与良种繁育",作为该书的分类互见号,然后据此编制分类附加款目,排入分类目录之中。

如果一书中有很重要的文章,可以独立成篇而又与全书分属不同的类目,可以将这篇文章作分类分析,取分类分析号,然后据此进行分析著录,编制分类分析款目,排入分类目录之中。

9. 先按学科性质归类,后按地域、时代归类

一书既可以按主题的学科性质归类,也可以按地理区域或者时代归类时,应先按学科性质归类,其次考虑地域区分,最后才考虑时代区分。如无必要,也可以不再区分地域、时代。

有些图书在涉及学科性质的同时,还涉及图书的地域、时代。根据图书分类的科学性原则,应以学科性质为主要标准,而地域、时代只作为辅助标准。所以归类时优先考虑学科,然后才考虑地

域、时代。例如:秦仁昌著的《中国蕨类之研究》一书,应归入"蕨类植物门"(Q949.36;58.887),而不能归入"中国植物分布"(Q948.52;58.862)。

10.一书的研究、评论、解说应随原书归类

为了方便读者阅读、研究,应将对一本书的研究、评论、解说的著作随原书归类,取号时,分类号应完全相同。但也有个别地方例外,例如:马克思列宁主义经典著作和著作的研究就分别为两类,这就需要遵循图书分类法的规定了。

11.不要单凭书名归类或按临时需要归类

一般说来,科学图书的书名是能反映图书的内容性质的。而文艺图书的书名就不一定了。所以分书时,最好是多查几个依据,例如:内容提要、序言、目次等。否则很容易把文艺作品当作科学图书归类。另外,一些科学通俗读物,也时常以文艺的形式取书名,因此单凭书名是不能归类的。其次,图书不能按临时需要归类,这样就会破坏图书分类的科学性,不利于读者长期检索和使用。

第二节 从图书著作方式、 方法类分图书的一些方法

前面说过,科学图书首先根据内容性质归类,然后再按形式体裁归类,这是图书分类原则决定的。所以每书到手都必须首先判明它的内容性质。但由于图书著作方式、方法多种多样,有论及一个主题的、两个主题的或多个主题的图书,有论及地域或时代的图书,还有在这些主题数目不同的图书里,有的只讨论它的一个方面,有的则讨论它的几个方面。对这些情况如何处理,必须作出规定。

一、关于单一主题的图书

所谓单一主题的图书，就是书中只讨论一个问题或一件事物的图书。这类图书一般都依照该书内容的学科性质归类。但在这一类型图书中，有的专论一个问题或一件事物的一个方面，有的则从几个方面或几门学科来研究一个问题或一件事物。因此类分时，还需要对具体的图书进行具体的分析。

一般说来，如果只讨论一个问题或一件事物的一个方面的图书，应依该书主要内容的学科性质归类。例如：黄昆、谢希德著的《半导体物理学》入物理学（O4；53），施珍著的《棉花栽培学》入农业科学（S562；66.5）。如果是讨论一个问题或一件事物的几方面的图书，就应该先判明本书的主要意旨和著作目的，确定本书是提供关于这个问题或这件事物全面的、一般的知识，还是利用几方面的知识来说明其中一个特定方面的知识。对于前者，还要考虑该书所讨论的各个方面是否在同一学科范围之内。如果是的，就分入该学科。（注：大多数均可分入该学科的总论类目。）例如：李继侗著的《植物地理学、植物生态学和植物学的发展》就分入植物学（Q94；58.8）。如果不是，就要判明本书的主要意旨和著作目的，归入有最大用途的类。例如：中国地方志、科学普及读物、儿童用书等，都常常是讨论一个问题或一件事物的几个方面，而且有特定的著作目的。因此归类时，就要根据其著作目的归类。对于利用几方面知识来说明其中一个特定方面的知识时，则依所要说明的方面的学科性质归类。例如：法布尔著的《蜘蛛的故事》就是从多方面说明蜘蛛的生活的，所以归入动物分类学中的"蜘蛛"类（Q959.226；59.1852）。又如，张仲葛著的《金华猪》也是多方面的，但著作目的在于研究金华猪的饲养方法，所以归入"畜牧学"中的"养猪"类（S828；69.144）。为了决定这种类型图书的性质，除了上述方法以外，还可以参考该书的有关事项。例如：它所属丛书的性质或者出版社的专业性质等。

在判定这种类型图书的归属时,还要注意以下几个问题:

1. 依研究的学科性质归类

由于同一事物或问题可以成为不同学科的研究对象,因此关于它的书就依研究它的学科性质归入各相当的类。不要因研究对象相同而集中一处。例如:棉花可以分别从植物学、农业、纺织工业、贸易业等各个不同方面去研究它,但应依各书内容的学科性质分别归类。例如:《棉花栽培学》入"农作物"(S562;66.51),《棉花纤维》入"纺织原材料"(TS102.2;85.1221),《棉花商品学》入"贸易经济"(F762.2;29.4921)。不要因为它们所研究的都是棉花,就将这些图书集中归入一类。又如铜,可以从矿山开采、冶炼技术、电工材料等各方面去研究它,就应依各书内容的学科性质分别归入各相当的学科,不要全集中在任何一类内。

这些方法都是指一般的或综合性的图书馆来说的,如果是专业性的图书馆则另当别论,下同。

2. 依本书的主旨和用途归类

凡兼论一种学科的理论和应用两方面的图书,应依本书的主旨和用途归类。这就是说,如果著者目的在于以实际应用来表示一种科学理论的结果,就归入理论的类目;如果在于以理论来说明实际应用的根据,就归入应用的类目。例如:赫卿孙著的《无线电原理及应用》一书是用无线电原理说明无线电技术的,因此归入"无线电技术"(TN019.1;73.45)。不归入"无线电物理学"(O45;53.659)。

3. 依所研究的事物、问题或生活现象的性质归类

凡论述一种科学方法或学说在特定事物、问题或生活现象上应用的结果的图书,应依照所研究的事物、问题或生活现象的性质归类,而不依所采用的科学方法或学说归类。但如果一书叙述了一种科学方法或学说在各种事物、问题或生活现象上的应用的结

果,则依这种科学方法或学说的学科性质归类。例如:运用同位素方法研究植物问题的图书归入"植物学"类,运用同位素方法研究动物问题的图书归入"动物学"类;但综合研究同位素方法在各个方面利用的图书,则归入"原子能工程"类下的"同位素"类(TL26;72.324)。又如:运用米丘林学说研究果树栽培的图书归入"果树园艺学"(S66;67.5),运用米丘林学说研究小麦种植的图书归入"小麦栽培学"(S512;66.11);但综合论述米丘林学说在各方面应用的图书则归入"米丘林生物学说"(Q-02;58.1021)

4. 依著者赞成的学科性质归类

凡讨论一个主题的正反两方面的图书,应依著者所赞成的方面的学科性质归类。

5. 按切合主题性质归类

凡从历史方面去研究一个主题的图书,即研究一件事物、一个问题或一个学科的发生、发展规律的图书,应该归入最切合本书主题性质的类,不要归入它的上位类或再上一位类。例如:《植物生理学的现状及发展趋势》一书应该归入"植物生理学",而不应该归入它的上位类——"植物学",或再上一位类——"生物学"。如果需要表现出它是该类的历史、现状和发展趋势,可以利用总论复分表的有关号码加在该类号码之后。例如《中图法》加"-1",《科图法》加"04"。

6. 按问题或学科性质归类

凡讨论一个问题或一个学科的理论、方法以及和各方面的关系的图书,应随该问题或学科的性质归类。例如:萨比宁著的《植物营养生理学原理》一书,应该随"植物营养生理学"归类,必要时可用总论复分表中的"理论"细分号复分。其号码《中图法》为Q945.1-0;科图法为58.843103。

7. 除取主要分类号外，还可取互见分类号

凡涉及一件事物或一个问题的两方面的图书，如认为有必要，除了以其一面取主要分类号外，还可以以另一面取互见分类号。例如：《铝的开采和冶炼》一书，如以《中图法》分，它的主要分类号为 TD862.5，互见分类号为 TF821；如以《科图法》分，它的主要分类号为 74.987，互见分类号为 76.81。

8. 一般依重点归类

凡涉及一件事物或一个问题的多方面的图书，或者综述各方面的图书应分别情况作不同的处理。如果有重点的，一般即依重点归类。例如《人参》一书，既谈人参的生理、生态，又谈人参的栽培技术，还谈人参的用途。但书中的侧重点是在阐述人参的采集、加工、贮藏、鉴定和用途，因此归入"药材学"（R931.71；63.352）。如果无重点的或综述各方面的则按该主题的第一个方面所属的学科归类。如果分类法没有这个主题的门类，就按该馆的需要归类。

最后，还应该注意的是，在决定这种类型图书的归属时，不要把讨论一个主题的几个方面的图书和讨论几个主题的图书混为一谈，因为所谓主题，指的是具体事物和问题，如各种自然现象、社会生活现象、心理现象以及人物、地区、时代、器件、工具、机器等等。而方面则是表示主题的属性或对它们的看法。尽管方面不能离开主题而独立存在，但是不能和主题混为一谈。

另外，这一类型图书的书名，有时虽然也有"与"、"及"、"和"等等，但并不是两个主题或多个主题的图书。所以分书时必须认真的加以鉴别。

二、关于两个主题的图书

所谓两个主题的图书，就是书中以两种事物、两个问题、两种现象或两个学科为讨论对象的图书。在书名上常用"与"、"和"、"及"等字样表示出来。现在根据它们之间的关系归纳一下，并提

出一些处理的办法。

1. 并列关系

即书中讨论的两个主题各自独立，互不相关。因此分书时，就依在前或篇幅较多的主题归类。例如：霍尔登著的《动物与植物》依"动物"归类（Q95；59.1）。必要时，再互见于"植物"类（Q94；58.8）。如果这两个主题的外延相同，即共同属于一个学科或一个大类，亦可直接归入它们的上位类。例如：湖南农学院编的《水稻小麦论文选集》所讨论的水稻和小麦都是禾谷类作物，因此可以直接归入"禾谷类作物"（S51；66.1）。

2. 从属关系

即书中所讨论的两个主题，其中一个主题是另一个主题的一部分。因此分书时，就依较大的主题归类。例如：库里曼著的《物理化学及胶体化学》一书研究的两个主题，很明显地看出胶体化学是物理化学的一个分支，因此应按照"物理化学"归类（O64；54.2）。

3. 因果关系

即书中所讨论的两个主题，其中一个主题为原因，而一个主题为结果。因此分书时，应依结果的主题性质归类。例如：黄铭新等编的"血吸虫及血吸虫病"应依"血吸虫病"归类（R533.1；63.8871）。

4. 影响关系

即书中所讨论的两个主题，其中一个主题对另一个主题发生影响，或一个主题对另一个主题起作用。因此分书时，应依被影响或受作用的主题归类。例如：叶尔密洛夫著的《植物与光》一书，主要是讨论光对植物生长的影响，因此依"植物"归类，而不依"光学"归类。具体说来应归入"植物生物物理学"下的"物理因素对植物的作用"类（Q947.8；58.8419）。又如《沙俄侵华史》一书，既谈到俄国，又谈到中国，但其内容主要是说俄国侵略中国。因此分书时,应归入被侵略的"中国外交史"类(D829.512;22.4527)。

5. 比较关系

即书中将两个主题进行互相比较,目的在于发现或阐明它们之间有什么共同点,有什么相异点,以显示其中一个主题的优越性,或更突出的说明其中一个主题。因此分书时,就依书中意旨及著者目的归类。例如:梁寒冰著的《唯物论与唯心论》一书,由于著者是在阐明两个概念之后,着重宣传唯物论的优越性和正确性,而揭露唯心论的劣根性和虚伪性。因此应依"唯物论"归类(B02;11.2)

6. 应用关系

即书中所讨论的两个主题,其中一个主题被应用到另一个主题去。分书时,应依应用到的主题归类。例如《优选法在金属切削中的应用》,应归入"金属切削"(TG501;77.91)。

这里需要注意的是,这一类型的图书也有时不用"与"、"及"、"和"等字样表示两个主题之间的关系,像贾杰等编的《从民主革命到社会主义革命》、邓初民著的《阶级、阶级斗争概论》、艾思奇主编的《辩证唯物主义历史唯物主义》等都是很典型的例子。对于这些图书,同样当作两个主题的图书处理。

三、关于多主题的图书

所谓多主题的图书,就是书中所讨论的主题是三个或三个以上。分书时,如果这些主题可以包括在它们的上位类里,就直接归入它们的上位类。例如:何均著的《阶级、阶级性、阶级立场》一书就可以直接归入"阶级、阶级斗争理论"(D01;31.21)。又如《天体、地球、生命和人类的起源》一书也可以直接归入"自然科学总论"(N;50)。

如果主题不能包括在它们的上位类里,就按内容重点归类。例如:庞龙译的《真理、真理的标准、不可知主义》一书,重点是阐述真理的问题,所以按"真理"归类(B023.3;11.258);又如李四光著的《天文、地质、古生物资料摘要》一书有三个主题,但作者是从探讨地质理论问题出发来研究天文学和古生物学的,因此,按其重点归入"地质学"(P5;56.5),但应在"天文学"(P1;55)、"古生物学"(Q91;58.3)作互见。

如果论述其中一个主题对其余各个主题的关系的,就按发生关系的主题归类。例如:伏洛比也夫著的《放射性同位素在医学和生物学的应用》一书,就按"放射同素位"归类(TL26;72.324)。

如果论述其中一个主题受其余各个主题的影响的,就按受影响的主题归类。例如:西沙夫著的《外界条件对于植物变异性的影响》一书,就按"植物"归类,而不按各种外界条件归类。

如果论述一个主题在多个主题上的应用,就依被应用的主题归类。例如《优选法及其应用》一书主要是论述优选法的原理及其在各个方面,包括工业、农业、运输业等的应用,所以将其归入"优选法"(O224;51.9132)。

如果论述的几个主题是互不相容,或者是比较其异同、优劣的,就依书中意旨和著者目的或所赞同的主题归类。例如:《三种经济制度的比较》一书,著者的意图是全面阐述社会经济制度的,因此归入"社会经济形态及经济规律"一类(F01;27.27)。

这种类型的图书,还包括三种或三种以上的著作合订为一册的图书。分书时,可按照上述办法处理。

为了充分反映这些图书的各个主题,在编制分类目录时,除了决定其主要分类号外,还可以根据实际需要分别做有关的分类互见号或分类分析号。

第三节　从论及地域或时代方面
类分图书的一些方法

　　这种图书指的是论述某一地区的某种情况（如历史、经济、政治、军事、文化、教育、风俗、习惯等）或某一时代的某种情况的图书。因为它们论述一个地区或一个时代的一种或几种情况，所以可以认为是叙述该地区或该时代的一个方面或几个方面的图书，也可以认为是叙说该问题在地区方面或时代方面的情况的图书。因而类分时，基本上可以依照论及一个主题的一方面或几方面的图书处理。另外，由于它们有的论及一个地域、一个时代，有的则论及几个地域、几个时代，因此类分时，也可参照单一主题、两个主题或多个主题的图书处理。

　　它们与一般历史、地理的图书的区别在于它们是侧面的，而不是全面的。如果它们全面地论述了一个地方或一个历史时期，就成为一般历史或地理的图书，而应该依照历史和地理的图书来归类。这个区别是十分重要的。

　　关于地域或时代图书的处理办法主要是：

　　1. 先按学科性质分，再按地区分

　　凡内容涉及一门学科又涉及一个地区的图书，应先按学科性质分，再按地区分。例如：《中国自然地理》一书，应先按"自然地理"分（P9；57.1），后按"中国"地区分（P942；57.182）。

　　2. 先按学科性质分，再按历史时期分

　　凡内容涉及一门学科，又涉及一个历史时期的图书，应先按学科性质分，再按历史时期分。例如《古代经济思想史》一书应先按"经济思想史"分（F09；27.4），再按"古代"分（F091.1；27.42）。

3. 先按学科性质分,再按地区、历史时期分

凡内容涉及一门学科、一个地区及一个历史时期的图书,应先依学科性质分,次依地区分,最后再按历史时期分。例如:《中国近代政治思想史》一书,首先分入"政治思想史"(D09;31.4),其次分入"中国政治思想史"(D092;31.52),最后分入"中国近代政治思想史"(D092.5;31.527)。其所以要这样做,因为图书分类是以科学分类为基础。也即是说,图书分类是以学科为主要分类标准,而地域和时代只作为次要的分类标准。

4. 关于地区全貌按地方志、地理志处理,关于一个时期全貌按历史处理

凡关于一个地区的全部面貌的图书应按地方志、地理志处理,关于一个历史时期全部面貌的图书应按历史图书处理。这些问题准备在阐述历史、地理图书分类方法时再详细讨论。

5. 分入幅员较大或侧重论述的区域

如果书中涉及不止一个国家或地区时,可分入能够包括这些地区的较大区域,如果所采用的分类法没有表明包括这些地区的适当类目,就分入其中幅员较大的,或书中侧重论述的区域。例如:很多书常以东方、西方、近东、中东、远东等字样表示书中所论述的地域,但大多数的分类法都没有设相当于这些名称的地域区分。因此,分书时,只好将东方归入亚洲,西方归入欧洲,近东归入巴尔干半岛,中东归入阿拉伯半岛,远东归入东南亚。又如关于中国的图书,也有以两广、两湖、晋察冀、鄂豫皖、陕甘宁、沿海地区、青藏高原等作为论述的地域的,这时,也只好分入能够包括这些地区的较大区域。如两广归入中南,两湖归入长江流域,晋察冀归入华北,鄂豫皖归入长江流域,陕甘宁归入西北,沿海地区归入华东,青藏高原归入西北。

6. 分入最前时代或侧重叙述的时代

如果书中涉及不止一个时代,可分入能够包括这些时代的较概括的时代类目,如古代、中世纪、近代、现代等。如果所采用的分类法没有表明包括这些时代的适当类目,就分入其中最前的时代或书中侧重叙述的时代。

从以上看来,关于地域或时代的图书都分散到各门学科中间去了。但是,对于从事地区或时代研究的科研人员,他们不仅仅需要了解某一国家或某一时代的某一方面的图书,而且要了解这个国家或这个时代各方面的图书,包括历史、地理、经济、政治、社会、法律、军事、文化、教育以及自然环境等方面的图书。为了弥补这个缺陷,最好是编制地区、时代目录,或者将图书依地区、时代排架。地区、时代目录的编制办法可有两种:一种是将涉及到地区或时代的图书编制地名或时代名称的附加款目,然后直接利用分类法中的"地域区分表"或"时代区分表"的顺序组织起来。另一种是单独给地区或时代编制有关代号,然后将其加到涉及地区或时代图书分类号之上,排列时,首先排地区号或时代号,然后再排分类号。至于一般的综合性图书馆,如为了满足这部分读者的需要,也可仿照上述办法编制地区、时代目录,或者将涉及到的地区、时代编制一附加款目,排入主题目录中去。另外,还可开辟专室或专架,将有关地区、时代的图书陈列出来。排架时,先按地区或时代的顺序排,后按内容分类排。即是说,先排地区或时代的号码,后排分类号码。

第四节　从编制体裁方面类分图书的一些方法

图书形式体裁是多种多样的,如果大致来分,可以分为科学图书和文艺作品。而在科学图书中,除了一般论著外,还可以根据它们的编制体裁分为书目、索引、百科全书、类书、词典、年鉴、论文集、丛书、多卷书等。这些形式体裁,也常常受到人们的注意。因

此类分图书时,除了根据它的内容性质外,还要考虑到它的编制体裁。现将其重要的分别叙述如下:

一、目录

目录应首先判明是器物目录,还是图书目录。

器物目录是按一定次序开列出来以供查考的器物名目。根据器物性质的不同,又可分为各种各样的目录,如金石目录、产品目录、动物目录、植物目录,因此,分书时,应依器物的性质归类。然后再以"总论复分表"的"器物目录"号码进行复分(《中图法》是－63,《科图法》是074)。例如:郑作新著的《中国鸟类分布目录》一书,应该先归入"鸟类"(Q959.7;59.1915),必要时再加以"器物目录"的复分号(－63;074).

图书目录,又称书目,是按一定次序开列出来以供查考的图书名目。图书目录形式很多,根据内容性质,可以分为专科性目录(专科书目)和综合性目录(综合书目);根据收藏者的不同,可以分为图书馆藏书目录、私人藏书目录;根据图书类型的不同,可以分为科学论著目录、期刊目录、特种文献目录;根据使用目的的不同,可以分为出版目录、发行目录、推荐目录和读书目录,等等。因此分书时,必须认真的加以鉴别。

凡不限于一种、一类或一个地方的普通目录皆可分入"综合书目"(Z83;91.1),例如:书目的书目、书目丛刊、名著书目、推荐书目、联合目录、知见书目、参考书目等。

凡全国性的登记目录,皆可分入"国家书目"(Z81;91.2),例如:我国历代艺文志、经籍志以及解放后出版的《全国新书目》和《全国总书目》等。根据现代分类法的要求,国家书目应先根据国家分,后根据时代分。例如:《汉书·艺文志》先分到"中国国家书目"(Z812;91.21),后分到"中国汉代国家书目"(Z812.34;91.2121)。同时,国家书目还可以区分为各个地方的书目。例如:《广东省著作目录》,如依《科图法》分,号码为91.2274;如依《中图法》分,号码为Z812.265.

凡是一个图书馆编辑的综合性藏书目录皆可以归入"图书馆藏书目录"(Z82;91.3),至于所编辑的专科目录、专题目录和特种目录等归入有关各类。例如:《北京图书馆善本书目》入"善本目录"(Z838;91.51),《中国科学院图书馆馆藏物理目录》入"物理学"(O4-7;53.071),或入"专科目录"(Z288:04;91.653)。而图书馆藏书目录中,又可根据图书馆类型分为"公共图书馆目录"(Z822.1;91.33)、"研究机构图书馆目录"(Z822.5;91.32)、"高等院校图书馆目录"(Z822.6;91.34)等。

凡是属于个人藏书的目录均可归入"私家藏书目录"(Z84;91.4)。例如:我国明代祁承爜撰的《澹生堂书目》、赵用贤撰的《赵定宇书目》等。

凡是按图书的某种特征而编制的目录均可归入"特种图书目录"(Z83;91.5)。例如:"善本目录"(Z838;91.51)、"版刻目录"(Z832;91.57)、"译书目录"(Z839.1:91.593)等。

凡是关于一定知识部门或某一个学科的目录,皆可以认为专科目录。对于专科目录的分类有两种方法:一种是集中处理,然后再区别为各种学科的目录。例如:《中图法》就是将各种专科目录集中入"Z88专科目录",然后再按本分类法体系分,即将各学科的分类号码加于本类号码之后,用组配符号":"组合,如《医学书目》号码为Z88:R。另一种是分散处理,即按照学科性质分别归入有关各类。例如《科图法》就是将各种专科目录分入有关各类,并加"附表一总论复分表"的"071书目"复分。如《天文学书目》为55.071。但是不管什么分类法对这种图书的处理都是采取交替办法,至于各馆是集中还是分散,应事先决定。就使用《科图法》来说,如愿将各种专科目录集中,也可将各专科的号码附加在"91.7专科目录"之后。例如:《气象学书目》为91.6564。就使用《中图法》来说,如愿将各种专科目录分别入各学科的,也可在各学科的类号后,再加总论复分号"-7 书目"。

凡关于一个著者所撰写或编译的图书和论文的目录均可归入"个人著述目录"。但各科学者的专科著述目录宜入有关各类。

几关于一个出版社出版的图书目录皆可分入"出版家目录",同样,关于一个书店经售的图书目录分入"图书发行业目录"。不过出版家、书店编印的目录大多数都是广告性的,一般图书馆不必收藏。但是对一些很有系统而且全面的目录则可以收藏。例如:科学出版社编的《中国科学院科学出版社 1950—1959 图书目录》就可以归入"中国出版发行目录"(Z852.7;91.82)。

二、索引

索引也叫"引得"、"通检"。它是把书刊中的项目或内容摘记下来,每条下标注出处页码或卷期,按一定次序排列,供人查阅的资料。类分索引时,首先应判明是专书索引、群书索引、期刊索引,还是专题索引。

所谓专书索引,即是关于某一种书的索引。无论是主题索引(如《马克思恩格斯全集主题索引》)、篇名索引(如《马克思恩格斯全集篇名字顺索引》)、人名索引(如《史记人名索引》)、字句索引(如《杜诗引得》)或引书索引(如《尔雅注疏引书引得》)等,都应随着原书归类。一般即在原书索书号后面加索引的特定符号。因为只有这样才能显示出索引的功用,便于读者查找原书。例如《中国科学院图书馆图书分类法索引》应随《中国科学院图书馆图书分类法》归类。

所谓群书索引,即是综合许多书而编成的索引。对于这种索引,无论是主题索引、篇名索引、人名索引、字句索引或引书索引,如果涉及许多学科内容的,则归入"综合性图书"中的"索引"类(Z89;91.9);如果只涉及一门学科内容的,则归入有关各类。例如:王重民编的《清代文集篇目分类索引》归入"群书索引"(Z834；91.91)；而中国科学院历史研究所编的《中国史学论文索引》则归入"中国史学"(K0；22.03)。

所谓期刊索引,即是指期刊的论文篇名索引。对于这种索引,如果是综合性的,就归入"综合性图书"的"期刊索引"类(Z89；91.92)；如果是专题的,就归入有关各类；如果是只限于一种期刊的,就随同该期刊归类。例如:上海图书馆编印的《全国主要报刊资料索引》入"综合性图书"的"期刊索引"类(Z89；91.92)；北京矿业学院图书馆编的《苏联矿业期刊论文索引》入"矿业工程"类(TD-7；74.071)；人民日报国内资料组编的《人民日报社论索引》随同人民日报归类。

所谓专题索引,是关于某一个特定问题的索引。分书时,应依问题性质归入有关各类。例如:中国科学技术情报研究所编的《半导体科学文献索引》归入"半导体技术"类(TN 3；73.71),然后再加索引细分(TN 3-7；73.71071)。

三、百科全书、类书、词典

百科全书是比较全面系统地介绍文化科学知识的大型参考书,收录各种专门名词和术语,按词典形式分条编排,解说详细。按内容性质可分为综合性百科全书和专科性百科全书两种。

类书是摘录各种书上有关的材料,并依照内容性质分门别类地编排起来,以备检索的书籍,例如《太平御览》、《古今图书集成》等。

词典是收集词汇加以解释,供人检查参考的工具书。按内容性质分,也可分为综合性词典和专科性词典两种。

类分图书时,凡综合性的百科全书、类书和词典均归入"综合性图书"中的有关各类,并且不必再以"总论复分表"区分。例如:《苏联大百科全书》入"百科全书"类(Z251.2；92.527),《古今图书集成》入"类书"类（Z225；92.21），《新名词词典》入"词典"类（Z32；93）。凡专科性的百科全书、类书、词典、名词、术语应先按其内容性质归类，再依其形式体裁复分。例如：《医学百科全书》先分入医学（R；61）后加上"百科全书"的复分号（R－61；61.072）。《数学词典》先分入"数学"（O1；51），后加上"词典"的复分号（O1－61；51.072）。

另外，在现代图书分类法中，对专科性的百科全书、类书、词典、名词、术语，也可以采取集中的办法。例如：《科图法》在"93词典"类下规定："如愿将各专科词典、名词、术语集中，得分入本类，将各专科的号码附加于本类号码之后。"

四、年鉴、手册

年鉴是系统汇集一年内重要时事文献和统计资料的工具书，按年度出版。分综合性的（如《世界知识年鉴》）、专科性的（如《中国体育年鉴》）和地区性的（如《江苏年鉴》）。年鉴多取材于政府公报、文件和重要报刊登载的报导和资料。它所反映的内容，有较大的总结和统计意义。

手册是介绍经常需要参考的文化知识和文献资料的工具书。有综合性，如大公报编的《人民手册》，实际上也是年鉴性质的工具书。也有专科性质的，如《各国货币手册》和《机械工人手册》等。它们的内容通常包括某一专业的基础知识以及一些基本的公式、数据、规章和条例。有些参考资料虽不标名手册，如统计资料、政策、法令、条约汇编以及指南、一览、大事记等，实际上具有专门手册的性质。

在类分的时候，综合性的或地区性的年鉴、手册归入"综合性图书"的"年鉴、年刊"类（Z5；94），然后依国家或地区分。例如：大公报编的《人民手册》入"中国年鉴"类（Z52；94.2）。专科性的年鉴、手册归入有关各类，例如：《天文年鉴》归入"天文学"（P1－

62；55.073）、《经济工作手册》归入"经济学"（F－62；27.073）。

但是要注意的是，有一种陆续补充"百科全书"的年鉴，不能当作年鉴归类，而应随同"百科全书"归类。例如：《苏联大百科全书 1960 年年鉴》随同《苏联大百科全书》归类，而不归入"年鉴"类。

五、多卷书、论文集

多卷书是指包括着许多卷或者许多册著作的图书。论文集是指包括着许多篇论文的图书。它们的分类方法基本上是一致的。

每种多卷书、论文集在分类时，原则上当作一种书处理，不宜拆散。现将处理的几种办法分述如下：

1. 多卷书、论文集分类时，应该以全部的内容性质和形式体裁为标准，而不能只以其中一卷或一篇的内容性质和形式体裁为标准。所以提出这个问题，原因是多卷书、论文集的内容是较之一般图书复杂。往往一种书里，第一卷、第一篇讲的是这一个主题，而第二卷、第二篇讲的又是另一个主题。如果不加小心就很容易只凭第一卷、第一篇或其他各卷、各篇来归类。这是很不恰当的。

2. 凡论文集或论丛，包括讲演集、报告集等，不问是一个著者或许多著者的论文编辑而成，都应按照其主要的内容性质归类，然后再以"论文集"的号码复分。例如：《李四光文集》归入"地质学"（P5－53；56.5083）。如果内容十分复杂，涉及所有各个学科的，则归入"综合性图书"的"论文集"类下（Z4；96.1）。

3. 个人全集、选集，由于大部分都是跟他的生平事业中最有特长或最有成就的学科有关。所以归类时，应以其个人生平事业中最有特长或最有成就的学科归类。例如：已故的苏联科学院院长瓦威洛夫（Вавилов，С. И.）是一个伟大的物理学家，那他的全集、选集就归入物理学（O4；53），然后再加以全集或选集（－52；082 或 083）复分。关于分类表中已对某些著者，例如马克思、恩格斯、列宁、斯大林、毛泽东以及鲁迅等的著作规定了特定位置的,那他们的全集、选集就应归入有关的特定的类目。

4.专题的选集、论文集,不问其文体如何或资料来源如何,都应根据其主题的内容性质归入有关各类。例如:中国物理学会编的《半导体会议文集》,内容有记事、有研究,来源有论著、有译文,但由于都是有关半导体的,所以归入“半导体物理”(O47 - 53;53.632083)。

5.如果每卷或每册都有专门的内容而又有单独书名的,在综合性图书馆中应作出分类分析;至于在专业性图书馆,只要选择与本单位密切相关的卷册作出分类分析就可以了。

六、丛书

丛书又名文库,是汇集许多单独的著作成为一套并具有一个总书名的图书。这些单独的著作可以是一个人的,也可以是许多人的。全套书在内容上或者围绕着一个中心问题,或者彼此间具有一定的内在联系。在组织上,有的编有一定的次序,也有的除了一个总书名外,并无任何次序。但是它们在出版形式上,例如版式、书型、装帧等一般总是一致的。至于出版时间,有的逐册出版,连续许多年;有的全套同时出版,同时发行。由于上述情况,在类分时就要用不同的方法去处理。

丛书的分类方法应该与它的著录方法取得一致,不能有所分歧。这是必须注意的。因为丛书的著录方法有集中和分散两种,所以丛书的分类方法也有集中和分散两种。

所谓集中分类,即将一套丛书,不管其册数多少,内容如何,一律集中一起作为一种书来处理。类分时,应按它的全套图书内容的学科性质作为归类的基本标准。如果内容广泛的,例如《知识丛书》、《青年自学丛书》等,则归入“综合性图书”的“丛书”类(Z121.7;97.36);如果内容比较专门,则应各入其类,另以“丛书号"作形式细分。例如:《大众无线电丛书》先入"无线电技术"
(TN;73.45),然后加"丛书"形式细分(-51;081)。

另外要注意,如一套丛书的内容过于广泛,而每册图书又各论述一个专门问题时,为了充分揭露给读者,应作分类分析。如果内容比较专门,则没有必要。

所谓分散分类,即将一套丛书中的每一册作为一种书处理。类分时,应以每种书的内容性质分别归类,并且用不着加"丛书"的细分号码。如果考虑到这套丛书尚有一定的用途,需要在分类目录中集中反映的,可做一张丛书汇总片,并且在卡片的右下角给予一个丛书汇总分类号。组织目录时,可将各种子目片依次排在汇总片的后面。

那么,在什么情况下宜于集中? 在什么情况下予以分散呢? 根据一般图书馆而论,要集中的有以下四种情况:

1.凡丛书有自己的名称,有总的目录,有一定的编辑计划和出版计划,版本一致,装帧一致,册次连贯的,无论全套一次发行或分期分批发行,都应作为一种书集中处理。例如:《四部丛刊》、《四部备要》、《万有文库》等等。

2.凡是为了达到某种目的或根据一定旨意搜集有关资料来编纂的丛书,如果分开后即失去系统性和完整性,应作为一种书集中处理。例如;《太平天国史料丛书》就是为研究太平天国的历史而专门搜集有关资料编纂而成。如果根据各册的内容性质分入有关各类,就失掉了原来编辑的意义。

3.凡按一定地区、时代或其他一定的体系编纂而成的丛书,应该作为一种书集中处理,例如:《中国植物志》、《中国动物志》和《中国古生物志》等。

4.凡在内容上联系极为密切,主题上非常明确,而又有特定的读者对象的丛书,应该作为一种书集中处理,例如:《电影丛书》、《大众无线电丛书》等。

要分散的也有以下四种情况：

1. 虽然冠有丛书之名，但其编制并不具有明显的目的性，而且内容松散、形式多样，以及读者对象不甚明确者，都应予以分散处理。例如资本主义国家为了达到尽快的推销图书，而非常勉强地拼凑一些图书称之为丛书，其实没有任何意义。因此对这类型的图书，应予分散处理。

2. 一套丛书数量很大，本馆只收藏其中少数几种，又不准备再行补充，应予分散处理。

3. 凡一部丛书残缺不全而又无办法补充的，可以分散。

4. 虽然是一部丛书，但集中处理后，反而不便读者查找的，可以分散处理。例如：《数理化自学丛书》有好多册，每一册都有自己的书名、著者和特定的读者对象，所以应按每种图书的内容性质分入有关各类。例如：《平面几何》归入"初等数学"中的"平面几何"类（O123.1；51.232），不按照《数理化自学丛书》归类（O－51；50.81）。

七、杂著、杂记、杂考

凡是记载琐事、感想、风景、事物、古迹等的图书都可概称为杂著、杂记、杂考。这种图书一般都是综合性的，因此应分入"综合性图书"的有关类目里（Z4；96.4）。但有时也有一定的目的或关于某一方面的内容，这样，在归类时，就要认真辨别写作的目的、读者的用途和内容的性质了。

八、小册子

小册子是指页数很少，篇幅较小的图书。分类时，原则上仍应依照单独的图书处理。但图书馆中有时为了管理方便，常有将关于一个问题的，或性质相近的许多小册子装订成册或用纸匣装置起来。这样，分类时，就不能再只依每种小册子归类，而需要依整本、整匣的小册子的内容性质归类。

另外有些图书馆对小册子不作为图书处理,这样,也就不一定和图书一样进行分类了。

还有一些陆续刊行的而又有总名称的小册子,不问有无连续号码,都应依照丛书集中分类。

九、注释、考证、札记、校勘、评论、研究、撮要、解说

凡关于一本书的注释、考证、札记、校勘、评论、研究、撮要、解说,除所采用的分类法或本馆分类规则另有规定外,一般都应该随同原书归类,附在原书之后。例如:高亨著的《墨经校诠》应随同《墨经》归类,并附在《墨经》之后。至于对资产阶级反动著作进行分析批判的图书,虽然也随同原书归类,但在组织分类目录时,应置于原著之前。

凡汇总许多种著作的注释、考证、札记、校勘、评论、研究、撮要、解说而成的书,应依其学科性质归类。例如:汉默顿编的《西方名著提要》(自然科学部分)归入"自然科学书目"类(N7;50.71)。

十、翻译的书

翻译的书,有就原著全文译出的,有将原文加以删节或只摘译其中某些片段的,有从不同的来源加以辑译成书的,有将外文原著加以改编或改组而译出的。在类分时需要加以分别处理。

凡全译的书应按原著作的内容性质归类。如果在采取中外文混合分类排架和混合组织分类目录的图书馆里,翻译的书应随同原著作分类,并附在原著作之后。

凡节译或摘译的书,如果与原著作内容性质相同,仍随原著作归类;如果有所改变,则应依改变后的内容性质归类。

凡辑译的书,应按辑译的主题的学科性质归类。例如:左元华编的《苏联水泥混凝土路面论文集》一书,应根据"公路路面"归类

194

（U416. 21；87. 35171）。

凡将外文原著加以改编或改组而译出的书，如果内容变更不大，而且书名页仍以原著者为著者时，应随原著归类；如果内容变更很大，甚至改变其书名或改变其著者姓名时，就应另作一种新书归类。

十一、改写、缩写或修订的书

凡经他人改写、缩写或删改修订的书，如果内容变更不大，而书名页上仍以原著者为著者时，就随同原著归类；如果内容变动很大，甚至改换书名或著者时，就作另一种书归类。如果将科学著作改写为文学作品时，就作为文学作品归类，必要时可互见于原著之下，作为原著的附属。

十二、图表、图册

凡图谱、表解、检索表、说明书、地图、摄影集等，应先依其内容性质归入有关各类，然后再依体裁复分。例如：乌顿布格著的《金属矿物显微镜鉴定表》，先依内容性质归入"矿物显微镜鉴定"类（P616；56. 851），然后再依"表解"复分（－64；074）。又如，薛淑彬等编的《人体解剖图谱》先依"人体解剖学"归类（R322；59. 42），然后再依"图谱"复分（－64；074）。

以上，我们就图书的主要编制体裁谈了它们的类分方法。从谈的过程中，可以看出，这种图书的归类原则是：先内容性质，后编制体裁。至于有许多内容涉及所有知识部门的综合性图书，则归入分类体系中的"综合性图书"类（Z；90）。

第五节　从写作目的及读者用途方面类分图书的一些方法

根据归类原则,图书应该根据著者写作目的和书中主要意旨,归入读者最为有用和最切合其内容实际的类。可是,利用什么方法呢? 这包括下列几方面:

一、从写作目的方面类分图书的一些方法

这主要是了解著者写这书的目的是要提供一种什么样的知识。明白了这一点,就可以决定本书应该归入的类目。有许多书内容材料往往相同,但因写作目的的不同,就要分入不同的类。例如:陈驰著的《论农业合作化》和周立波著的《山乡巨变》,虽然谈的都是农业合作化问题,但由于写作目的和主要意旨不同,前者主要是系统阐述我国农业合作化的一些问题,向读者提供农业合作化方面的知识;后者主要是通过对我国农业合作化过程的描写,坚定广大群众走社会主义道路的信心,所以陈驰著的书归入"农业经济"类(F321.2;29.343),而周立波著的书则归入"小说"类(I247.5;44.57285)。

类分图书时,为了充分照顾写作目的,还必须注意以下两点:

1. 根据写作重点归类

凡研究对象相同,而写作重点不同的图书,应该根据写作重点归类。例如:郭震华等编的《拖拉机原理与构造浅说》和傅孟林编译的《拖拉机修理规程》两书,它们的研究对象都是拖拉机,但写作重点却不同,前者侧重讲述拖拉机的原理和构造,而后者则述说拖拉机的使用和维修。因此,归类时,前者入"机器制造"类(S219;79.21)后者入"农业机械化"类(S232;65.51)。

2.根据写作主要意旨归类

凡写作内容范围相同,而写作主要意旨不同的图书,应该根据写作主要意旨归类。例如:人民教育出版社编的《物理学》和同济大学物理教研组编的《物理学》两书,内容范围虽然都是普通物理,但前者主要是供给中学生用的,而后者则是供给高等院校用的。根据分类规则,前者入"中学教科书"类,后者入"普通物理学"类。

二、从读者用途方面类分图书的一些方法

类分图书时,要把图书分入读者用途最大的类。这是图书分类实践性原则所规定的。图书所以需要分入读者用途最大的类目中,是由于有些图书,就其内容性质而言,可以分入两个或两个以上的类目中去,或者因为图书馆的类型不同,在甲馆应该归入此类,在乙馆又应该归入那类。例如:叶保川编的《工业会计核算图解》,可以分入"工业经济",也可分入"会计核算";又如,么枕生著的《农业气象学原理》,可以分入"气象科学",也可以分入"农业科学"。所以在图书归类时,首先应根据图书内容,并结合图书馆的性质、类型归类。如果是综合性图书馆,则考虑这种图书对于大多数读者的方便或对于哪一种读者更为有用。例如:上述的《工业会计核算图解》,虽然是会计学的书,但一般会计学的读者用着它的时候少,而工业管理的读者用着它的时候多,所以将它归入"工业会计"类(F406.7;29.2474);如有必要,可在"会计"类中(F23;29.8)作互见。如果是专业性图书馆,对于这种交错两类之间的图书,则应结合本单位专业的需要,归入关系最大的类。例如:一个会计学专业图书馆,对于《工业会计核算图解》一书,无疑地应入"会计"类,而不宜入"工业经济"类。

其次,有一些专门供给特定读者使用的图书,例如:儿童读物、学生课本、盲人读物等。分类时,应依实际需要归类。如,《列宁

的故事》、《周总理的故事》、《朱爷爷的故事》等,均为少年儿童出版社出版,它的主要阅读对象是少年儿童,为教育少年儿童而写的,故不宜入"传记"类(K81;26.1),而应入"少年儿童文学"中的"故事"类(I287.5;44.85)。又如,《白求恩的故事》、《张思德的故事》、《雷锋的故事》等也是少年儿童读物,因此,亦应入"少年儿童文学"中的"故事"类。

另外,归类时,还要注意归入最切合其内容实际的类。也就是说,要根据图书馆的性质和读者的需要,把它归入最为确切的类。例如:《工程数学》一书可供数学工作者用,也可供工程技术人员用,但就某一个图书馆来说,只能选择一个最为恰当的类目。

第六节 从立场观点方面类分图书的一些方法

图书分类应以科学分类为基础,即是说,每种图书都应以内容性质为主要分类标准,归到有关各类。但在同类的图书中,还应辨别它们的立场、观点和方法,以便把不同的图书加以区别。至于如何区别,特提出办法如下:

1. 用马列主义、毛泽东思想去分析

首先要用马列主义、毛泽东思想的立场、观点和方法对图书的内容、性质、用途、特点进行分析。分析的标准就是四条基本原则,即:坚持社会主义道路,坚持无产阶级专政,坚持共产党的领导,坚持马列主义、毛泽东思想。凡是有利于四个坚持的书,即视为好书,凡是敌视四个坚持的书,即视为反动的书。对于反动的图书,应加以特殊符号区别。例如:《中图法》规定加"-8",《科图法》规定加"0399"。"-8"和"0399"均为资产阶级、修正主义理论的复分号。如果各馆对极端反动的资产阶级、修正主义著作另规定有特殊符号时,"-8"和"0399"则可以不加。

2. 坚持"百花齐放、百家争鸣"的方针

毛主席指出"百花齐放、百家争鸣"的方针,是促进艺术发展和科学进步的方针,是促进我国的社会主义文化繁荣的方针。艺术上不同的形式和风格可以自由发展,科学上不同的学派可以自由争论。利用行政力量,强制推行一种风格、一种学派,禁止另一种风格、另一种学派,我们认为会有害于艺术和科学的发展。艺术和科学中的是非问题,应当通过艺术界、科学界的自由讨论去解决,通过艺术和科学的实践去解决,而不应当采取简单的方法去解决。(见"关于正确处理人民内部矛盾的问题"《毛泽东选集》第五卷 388 页)。因此,分书时,必须注意照顾每门学科的不同学派或不同论点,同时注意不要将学术争论作为政治问题处理,以免混淆两类不同性质的矛盾.

3. 要正确地贯彻"古为今用"、"洋为中用"的方针

在分书的过程中,如何对待古代的图书和外国的图书,是一个严肃的问题。革命导师早有明确的论述。列宁说:"只有确切地了解人类全部发展过程所创造的文化,只有对这种文化加以改造,才能建设无产阶级的文化,没有这样的认识,我们就不能完成这项任务。"(见《列宁选集》第 4 卷 348 页)毛主席也说过:"我们的方针是,一切民族、一切国家的长处都要学,政治、经济、科学、技术、文学、艺术的一切真正好的东西都要学。但是,必须有分析有批判地学,不能盲目地学,不能一切照抄,机械搬运。他们的短处、缺点,当然不要学。"(见"论十大关系"《毛泽东选集》第五卷 285页)这就是说,对于古代图书和外国图书的分类,要站在无产阶级和社会主义的立场上,而不是站在地主阶级和资产阶级的立场上;是用马克思主义的观点,而不是用唯心主义的观点;是采取"一分为二"的方法,而不是采取形而上学的方法。可是在林彪、"四人帮"猖狂的时候,对古代的图书和外国的图书的绝大部分,都看成"封资修的大杂烩",因此分类时不得不打入"另册"。现在我们在

对待古代图书和外国图书问题上应该实事求是,不要乱扣帽子,特别是对于一些具有历史文献价值的图书更要认真地加以注意。例如:金毓黻等编的《太平天国史料》一书,其中虽包括有许多地主阶级、资产阶级观点的原始资料,但由于经过编者的处理,已经成为历史资料了,因此可以直接分入"太平天国史"(K254;22.272)。

至于古籍,根据现代分类法的体系,处理办法可以有两种:一种是拆散,即是说全部古籍都应该根据内容性质分入有关各类,例如:《周易》入哲学(B229;13.11),《尚书》入历史(K221.4;22.212),《诗经》入文学(I222.2;44.31),《仪礼》入风俗习惯(K892.9;26.7091),《尔雅》入语言文字学(H131.2;41.211)等;如果是综合性的则入"综合性图书"的"中国旧经籍"类(Z 126;98)。一种是集中,即是说,将所有古籍集中在"综合性图书"下的"中国古经籍"类。例如:《科图法》就利用交替类目列出一个集中的办法,即在"98 中国古代经籍"类下列出较为详细的类目,以收一些专门问题的图书。

4. 有些书要提存

对于一些显而易见的反动书籍、黄色书籍以及荒诞书籍,应该坚决加以剔除,另行排架,予以提存。

参考文献

张展舒:"图书分类的主要方法"《图书馆工作》 1979 年 4 期第 14 - 16 页。

杜定友:"集中与分散——图书分类问题之一"《图书馆通讯》 1953 年 4 期第 3 - 5 页。

刘国钧:《图书怎样分类》 北京 开明书店 1953 年。

黄景行:"新建小型图书馆如何着手进行分类工作"《浙江图书馆馆刊》 1954 年 2 期第 65 - 75 页。

周俊杰:"我对图书分类工作的几点体会"《图书馆工作》 1957 年 9

月 8 – 9 期合刊第 38 – 39 页。

金天游：“图书分类的定类标准”　《图书馆通讯》　1953 年 9 期第 21 –
29 页。

陈真：“线装书的丛书怎样分类?”　《图书馆工作》　1957 年 6 月 6 期第
32 – 33 页。

卢子博：“图书分类(江苏省图书馆学会南京中心图书馆委员会联合举
办图书馆工作人员培训班教材)”　《江苏图书馆工作》增刊　1980
年 3 期。

史永元：“图书分类基础知识”　《黑龙江图书馆》　1979 年 12 月 4 期第
39 – 48 页。

第十五章　同类图书的排列

第一节　同类图书排列的意义和方法

图书馆把收藏的各种图书资料,按所采用的图书分类法给以类分,只是给每种书一个类号。这个类号,只说明内容性质或形式体裁相同的一类书,并不是某一种书独有的号码。为了管理好图书,每一种书在分类目录里,或者在书架上,都应该具有各自不同的号码,也即是说,同一类的图书还要按照一定的排列方法进行区分,使每一种图书都达到个别化的目的。这种区分的方法称为同类图书的排列。一般是用号码表示,这种号码称为同类区分号,也有人称之为书次号。但由于书次号和种次号容易混淆,所以称为同类区分号更为明确一些。

同类图书的区分,实际上是图书分类号码的延续,是从另一个角度上,将图书再加以区分。因为在图书馆的藏书中,不容许有任何两种以上的图书的号码相同。

分类号是代表图书内容性质或形式体裁的一种符号。它不可能分得过分详尽,否则,其分类号势必拉得太长,这对实际工作也是不方便的。从分类的意义来讲,图书分类,除了区分各种图书所属的不同类目之外,还有在同一类目下面集合图书的作用。因此,也无需作过于详细的区分。某一书的分类号只起到反映该书的主要内容性质或形式体裁的作用。所以,分类号所代表的是主要内容性质或形式体裁相同的许多种书,而不能区别是某一种书。同类区分号则是区别各种不同的图书,使每一种图书,甚至每一本图书在图书馆中占有恰当的位置。由于每一本书有了各自不同的号码,那就解决了同类图书的排列顺序,为馆员科学管理图书和读者充分利用图书创造条件。

对同类区分号的要求,首先必须本身具有一定的次序;其次要求易记、易写、易认、易排、易检;再次要求简短,定号快;最后要求便于馆员管理和读者利用。

同类图书的排列方法,在我国目前还没有一个统一的或公认的较好方法,但通常使用的有下列五种。

一、按图书到馆的先后顺序排列

这是指直接使用每本书的财产登记号(登录号)的顺序排列。例如:

Q93　　Q93　　Q93　　Q93　　Q93 ——《中图法》分类号

00093　00192　00212　00562　01832 ——财产登记号

这种方法的优点是取号简单,可充分利用书库的空间,免除经常倒架的麻烦,同时也便于检查图书情况和清点图书。这种方法适合于藏书量较少的小型图书馆和古籍较多的图书馆。缺点是不能反映图书本身固有的特点,同类同著者的不同著作以及同一种书的不同版本、卷册、复本等都不能集中。所以较大的图书馆一般都不使用此法。

二、按图书分编的先后次序排列

这是指依据同类图书分编的先后,按种编顺序号,即一种书一个号,不是一册书一个号,同一种书的多卷书、再版书、复本书都是一个相同的号码。因此,这种号码称为种次号。

取号时,以每一种书为单位,依图书分编的先后顺序给予01、

02、03、04、05 ……等不同的顺序号码。原则上每一类的种次号都从01开始。如果本馆图书不多,可以选择其上位类或再上一位类取种次号。

在编种次号时,为了做到井然有序,一般使用两种工具,一是种次号记录卡,二是分类目录辅助卡。

种次号记录卡一般可以使用12.5公分×7.5公分的卡片,其形式如下:

类号:							类名:		
01	11	21	31	41	51	61	71	81	91
02	12	22	32	42	52	62	72	82	92
03	13	23	33	43	53	63	73	83	93
04	14	24	34	44	54	64	74	84	94
05	15	25	35	45	55	65	75	85	95
06	16	26	36	46	56	66	76	86	96
07	17	27	37	47	57	67	77	87	97
08	18	28	38	48	58	68	78	88	98
09	19	29	39	49	59	69	79	89	99
10	20	30	40	50	60	70	80	90	100

此卡可以正反两方面使用,每面一百个号码,一类一卡。一面不够用时,就在卡的反面"01"前加"1",成为"101",并将"100"改为"200"。如果一张卡片的号码已经用完,则可照此办法连续使用第二、第三、第四张。每用一号,需要在号码的右边空格内打上"√"。

种次号记录卡,虽然能起到避免号码重复的作用,但给图书分编工作增加了麻烦,各馆都要有几个、十几个,甚至二、三十个目录盒的种次号记录卡,每给一号即需翻查和记录一次,而且要注意增加新卡。因此很多图书馆用编制分类目录辅助卡片的方式代替记录卡。即在确定同类区分号时将已确定的种次号写在一张辅助卡片上,插入公务分类目录的相应位置,这说明此号已经用了,后编的图书就要用下一个号码。等图书分编加工完后,将正式卡片插入公务分类目录,并将辅助卡片抽出。这样既节约目录盒,又加快了排列分类目录的速度

种次号的优点是:

第一,比较简单,容易学,不要求馆员具备什么专门知识,只要略加说明,就可以掌握。

第二,同类的图书容易区分,有利清点。其原因是同类图书按自然顺序排列,通过种次号记录卡、或查看公务分类目录以及书架上各类图书的最末一个号码,就可知道各类图书入藏的种数。

第三,号码简短,有利于取书和归架。种次号一般是两位,著者号码通常是三位,如果用其他办法,号码可能更长一些。

但是也有它不足之处:

首先,这种办法是人为的,一种书分编先后的顺序是偶然的,不能反映图书本身固有的特点,不能将同类同著者的图书集中。

其次,这种办法是适用于各馆各自为政、各行其是的情况,不利于图书馆工作的现代化、标准化和规范化。

再次,这种办法速度慢,工作效率低,特别是大型图书馆更为复杂。

最后是这种办法不能适应科学的发展。因为科学发展本身就要求分类法不断的进行增补,改动一些类号。而一改动分类号,种次号就发生混乱了。

三、按书名的字顺排列

就中、日文图书来说,是指按书名字顺取号码或以书名的拼音排列。就西、俄文图书来说,则以书名的拼音排列。

中、日文图书按书名字顺取号一般多以四角号码为标准。有时以书名的第一字取号,有时则取书名第一、第二、第三和第四个字的左上角。

如果以书名的第一字取四角号码,那同类图书的排列顺序都是按第一字排列,例如,《中图法》"S15 土壤学",中的图书是这样排列的:

S15　　土壤学概论

4010

S15　　普通土壤学

8060

S15　　常用土壤学手册

9022

如果取书名第一、第二、第三和第四个字的左上角,那同类图书的排列顺序则复杂一些。例如:《中图法》"TH11 机械学"中的图书是这样排列的:

TH11　　机械设计基础理论

4400

TH11　　机械原理

4411

TH11　　机器制造原理

4622

按书名拼音取号一般多以汉语拼音为标准。有时以书名第一字的拼音字母取号,有时则取书名第一、第二、第三个字拼音的首字母。

如果以书名第一字的拼音字母取号,那同类图书的排列顺序都是按第一字排列。例如:《中图法》"P5 地质学"一类图书是这样排列的:

206

P5　　地质学原理
Di　　莱伊尔,C. 著　徐韦曼译

P5　　普通地质学
Pu　　王嘉荫　等著

P5　　谈谈地质学
Tan　　王仰之　编著

如果取书名第一、第二、第三个字拼音的首字母,那同类图书的排列顺序是按书名前三个字拼音的首字母排列。例如:《中图法》" P7 海洋学"一类图书是这样排列的:

P7　　海洋科学
HYK　　毛汉礼　著

P7　　海洋学
HYS　　山东海洋学院、山东水产学院合编

P7　　普通海洋学
PTH　　山东海洋学院水文气象系编

按书名字顺排列的好处是能将同内容、同性质、同书名的图书归入一类,缺点是同类同著者的图书不能集中一起,而且排列方法比较复杂,容易重号,所以一般图书馆都不采用。

四、按出版年月排列

这是指按出版年月编制同类图书的区别号。编制时,取出版年代的末尾两位数和出版月份的数字。例如:1980 年 2 月的号码为"8002", 1979 年 12 月的号码为"7912"。因此像《中图法》"I247.5 中国建国后新体中、长篇小说"一类的排列次序是:

I247.5　　白求恩大夫
5305　　周而复　著　1953 年 5 月出版

I247.5　　野火春风斗古城

6206　　　李英儒　著　1962 年 6 月出版

I247.5　　园丁

7903　　　王道生　著　1979 年 3 月出版

用这种方法排列图书的好处有：

第一，明显地反映出同类书中不同年代的出版物和最新的出版物，从而概括地反映出人们对于客观世界认识发展过程的情况，便于介绍最新成就。

第二取号简便。它既不需要编制著者号码表，也不需要作种次号记录。

第三，便于提存内容陈旧的图书。

当然，这种编号和排列方法，也有缺点。它不能将同类书中同著者的不同著作排在一起 而且同种书的不同版本和卷次也不能集中，如果一定要集中，那办法就比较复杂了。

五、按著者姓名字顺排

这种排列方法是指同类的图书按著者姓名字顺排列。按照这种办法，可以将同一著者的不同著作、同一著作的不同版本、同一著作的不同译本、先后出版的多卷书、同一书的复本都集中一处，对馆员出纳和推荐图书，读者查找和利用图书都有很大方便。现在大多数的大型图书馆和专业图书馆都采用这个办法。

按照著者姓名字顺排列，必须要用一种号码来代表，这就是著者号码。下面就谈谈著者号码的意义、作用、编制方法和使用方法。

第二节　著者号码和著者号码表

一、著者号码和著者号码表的意义和作用

著者号码就是代表图书著者姓名字顺的号码,简称著者号。它既能分清同类图书的前后次序,又能将同类同一著者的各种图书集合在一处。按著者姓名字顺排,其办法很多,例如:可以按笔划、笔顺、笔形、拼音等等,但不管用什么办法,都需要用号码来代替著者姓名。著者号码如何取,必须要有一个著者号码表作为工具。

著者号码表,就是将许多常见的著者姓氏,按照一定的检字方法编排成一个顺序,再按照各个姓氏的使用率各分配以适当的顺序号码。著者号码表上的姓氏,由于使用率不同,有的频率很高。因此对于使用率高的姓氏,还可以适当使用人的名字加以区别。

有了著者号码表,在编制索书号时,就可查出与各书著者姓名相符合的号码,标注在分类号码之下,非常方便。

二、著者号码表的编制方法

著者号码表的编制是以文字为基础的,使用文字不同的图书都编有适应该种文字情况的著者号码表,如英文图书有卡特的《著者号码表》、俄文图书有哈芙金娜的《俄文三位数著者号码表》、日文图书有植村长三郎的《著者号码简明表》等。

中文图书,由于汉字结构复杂,没有统一的排检法,因而出现了形式多样、种类繁多的著者号码表。有用字形编制的,例如:杜定友编的《形位著者号码表》;有用笔划笔形编制的,例如:王凤翥编的《笔划起笔著者号码表》;有用四角号码编制的,例如:王云五

编的《四角号码著者号码表》；有用汉语拼音编制的，例如：袁涌进、周树基合编的《汉语拼音著者号码表》、汪家熔编的《中国著者拼音排列表》、武汉大学图书馆编的《汉语拼音著者号码表》等。

但从编制号码的方法来看，可以大体归纳为查号法和组配法两种，现将其编制方法分别叙述如下：

1. 查号法

所谓查号法，是根据文字的音或形的一定顺序来排列各个不同著者的姓氏，然后用号码编成表格的形式。使用时，再根据文字的音或形查出所需要的姓氏的号码。

在查号法的著者号码表中，按音排列的有拼音著者号码表，按形排列的有笔形著者号码表和笔画、笔形相结合的著者号码表等等。

（1）拼音著者号码表　拼音著者号码表是利用拼音字母来编制。例如：英文图书著者号码表利用拉丁字母来编制，俄文图书著者号码表利用斯拉夫字母来编制，中文图书著者号码表利用汉语拼音字母来编制，日文图书著者号码表利用五十音图来编制。

拼音著者号码表的号码类型，从号码的成分来看，可分为单纯号码和混合号码两种。单纯号码是将姓氏的拼音字母排列起来后，依次配上阿拉伯数字，这个号码可以是整数，也可以是小数。混合号码是将姓氏拼音的第一个字母和一至三位阿拉伯数字组成。

分配号码时，应该根据姓氏的使用频率而定，使用频率高的，可以一姓数号，使用频率低的，可以一姓一号，或数姓一号。例如：

Bái

白	A—F	161
白	G—K	162
白	L—Q	163
白	R—T	164

| 白 | W—X | 165 |
| 白 | Y—Z | 167 |

Bǎi

| 百 | | 171 |
| 伯 | | 176 |

Bài

| 败、拜、稗 | | 178 |

自从我国于 1958 年正式公布《汉语拼音方案》以来,大家纷纷以汉语拼音编制著者号码表,现在已有几十种,除了前面所举的以外,还有大连工学院图书馆、河北大学图书馆、南开大学图书馆、天津大学图书馆、福建省图书馆以及原北京矿业学院图书馆等都编了自己使用的汉语拼音著者号码表。这些号码表一般都由汉语拼音字母及三位数字混合组成,每个字头配以 111—999 号码。编排规则是:一般先按汉语拼音的字头排例,同字母者按音节的顺序排例,同音节者按声调(即四声)排列,然后再配以阿拉伯数字。

这些著者号码表,虽然有这样或那样的一些不足之外,但指明了著者号码发展的方向。如果要走世界文字共同的拼音道路,汉语文字必须改革。所以应该编制一个适合于全国各种类型图书馆使用的汉语拼音著者号码表,为全国文献工作标准化创造条件。

(2)笔形著者号码表 笔形著者号码表是按字的形状来编制。例如:先按起笔形状(如、、一、丨、丿)的次序排,起笔相同时,再按第二笔排;第二笔相同时,再按第三笔排……依此类推,然后配以号码。又如,万国鼎编的著者号码表,也是以字的形状编制的,他采用汉字母笔检字法(母笔是指横一、直丨、点、、撇丿、趯丿、捺丶、弯乛、翘乚等八笔),共收了 1240 左右个字。按所收的每一个字的实际使用率,分别给以不同数目的号码。大体上说,是分了三级,就是最常见的姓氏各占了十个不同的连续号码,如张字就是从 306—315 占了十个号码,同是姓张,因为名字不同,又按他们名字第一、第二字的笔法,分别决定不同的号码。其次是一般姓氏占一个号码。这样做还是比较合理的,但因为汉字母笔检字法不通用,所以使用的单位不多。

(3)笔划笔形著者号码表　笔划笔形著者号码表是先按字的笔划排列,同笔划的再按起笔的笔形(如、一、丨、丿)排列。起笔笔形相同时,再按第二笔笔形排列,依此类推。把全部姓氏组织好后,再予以分配号码。号码的分配方法,基本上与拼音著者号码表同。

属于这种方法的有杜定友著的《杜氏著者号码表》和王凤翥编的《笔划起笔著者号码表》等。由于所采用的检字法比较通行,而且使用单纯数字,因此,有不少图书馆采用。

这种著者号码表主要的问题如下:第一有些汉字的笔划计算没有一个统一的标准,如"黄"字,有的作十二划"黃",有的作十一划"黄";"成"字,有的作七划"成",有的作六划"成"。第二,就笔形来说,它的种类和次序也没有一个公认的标准,如有的排列次序作、一丨丿;有的作、丨一丿;有的作一丨丿、。第三,在计算起笔时也存在分歧,特别是一批批简化字公布后更显得严重一些,如"马"字,有的作一起,有的作丨起。第四,简化字与繁体字要不要统一,如何统一,这些问题都是由汉字的结构复杂所引起的。因而给使用者带来一定的困难。

2.组配法

组配法也叫拼号法。它是根据文字的音或形的共同特点划分为若干组,每组给予一个号。使用时,根据该字的组成部分的特点,到既定的各组中去找号码。然后把这些号码组配在一起成为著者号码。通常采用的有拼音著者号码表和四角号码著者号码表两种。

(1)拼音著者号码表　拼音著者号码表是将所有的字母分成十组或九组,每组给一个号码。使用时,根据姓名的拼音首字母的号码组配成著者号码。

例如:王云五曾用十个号码代表二十六个拉丁字母,编成一种罗马字母号码表如下:

0	1	2	3	4	5	6	7	8	9
A	B	C	D	E	F	G	L	M	S
OH	P	K	T	IJY	VUW	Q	R	N	XZ

上表从 0 到 9,每一个号码代表几个字母。其中除 A、B、C、D、E、F、G、L、M、S 十个字母系依顺次排列,极易记忆外,至于 O 字附属于 A,就因为 A、O 两字声音相近;又 H 读如 Ha(哈)音,也是相类。此外像 P 和 B,K 和 C,T 和 D,IJY 和 E(J 字在德文读作 yoh 音),V、U、W 和 F,Q 和 G,N 和 M,XZ 和 S 等,都很容易联想为一起。使用号码时,可取姓氏的四码,例如:Hnery 的号码为 0487,Monrsoe 的号码为 8087。这样,外文图书的著者号码就可以解决了。

又如蒋完奎也提出将所有的汉语拼音字母分成十组或九组,每组给一个号码。即:

1	2	3	4	5	6	7	8	9
ABC	DEF	GHI	JKL	MN	OPQ	RST	UVW	XYZ

注:0 代表空位。

使用方法有两种。一种依著者姓的拼音字母取号,即取其姓的第一个字母作为著者号开头,再以其第二、第三两个字母的号码组配而成。但对以 Zh、Ch、Sh 开头的姓则取两个字母作为著者号码的起头。例如:"高"Gao 为 G16,"金"Jin 为 J35,"苗"Miao 为 M31 等。另一种方法则是取著者姓名拼音的每一字起首字母的号码组配而成。例如:丰子恺 Feng Zi Kai 为 294,周立波 Zhou Li bo 为 941。第一种办法能集中同一个姓氏的著者。第二种办法能集中一个著者的著作。但是这两种办法都很容易出现同号,如果需要区别就必须加上其他附加号,使号码变得冗长。

(2)四角号码著者号码表 四角号码著者号码表是按汉字形位的特点,把笔形分为十种,用0到9十个号码代表,如下:

笔	名	号码	笔　　　形	字　　　　例	说　　　明
复笔	头	0	亠 一	主 病 广 言	点和横相结合
单笔	横	1	一 一 乀	天 土	横
			ノ 一 乀	活 培 织 凡 凤	挑、横上钩和斜右钩
	垂	2	丨 丨	旧 山	直
			ノ 亅	千 顺 力 则	撇和直左钩
	点	3	丶	宝 社 军 外 去 亦	点
			丶 丶	造 瓜	捺
复笔	叉	4	十	吉 辜	两笔交叉
			才 弋 乂 彡	对 式 皮 猪	两笔交叉
	串	5	丰	贵 毒	一笔穿过两笔或两笔以上
			才 戈 丰	钉 戈 春 甲 更	一笔穿过两笔或两笔以上
	方	6	口	另 扣 固 甲 曲	四角整齐的方形
			口 口 口	圆 四	四角整齐的方形
	角	7	乛 フ 乚 乀	刀 写 亡 表	一笔的转折
			厂 ユ 丿	阳 兵 叉 窖	两笔笔头相接所成的角形
复笔	八	8	八	分 共	八字形
			人 入 丷 乚	余 奥 案 草 牢	八字形的变形
	小	9	小	尖 宗	小字形
			忄 忄 小 ⺌ ⺌ ⺍	快 禾 燕 当 组	小字形的变形

取号时,有几种方法。第一种是以姓字的左上角、右上角、左下角、右下角的次序取四个角的号码,例如:颜字为0128,苗字为4460,钱字为8375等。第二种是取姓字左上角和右上角的号码,名字的每一字的左上角的号码。如果单名,那就取名字的左上角和右上角的号码。例如:蔡元培的号码为4414,高玉宝的号码为0013,夏衍的号码为1021等。第三种是取姓名每字左上角的号码,例如:高玉宝的号码为013,刘国钧的号码为068,皮高品的号码为406等。

另外还有直接以姓名拼音的首字母组配而成的著者号码,例如:北京图书馆的西文图书就是采取这种办法。因此,Vigor,P. H. 的号码为VPH,Roos,J. P. 的号码为RJP, Bliss, C. J. 的号码为BCJ等。

从组配法无固定排列的著者号码表来看,的确简单易行,但很容易出现不同著者的相同号码,那就必须加很多附加号来区别,使

214

号码复杂和冗长,所以现在不少图书馆已经逐渐放弃这些方法了。

三、著者号码表的使用方法

各种著者号码表的具体使用方法是有所不同的。各馆应按所使用的著者号码表的具体规定取号。这里只介绍一般的使用方法。

1. 一般图书的著者号码

取号时,必须找出本书的著者,然后据此在著者号码表中寻找所需要的号码。这里有几种情况:

(1)只有一个著者的,就依此取号;

(2)有几个著者的,就依第一人取号;

(3)机关团体著者,依著录著者第一字取号,例如:中华人民共和国外交部,就依"外"字取号;

(4)无著者的图书,则依书名第一字取著者号;

(5)著者已被用作类名,则依书名的第一字取著者号。例如:《矛盾论》、《实践论》、《论十大关系》和《关于正确处理人民内部矛盾的问题》等图书,均为毛泽东著作,而《科图法》"06. 3"的类名为"毛主席的个别著作"。如果该类图书都用毛泽东取著者号,都一样,那就没有意义了。所以就依书名第一字"矛"、"实"、"论"、"关"分别取号。

2. 传记图书的著者号码

在现代的图书分类法中,为了让关于一个人的传记图书集中在一起,一般都规定依被传人的姓名取著者号码。例如:梁星著的《刘胡兰小传》,依"刘胡兰"取号,不用"梁星"取号;又如邓广铭著的《岳飞传》也是依"岳飞"取号,不用"邓广铭"取号。

3. 地方志的著者号码

在现代的图书分类法中,为了让关于一个地区的方志集中在一起,大都规定依地区名称取著者号码。

4. 会议文件的著者号码

为了分清楚各种会议的历次文件,最好是以届次代替著者号码,如,《中图法》"D22 中国共产党的会议及其文献"一类,就规定"全国代表大会、代表会议、中央全会"的文件"以会议届次排"。因此,就不再取著者号码了。例:

中国共产党第八届全国代表大会文件为 D220/8

中国共产党第十一届全国代表大会文件 D220/11

中国共产党第十一届中央全会第三次会议文件 D220/11.3

在使用著者号码表时,有一重要问题必须认识清楚。著者号码只是用来规定同类图书的排列次序,也就是区别同一类号的图书的。著者号码除了特殊规定外,一般不代表任何固定的人,如果在同一类号里有两个同姓的人,则这两人必须用附加符号予以区别。但在不同的类号里,不同的人具有相同的号码是完全没有妨碍的,甚至同一人在不同的类号里也不妨有不同的号码。因为著者号码只表示相对的顺序而不是绝对地代表某一个人。

因为有的著者号码表数姓合用一个号码,所以在同一类号的图书里,可能遇到相同的著者号码,必须设法加以区别。这在一般著者号码表的使用说明中是有规定的,如果没有,各馆必须拟定一项办法。

最后需要注意的是,只有分类号和著者号,还不能达到使一书的号码个别化的目的,因为在同一类里,有同一著者的不同著作,同一著作也还有不同版本、复本等问题,这就要求进一步区分。

另外各种分类法还在某些类目之下规定有一些特殊的排列办法。这就要根据其规定取同类区分号了。

四、现在比较通行的著者号码表

正如前面所述,我国编制的著者号码表很多,再加上国外编制,总有五、六十种。这里只将国内比较通行的,例如:王凤翥编的

《笔划起笔著者号码表》、武汉大学图书馆编的《武汉大学图书馆汉语拼音著者号码表》、卡特编的《卡特著者号码表》、哈芙金娜著的《俄文三位数著者号码表》和植村长三郎编的《著者号码简明表》作一些简略介绍如后。

第三节　笔划起笔著者号码表

《笔划起笔著者号码表》是王凤翥编著,北京大学图书馆学系印刷,1957年后中国科学院系统图书馆大量翻印并使用。

本表是在1954年编制,1957年改编的。它分为两部分,即:第一式排列——表格式,第二式排列——行列式。另附有本表所收简化汉字简体繁体对照表。

一、编制方法

本表共收汉字1500多个。它的编制方法是采用笔划笔形法,也就是:(1)先按笔划的多少为序;(2)笔划相同的再按各字起笔的、、一、丨、丿为序;(3)笔划起笔都相同的,再依次看第二或第三笔的、、一、丨、丿;但(4)有时为了照顾汉字的相同偏旁或部首,次序的排列也有例外的地方。

例一　先按笔划多少为序:如张、王、李、赵四字的次序为(1)王、(2)李、(3)赵、(4)张。

例二　笔划相同的,再按各字起笔的、、一、丨、丿为序,如唐、徐、柴、栗四字的次序为(1)唐、(2)栗、(3)柴、(4)徐。

例三　笔划起笔都相同的,再依次看第二或第三笔的、、一、丨、丿,如章、梁、许、康四字的次序为(1)梁、(2)章、(3)许、(4)康。

本表第一式采用坐标式编排,横坐标列出两位阿拉伯数字,即:10、11、12、13、14、15、16、17、18、19、20、21......89;竖坐标列出一位阿拉伯数字,即:0、1、2、3、4、5、6、7、8、9。

如图:

一画~四画

	10	11	12	13	14
0		下,工,土,士,寸,才,与	卜	王(乚)	办,劝,双
1	〔1〕一,乙	大	六	专,天,夫,开,井	邓
2	〔2〕⊖二,十	兀,弓,尸,习	文	元,无,云,支,五	予,孔
3	丁	卫	亢,户,心,为,火	扎,廿,艺,木,切,友	⊖日
4	七,刁,力,了	也,刃,飞,子	⊖韦	屯,戈,五,区,太	中
5	⊙卜	⊙上,山,小	王(丶)	厄,历,不	冈,内,长,少,水,以,比
6	⊘八,人,入,九,儿	⊘乞,千,勺	(一)	尤	⊘今,仓,从,介
7	〔3〕⊙广,之,义,亡	凡,丸,久,乃	(乛)	匹,互,尹,引,尺	公
8	⊖三,干,于	川,么,乡,女	(丨)	书,丑	气,丰,牛
9	万	〔4〕⊘方	(丿)	巴	毛

上图〔1〕代表一画,〔2〕代表二画,余类推;⊘、⊖、⊙、⊘代表起笔;(丶)、(一)、(乛)、(丨)、(丿)、(乚)代表同姓著者名字的起

218

笔。排列此表时,首先是按照汉字的笔划多少,笔划相同的再按照它们的起笔次序,这样,就可以固定每个字的位置,其号码是由顶上的号码加上左侧或右侧的号码而成。例如:"丁"字的号码为"103","文"字的号码为"122","巴"字的号码为"139"等。

本表规定四种起笔各自包括的笔形如下:

"、"包括、ノ丷

"一"包括一乀フㄱᒣᒣㄷㄷ

"丨"包括丨丨ㄥㄥㄥㄣㄣㄟㄟ

"丿"包括丿ノㄥㄑ

同类图书中的同姓著者,需要按姓氏以下的字复分,复分时,按起笔笔形。最常见姓和次常见姓在表中基本上已都按第二字以下之起笔笔形给了固定的号码,如仍有重复时,可与不常见姓和少见姓字同列。用下列笔形与号码复分之,但须于附加号码之前加小圆点"·"。

如图:

、	1		丨	4
一	2		丿	5
ㄱ	3		ㄥ	6

例如:陆石著的《生产建设》与陆明著的《阖家欢》两书,分类号码是相同的。检表"陆"字是次常用姓字,共占四个号码。因"石"字起笔是"一",所以陆石的著者号码为"279";因"明"字起笔是"丨",所以陆明的著者号码为"280"。

至于像史松北著的《从南到北胜利在召唤》与史卫斯著的《歌唱新中国》两书,分类号码也是相同的,但由于史字只是一般姓氏,只分配一个号码"176"。所以区别时需要按上列笔形及号码附加于"176"之后,史松北为"176.2",史卫斯为"176.3"。

本表的收字和编制,根据实际情况分为最常用姓字、次常用姓字、不常用姓字和少见姓字四种,并各给以不同的著者号码数,最常用的如张、王、李、赵等姓字,每字各给以六个号码;次常用姓字如孙、杜、陆、吴等字,则各给以四个号码;不常用的姓字如丁、卜、方、卞等字,则各给以一个号码;而少见的姓字如七、刀、力、了等字,则数字占一个号码。

本表第二式采用行列式,首先标出笔划,其次标出起笔,然后分为左中右三栏,左栏列出汉字.中栏列出同姓第二字的起笔,右栏列出号码。例如:

四画

〔、〕

方		119
卞		120
六		121
文		122
……		
火		123

〔一〕

韦		124
王	〔、〕	125
王	(一)	126
王	(コ)	127
王	(丨)	128
王	(丿)	129
王	(乚)	130
……		

为了便于区别简化字和繁体字,本表第二式保留了被简化的繁体字,并加上了圆括弧。至于其号码,则与简化字的号码相同。例如:

十五画

〔、〕

（澈）（311）

（潔）（365）

潆　745

潭　745

潮　745

潜　746

二、使用方法

由于本表是采取最常用的笔画笔形法，所以使用起来比较容易。现将其使用方法介绍如下：

1. 首先计算好字的笔划，其次认清起笔，这样就可查出所需的著者号码。例如："白"是五画，"丿"起笔，到五画"丿"一查，就知道其号码为"184"。

2. 凡表中没有收入的字，如果需要时，可以按照本表编制方法增补进去。例如："艮"，表中没有，但查"艮"字是六画"フ"起笔，应在"羽"字的后面，所以其号码为"212"。

3. 凡著者姓名不可考的书籍，即可用书名取著者号码。例如：《朝鲜使略》一书，著者姓名不可考，故以"朝"字取，号码为"617"。

4. 复姓著者的号码，亦按姓氏第一字决定著者号码，例如：司马文森为167，欧阳修为337。

5. 同类同一著者的不同著作，应于著者号码之后依书名的笔形号码复分。例如：

I234.6　　南冠草

427 - 2　　郭沫若著

I234.6　　孔雀胆

427 - 3　　郭沫若著

I234.6　　　屈原
427 –32　　　郭沫若著

I234.6　　　虎符
427 –4　　　郭沫若著

6.同一著者同一种书的不同版本于著者号码之后加小斜线
"/",再附加公元末尾两个数字的号码。例如：
I210.4　　　朝花夕拾
778/29　　　鲁　迅著　北京　未名社　1929 年

I210.4　　　朝花夕拾
778/47　　　鲁　迅著　北京　鲁迅全集出版社　1947 年

I210.4　　　朝花夕拾
778/48　　　鲁　迅著　北京　鲁迅全集出版社　1948 年

I210.4　　　朝花夕拾
778/48　　　鲁　迅著　北京　人民文学出版社　1951 年

　　其他如合著者、机关团体著者、传记图书、翻译图书以及报纸、
杂志等的著者号码取法都和一般著者号码一样,这里从略。

三、简短评论

　　这部著者号码表的编制,由于编著者认真总结中外图书馆界
编制著者号码表的经验和对北京图书馆、北京大学图书馆藏书和
目录作了详细的调查研究,所以说基本上是成功的。如果能够根
据本表的使用方法来区分同类图书,那就可以做到：
　　1.同类图书中同姓著者的著作可以集中到邻近；
　　2.同类图书中同一著者的不同著作可以集中到一起；
　　3.同类同著者的同一著作的不同版本和复本以及同一原本的

不同译本都可以集中在一起；

4.同一被传人的传记图书可以集中在一起。

此外，再加上本表采取表格式和行列式分别编排，使用时较为简便。

值得商榷的问题在于：采用笔划、笔顺、笔形编排，由于汉字本身的笔划、笔顺、笔形有些尚无统一标准，因而给使用者带来一定的困难，同时又因汉字不断简化，特别是偏旁简化，也造成了在使用上的混乱。还有由于本表分配号码时不够结合图书的实际，有些字的号码分配过少，造成某些类目，尤其文学作品的附加号十分复杂和冗长。

第四节　武汉大学图书馆汉语拼音著者号码表

《武汉大学图书馆汉语拼音著者号码表》是武汉大学图书馆编印的。它编制于五十年代（1958 年），到七十年代（1974 年）又重新修订了一次。

一、编制方法

本表将常用的著者姓氏（包括中文译音的外国著者姓氏）以及机关团体名称和书名常用的首字，根据汉语拼音方案拼出来，按拼音字母顺序排列。拼音字母相同的字，先按四声声调（阳平一、阴平　、上声　、去声　）的顺序排列。声调相同，再按每字起笔（点、横一、竖丨、撇丿）的顺序排列。起笔相同，再按笔划多少排列。

所有的字排顺以后，再用字母和数字配以号码。全表共分为A，B，C，D，E，F，G，H，J，K，L，M，N，O，P，Q，R，S，T，W，X，Y，Z 等二十三组，每组都大致从 111 排到 999，即配上三位号码。著录项目包括:(1)汉语拼音字母;(2)汉语拼音音节;(3)汉字;(4)分段的汉语拼音字母;(5)阿拉伯数字号码。现摘录该表的一部分如下:

A

ā			āi		
阿	A	111	哀		151
阿	B	112	埃	A—L	152
阿	C	113	埃	M—Z	155
阿	D	114	**ǎi**		
阿	E	115	霭		161
阿	F	118	矮		162
阿	G	121	**ài**		
阿	H	123	艾	A—E	165
阿	J	124	艾	F—J	168
阿	K	126	艾	K—M	171
阿	L	127	艾	N—R	173
阿	M	131	艾	S—W	175
阿	N	133	艾	X—Z	177
阿	O	134	爱	A—F	181
阿	P	135	爱	G—K	184
阿	Q	136	爱	L	186
阿	R	137	爱	M—S	187
阿	S	138	爱	T—Z	189
阿	T	139	**ān**		
阿	W	141	安	A—C	193
阿	X	142		D	194
阿	Y	143		E—G	195
阿	Z	144	安徽	A—R	196

安徽人民出版社	211	àn	
安徽省	213	按	238
安徽 S—Z	218	岸	239
安 H—M	221	áng	
安 N—Q	223	昂	243
安 R—T	224	àng	
安 W—Z	227	盎	246
鞍 A—R	231	áo	
鞍山钢铁公司	233	敖	251
鞍 S—Z	235	ào	
		澳	261

从表中可以看出,它是根据姓氏使用频率分配的,其中有:

1. 一字一号的,如:

ǎi	霭	161
	矮	162

2. 一字数号的,如:

ài	艾 A—E	165
	艾 F—J	168
	艾 K—M	171
	艾 N—R	173
	艾 S—W	175
	艾 X—Z	177

一字数号是根据用作取号的标目的第二个汉字(以至第三、四个汉字)的拼音首字字母或音节顺序来分配号码。不够每个字母或每个音节一个号码时,就按字母或音节顺序分段,几个字母或几个音节共用一个号码。

3. 数字一号的,如蓬、榜共用 P243,棚、硼共用 P244,一、壹、猗、漪共用 Y292 等。

4. 一人一号的,如为马克思列宁主义经典作家马克思、恩格斯、列宁、斯大林、毛泽东设有专号,对重要作家如鲁迅也设有专号。另外还为一些重要的机关团体,如中国科学院、人民出版社、共青团等设专号。

整个号码的体制,采用每字拼音的首字母与阿拉伯数字相结合的混合制。数字一般是依数字自然顺序排列,但为了将来扩充,其中有的留有空位。

二、使用方法

1. 取著者号时,首先按汉语拼音规则拼出著者姓氏或集体著者的第一个汉字的字音,在表中找出该汉字的号码,冠以大写字母即可。例如:取华罗庚的著者号时,首先按汉语拼音规则拼出"华"的字音为 huà,在表中找出"华"的号码为 627,冠以 H,这样,就构成华罗庚的著者号 H627 。

2. 无编著者的图书,依出版者第一个字的拼音取号。例如:人民出版社的著者号为 R157,科学出版社的著者号为 K258。

3. 既无编著者又无出版者的图书,则依书名第一个字的拼音取号。

4. 凡一字配有两个或两个以上号码者,按姓并结合名的首字拼音字头取号。例如:郭沫若(Guō Mò Ruò)的号码为 G585。

5. 马克思列宁主义经典作家著作:全集、选集用专号,例如:《马克思恩格斯全集》为 M1,《毛泽东选集》为 M2。个别著作单行本,以原著写作日期为著者号,例如:《共产党宣言》(1848 年 2 月)的号码为 4802;如无写作日期,以发表日期代替。专题汇编,以汇编者取著者号。

6. 个人著者以正式姓名取号;凡经常或大部分著作用别名、笔名者,以别名、笔名取号,如鲁迅原名周树人,但他经常以鲁迅出版图书,所以用鲁迅取,其著者号为 L725;如无法查考是正式姓名还是别名、笔名者，照书上所题著者姓名取号。

7. 一书有两个或两个以上合著者，以第一个著者取号。

8. 多卷集图书，而各卷集著者不同，以第一卷（册、集或辑）著者取号；如各卷集先后入藏，以先入藏者取号；如有主编者，以主编者取号；各卷集著者号必须相同，但在索书号下面，依次给以卷集号。一书之续编、补遗等作多卷集处理。

9. 一个著者的汇辑本，以原著者取号；多著者作品的汇辑本，以汇辑者、编选者取号。

10. 翻译的图书，以原著者取号；如原著者姓名未译成中文者，一律译成汉语拼音后取号；如无从查考原著者时，以译者取号；编译或辑译的书，以编译者或辑译者取号。

11. 改编之图书，以改编者取号。

12. 如查表没有所要的字时，就根据"取上不取下"的方法，用该字相应位置的上一号码为该字的号码。例如："赴"这个字没有，可以取"富"字的 361。但也可以利用适当的空号增补，例如：表中"富361"与"副363"之间正好空一号，而"赴"在它们之间正好，于是"赴"为"362"。

另外，它还规定同类的区分办法以及对于传记图书、机关团体出版物等的取号方法。

三、简短评论

本表对中国姓氏的号码配备得比较合理，收字较全，排列清楚，而且留有空号，为扩充创造了有利条件；同时对机关团体著者号码的配制也比较切合实际，例如：我国中央各部，都配有专用号码，使用起来，比较便利。

但也有一些不足之处，例如：外国著者姓氏中文译音首字配号过少，著者号码的附加号不容易分清，留出的空号有些不够理想，另外排列也有不准确的地方。

第五节　卡特著者号码表

《卡特著者号码表》原名为《C. A. Cutter's Alfabetic – Order Table》,由美国卡特,C. A.（Cutter, 1837—1903 年）编表,桑波恩,K. E.配数字。在过去,我国曾译名为《克特氏著者号码表》或《克特著者号码表》。为了解决西文同类图书的区分,书目文献出版社于 1980 年根据北京图书馆馆藏本重印,并附有中文使用说明。

卡特著者号码表有两种:一种是两位数的,另一种是三位数的。我国多用三位数的,因为就大型图书馆和专业图书馆来说,三位数的一种更为切合实际。现将此表的编制方法和使用方法分别说明如下:

一、编制方法

此表分两部分各按拉丁字母排列。

第一部分为声母（除 S 外）,如 B,C, D, F, G, H, J, K, L, M, N, P, Q,R, T, V, W, X, Z 和韵母 Y,并以两个字母为一组,如 B 同 C,D 同 F,G 同 H,J 同 K, L 同 M,N 同 P,R 同 T,V 同 W 以及最后的 Q 同 X,Y 同 Z 等十组,每组分为两行,如:B 行和 C 行、D 行和 F 行等。把两个和两个以上的字母姓氏的连音有系统地排列成行,共同使用其中的号码,例如:

Ba	111	Ca	Bachell	121	Cad
Bab	112	Cab	Bachet	122	Cade
Babe	113	Cabas	Bachi	123	Cadet
Babi	114	Cabe	Bachm	124	Cadi
Babr	115	Cabi	Baci	125	Cado

Bac	116	Cabo		Back	126	Cadr
Bacci	117	Cabr		Bacm	127	Cae
Bach	118	Cac		Baco	128	Caes
Bache	119	Cach		Bacon,M.	129	Caf

即 Ba 是 111，Ca 也是 111，Bab 是 112，Cab 也是 112，余类推。

第二部分为韵母（除 Y），如 A，E，I，O，U 和声母 S，并各自独立排列，把两个和两个以上的字母姓氏的连音有系统地排列成行，使用所代表的号码。但由于 E，I，O，U 的姓氏不多，它们的号码只用两位数。例如：

111Aa	11Ea	11Ia	11Oa	11Ua
112Aal	12Eam	12Ib	12Ob	12Uo
113Aar	13Eas	13Ibn	13Obr	13Ube
114Aars	14Eat	14Ibr	14Obs	14Uber
115Aas	15Eb	15Ic	15Oc	15Ubi
116Aba	16Eber	16Ich	16Och	16Uc
117Abal	17Ec	17Ick	17Oco	17Uch
118Abar	18Ech	18Id	18Oconn	18Ud
119Abat	19Eck	19Ide	19Ocor	19Ude

二、使用方法

由于《卡特著者号码表》的规律性比较强，在编制技术上也比较讲究，所以使用起来是比较方便的。现将其使用方法分条说明如下：

1. 著者号码是由著者姓的第一个字母的连音组成的，如著者姓 Bacon，表上的连音也是 Bacon 著者号码便是 B129。

2. 如著者姓的连音在表中未完全刊载出，应以与其接近的前一个连音为著者号码，例如：著者姓 Rudman，而表中的连音只有

Rudi 916 和 Rudo 917，因此 Rudman 的著者号应取 Rudi 的号码 R 916。

3. 如著者的姓比较普遍，同姓的著者很多，在同姓连音的情况下，应加著者名字的第一个字母的连音，例如：著者姓名为 Franklin, M.，但与 Franklin 同连音的在表上共有 Franklin, H. 832, Franklin, M. 833, Franklin, S. 834 三个，所以 Franklin, M. 的著者号码为 F833。

4. 单姓双名的著者，当著者姓的连音相同时，再按著者第一名字（即本名）的连音决定著者号码，第二名字（即父名）不计。例如：著者姓名为 Foster, N. S.，在表上同 Foster 的连音接近的有：

Foster　　　　754
Foster, H.　　755
Foster, M.　　756
Foster, S.　　757
Foster, W　　758

因此 Foster, N. S 的著者号码为 F756。

5. 复姓著者按第一姓的连音决定著者号码，如第一姓与单姓著者的连音相同，而且不只一个时，再按第二姓的连音取号，例如：Curtis－Prior, P. B. 的著者号码为 C981，Lottem－Loyd, A. C. 的著者号码为 L884。

6. 著者姓前冠有接头词或冠词，如：McHale, De la Roche, DuMaurier, VanDyke, O´Casey 等作为一字查表。例：Mchale 的著者号码为 478，Delaroche 的著者号码为 D339，Dumauriew 的著者号码为 D886 等。

7. 两人或两人以上的合著者，按第一著者姓的连音查表。查表的方法与单著者同。

8. 著者无从查考的书或以书名当著者的书，均以书名第一字（除冠词 A，An，The 等外）的连音查表。如书名第一字为数字，译

230

成正式文字后,再按字连音查表,例如:《Mother goose》一书的著者无从查考,按 Mother 一字查表,其著者号码为 M918。《3 Years in Tokyo》前有数字,译成英文 Three 以后再查表,其著者号码为 T531。

9. 凡系声母(除 S 外)为姓氏的第一字母,著者号码的代表字母只用一个(见以上各例);凡韵母"A"、"E"为著者姓氏首字母时,用第一与第二两个字母为著者号的代表字母,例如:Emerson, K. T. 的著者号码为 Em 53。

10. 凡韵母"I","O","U"与声母"X"开始的姓氏,通常仍只取一个字母。为了避免"I","O"两个字母与阿拉伯数字"1"、"0"混淆,在代表字母与号码之间加一短横"-"。例如 Osborn, F. 的著者号码为 O-81,Ibsen, H. 的著者号码为 I-12;Uhland, S. L. 的著者号码为 U31,U 与 31 之间不加短横。

11. 著者姓氏的首字母和第二字母为:Iw, Ix, Iy, Oo, Uu, Ss 与 Sx 等,一般不需要数字号码,仅以两个字母来代表著者号码。

12. 个人传记图书按被传者姓氏的连音查表,并在著者号码后加写作人姓氏第一字母。例如:G. Williams 的《Life and Works of Lu Hsun》一书的著者号码为 L926 W。

13. 机关团体著者按机构名称第一字母的连音查表,例如:American Chemical Society 的著者号码为 A512。

14. 同类同著者而书名不同,或书同而版本不同,在著者号码后面加书名首字母或版次号。但关于这个问题,各馆常常有自己的特殊规定。

三、简短评论

《卡特著者号码表》对姓氏研究比较充分,特别是对于欧美的姓氏了解得更为全面、深入一些,因此号码配备得比较合理。长期的实践证明,除了少数姓氏外,大部分都能适应客观的需要。在组织结构方面、做到整齐清晰、易检易用,因此不仅受到国际图书馆界的赞扬,而且成为各国编制著者号码表的楷模。

但是也存在一些问题,最主要的是机关团体著者号码没有解决好,因此像 International,American,Chinese 等的号码分配得过少,从而引起附加号过多,使索书号冗长,对馆员管理图书和读者利用目录都产生一定困难。如果今后能根据实际情况,设立一些机关团体的专号,那是很有必要的。

第六节　俄文三位数著者号码表

俄文著者号码表,一般通行的有苏联哈芙金娜(Л. В. Хавкина)所编的两位及三位数著者号码表。

哈芙金娜从 1916 年开始编制,其后再版过多次。例如:两位数著者号码表曾于 1951 年出了第十七版,1953 年出了第十八版。三位数著者号码表再版的次数少一些,1940 年版是哈芙金娜生前的最后一版。

这里介绍的《俄文三位数著者号码表》是陈国英、何兆莲根据全苏图书局出版社 1954 年出版的《Трех – Значные авторские таблицы》译出的。译本已由中华书局于 1957 年公开出版。这次出版的《俄文三位数著者号码表》与前一版(即 1940 年版)有着很大的不同。

这一版的校订和修订工作,都是由 Ю. В. 格里戈利耶夫进行的。附录"著者号码表的实质"和"著者号码表使用规则"也是由他来写的。

一、编制方法

俄文著者号码表的编制方法,是把最常见的姓氏和书名的第一个音节,按俄文字母顺序排列,并以一对字母为一组,例如:以第一个字母 A 和第二个字母 Б 为第一组,第三个字母 B 和第四个字母 Г 为第二组,余类推。每组分为左右两行,每行分别列出本字母的常用姓氏音节,然后共同使用它们中间的号码。两位数著者号码表从 11 排至 99,而三位数著者号码表是从 111 排至 999。可是三位数字著者号码表与两位数字著者号码表是一致的,因为三位数字著者号码表是两位数字著者号码表的进一步扩展。例如:

Ул	47		Уль	51
Ули	48		Ульн	511
Уло	49		Ульп	512
Улы	50		Ульр	513
Уль	51		Ульс	514
			Ульт	515
Ум	52		Улья	516
			Ульяно	517
			Ульянс	518
			Уля	519
			Ум	52

　　本著者号码表共分为十四组,每组的排列都是以纵向排。例如:

А	11	Б
А. В.	111	Б. В.
А. Е.	112	Б. Е.
А. И.	113	Б. И.
А. Л.	114	Б. Л.
А. Н.	115	Б. Н.
А. П.	116	Б. П.
А. С.	117	Б. С.
А. Ф.	118	Б. Ф.

А. Я.	119	Б. Я.
Аа	12	Ба
Аак	121	Бабан
Аал	122	Бабая
Аам	123	Бабе
Аан	124	Бабен
Аап	125	Баби
Аар	126	Бабк
Ааро	127	Бабо
Аах	128	Бабс
Ааш	129	Бабу

因俄文图书很少有以 ъ、ы、ь 开始的字,所以本表不包括这三个字母。

二、使用方法

1. 著者号码是由字母与两位数字或三位数字组成的。例如:

Гуртовой, Г. К. 的著者号码为 Г957;

Камелин, Р. В. 的著者号码为 K181;

Григолюк,Э. И. 的著者号码为 Г83。

2. 著者号码的字母和数字之间一般不加任何符号。但字母"Э","О","Ч"例外,因为这三个字母和数字"3"、"0"、"4"很相似,容易混淆。在这种情况下,就需要在字母和数字之间加一短横"-",以免把著者号码误认为四位数。例如:应写为:О-838、Э-328、Ч-541,而不能写成 О838、Э328、Ч541。

3. 著者号码照例是根据图书在目录卡片上的著录标目来确定。这就是,如果图书以著者为著录标目,它的著者号码就根据著者的姓氏来确定。例如:

Климык，А. У. ——К492；

Синюков，Н. С. ——С388。

如果图书以书名为著录标目,它的著者号码就按照书名来确定。例如：

Вероятностные распределния в бесконечномерых пространствах(无穷维空间的概率分配)——В355；

Краевые задачи математической физияи(数学物理学的边值问题)——К774。

4. 如果遇到一个外国著者的姓氏被拼为不同的俄文字母时,应使用其著作中最常见的译名,在不能确定时,可利用《苏联大百科全书》或《苏联小百科全书》进行查考。例如：

Зола 和 Золя,以 Зола 取著者号码为 3－79，

Брем 和 Брэм,以 Брем 取著者号码为 Б877。

5. 如果遇到一个姓氏有不同的拼音时,也应利用《苏联大百科全书》或《苏联小百科全书》等工具书进行查考,以确定其标准的拼音。例如：

Кропоткин 和 Крапоткин,以 Кропоткин 为标准,其著者号码为 К835；

Баратынский 和 Боратынский,以 Баратынский 为标准,其著者号码为 Б244。

6. 由于著者号码表里没有规定出字母 Ы,Й,Ъ 的著者号码,因此,如果遇到以 Ы 为开头字母的著者姓氏,那就以 Ы 一个字母作为著者号码;如果遇到以 Й 为开头字母的著者姓氏,那就以 И 代替,例如;Йориш 的著者号码是 И756(等于音节 Иор);如果单字中以省略符号(')来代替硬音符号时,仍按硬音符号 Ъ 给予著者号码,例如:С'езд 的著者号码为 С'94(等于音节 Съе)。

7. 如果本表内没有符合所取姓氏(或书名首字)的音节时,可按照它前面最接近的音节给予著者号码。例如:确定一下

Савинцев 的著者号码。在著者号码表内字母 С 里与 Савинцев 这一姓氏的音节最相近的有：

Сави	13	Тав
Савинс	131	Таво
Савинь	132	Тавр
Савиц	133	Таг
Савич	134	Таги

从表内可以看出，完全符合 Савинцев 的音节 Савинц 是没有的。与它最相近的音节是：

Савинс	131
Савинь	132

显然，Савинц 这一组字母是在 Савинс 和 Савинв 这两组字母的中间，因为按照字母顺序 Савинцев 应列在 Савинс 的后面和 Савинв 的前面，所以，Савинцев 的著者号码根据它前面的音节应该是 С131。如果把 Савинцев 的著者号码定为 С132，那就错了，因为这样就会破坏字母的顺序。

8. 本表个人著者号码是为了标明马克思列宁主义经典作家的著作而规定的。例如：

Маркс, К.	М27
Энгельс, Ф.	Э63
Ленив. В. И.	Л45
Сталин. И. В.	С76

因此这些号码不能给其他著者使用。如其他著者的姓氏和这些个人著者号码的姓氏相重，或起首字母相同时，亦可使用这些个人著者号码，但必须在后面加上数目字 0。例如：

Сталин, И. В.	С76
Сталинградский, С.	С760
Сталив, К.	С760

9. 对于复姓著者,应按复姓的第一部分给予著者号码。例如:

Степняк – Кравчинский, С. М.　　　С795

Новиков – Прибой, Н. С.　　　　Н73

10. 凡是两个或三个著者合著的图书,可按照第一个著者的姓氏给予著者号码,其余著者可不管。例如 Жоголев, Д. А. 和 Волков, В. Б. 合著《Методы, алгоритмы и программы для квантово – химических расчетов молекул》一书的著者号码应以 Жоголев, Д. А. 去取,结果是 Ж783。

11. 凡某种书的著者姓名是用简写的名字和父名,如果著录时不予使用,而是以书名作为著录标目者,其著者号应以书名取。例如:Л. У. 著的《Как ваше имя》(你的名字是什么)一书的著者号码为 К16。

如果本馆著录条例与上述不同,即是说以简写的名字和父名作为著录标目者,亦可以简写的名字和父名取著者号码。例如:上述图书的著者号码就改为 Л117。

12. 关于翻译书籍的著者号码的取法比较复杂,现分述如下:

(1)凡书上记载俄译的全部姓名(即不省略)时,按照该原著者的姓氏决定其著者号码。例如:Матин Андерсен Нексе (Нексе, М. А.)的著者号码为 Н486;Жюлв Верн (Верн, Ж.)的著者号码为 В35。

(2)复姓中间有连结符号" – "时,按照前一个姓氏决定其著者号码。例如:Артур Конан – Дойлв(Конан – Дойлв, А.)的著者号码为 К64;Фрэнсис Брет – Гарт(Брет – Гарт, Ф.)著者号码为 Б877。

(3)中国和朝鲜著者的姓氏通常是放在本人名字的前面。在确定他们的著者号码时,可按书上刊印的顺序来给予。例如:

| Мао | Цзе – дун | М248 |
| Го | Мо – жо | Г57 |

Ким　　　　Ир Сен　　　　К40

（4）匈牙利著者原文的写法是先姓后名,例如:Petôfi Sandor。但译成俄文时,按照一般习惯已颠倒为 Шандор Петефи。因此匈牙利著者译名的著者号码可按通常办法给予。例如:

Шандор Петефн　　　П293

Матэ Залка　　　　3－237

Бела иллеш　　　　И441

（5）苏联出版的图书,如正文用俄文刊印,而书名页用外文刊印,那末必须把外文书名页上的著者或书名音译后再给予著者号码。

13. 在同一类中有两个以上的同姓著者时,在该著者号码后加上名字的第一个字母（大写）。例如:

Островский,А. Н.　　　О－777А

Островский,Н. А.　　　О－777Н

14. 如果著者是用笔名代替真实姓名时. 应根据下列情况取著者号码:

（1）如笔名与普通姓名相似,须按所用姓氏给予著者号码。例如:

Демьян Бедный（Бедный,Д. ）　　　Б383

Максим Горький（Горький,М. ）　　　М71

（2）如笔名是普遍名词,则按第一个词给予著者号码。例如:

Дедушка Тяп－Ляп　　　Д265

Дядя Михай　　　Д996

Старый рабочий　　　С776

（3）如一著者用两个以上的本名、别名时,则根据其通常使用的笔名或本名为准,决定统一的著者号码。

15. 凡匿名著作,可按书名首字确定著者号码。例如:Краткий философский словарь（简明哲学辞典)的著者号码为 К786;Русские

238

народные сказки(俄罗斯民间故事)的著者号码为 P893。

在同一类号内,如遇书名起首单词相同的匿名著作,可按首词先给予它们相同的著者号码,然后将第二个词的第一个字母(小写)附加于著者号码之后。例如:Пропаганда книг среди молодежи(在青年中宣传图书的工作)的著者号码为 П817к;Пропаганда лроизведений писателей пауреатов Сталинских премий(宣传斯大林奖金获得者的作品)的著者号码为 П817п。

16. 如果四个和四个以上著者合著的图书,是以书名为著录标目者,可按照书名首词来确定其著者号码。例如:Н. Н. Лужецкий,И. Г. Постнов,А. И. Семенов 和 С. Н. Заварзин 合著的《Линейный надсмотрщик городской телефонной сети》(城市电话网的线路监工)一书的著者号码为 A591。

17. 凡书名首词系前置词、连接词或否定小品词时,可按照书名的开头两个词来确定著者号码。例如:На высоких скоростях(在高速度中)(按音节 на в)的著者号码为 H121;На страже мира(保卫和平)(按音节 на с)的著者号码为 H127。

18. 凡有固定书名的文选和汇编,可按书名首词给予著者号码。例如,《Ленинградский альманах》(列宁格勒文选)的著者号码为 Л453。

19. 如书名的首词是以数字表示的数词,则按照数字的拼音给予著者号码。例如:500 игр и развлечений(五百种游戏)的著者号码为 П999。

20. 同类同著者的不同著作,应在相同著者号码之后加上各自书名的第一个字母(小写)。例如:

Новиков,А. С.　　Соленая купель　　　　H73с

Новиков,А. С.　　Цуеима　　　H73ц

Новиков,А. С.　　Подводники　　　　H73п

21. 按团体著者进行著录的书籍,其著者号码应按所著录的著录标目来确定。在同一类目中,如团体名称的首词相同时,可将第二个词的第一个字母(大写)附加在著者号码的后面。

22. 传记图书须依被传者取著者号码,并将作传者姓氏的起首字母(大写)附加在著者号码的后面。例如:Писаржевский, О. 著《Дмитрий Иванович Менделеев. 1834—1907》的著者号码为 M501П。

三、简短评论

哈芙金娜自从 1906 年仿照美国卡特著者号码表编制俄文图书著者号码表以来,很快就在苏联图书馆界的实际工作中得到了普遍使用,并为每个图书馆员所熟习。其原因是:第一,能根据图书著者出现的多寡率来编制,所以号码分配得比较均匀;第二,分别编有两位数和三位数著者号码表两种,既有区别,又有联系,适应了不同图书馆的要求;第三,自从图书馆采用了著者号码以后,既解决了同类图书的排架方法,使各种图书个别化、次第化,在书架上各得其所,取归十分便当;又解决了同类图书在分类目录中的组织方法,使每一款目个别化、次第化,给读者检索目录、收集资料提供了方便。但是此表也存在一些问题:第一,对于团体著者研究得不够深入,因此经常出现重号问题;第二,对各类图书实地调查不够,造成某些类目的图书比较臃肿,而某些类目的图书则比较稀少,浪费号码;第三,附加符号比较复杂,不容易记忆和排列。但总的说来,这部著者号码表是成功的。

第七节　植村长三郎的著者号码简明表

植村长三郎的《著者号码简明表》,简称《植村表》。它最初发表在 1928 年日本《图书馆研究》第一期上。我国北京图书馆东方语文编目组于 1957 年 8 月译印，1980 年 3 月在《北图通讯》第一期上加以介绍。

目前在日本通用的著者号码表还有两个，一个是《日本国会图书馆和汉图书著者号码表》(该馆专用表)，另一个是森清编制的《日本著者号码表》，但这两个表都是适用于日文藏书量较大的图书馆使用。因此，对于日文藏书量不大的我国各个图书馆来说，还是比较多地使用植村长三郎的《著者号码简明表》。

一、编制方法

这个表是根据美国《卡特著者号码表》的结构，采用日文假名和阿拉伯数字混合编制。全表分为三个部分，即：1. 简表；2. 附表；3. 详表。

简表把日本姓氏按日文假名归纳为五十音，然后每一假名配两位阿拉伯数字，如ア为 01，イ为 03，ウ为 05，エ为 07，オ为 09 等，其排列如下：

ア	カ	サ	タ	ナ	ハ	マ	ヤ	ラ	ワ
01	11	24	35	45	50	64	76	82	91
イ	キ	シ	チ	ニ	ヒ	ミ		リ	
03	15	27	37	46	54	68		85	
ウ	ク	ス	ツ	ヌ	フ	ム	ユ	ル	
05	17	29	40	47	55	70	78	87	
エ	ケ	セ	テ	ネ	ヘ	メ		レ	
07	19	31	43	48	56	71		88	
オ	コ	ソ	ト	ノ	ホ	モ	ヨ	ロ	ン
09	22	33	44	49	58	73	80	89	97

附表是辅助简表和详表的，其目的在于区分首二字母相同的著者。它是用 0 代表ア行，1 代表カ行，2 代表サ行，3 代表タ行，4 代表ナ行，5 代表ハ行，6 代表マ行，7 代表ヤ行，8 代表ラ行，9 代表ワ行，其排列如下：

0	1	2	3	4	5	6	7	8	9
ア	カ	サ	タ	ナ	ハ	マ	ヤ	ラ	ワ
イ	キ	シ	チ	ニ	ヒ	ミ		リ	
ウ	ク	ス	ツ	ヌ	フ	ム	ユ	ル	
エ	ケ	セ	テ	ネ	ヘ	メ		レ	
オ	コ	ソ	ト	ノ	ホ	モ	ヨ	ロ	ン

　　详表共分为十组,是在简表的基础上展开的。第一组是ア行,第二组是カ行,第三组是サ行,第四组是タ行,第五组是ナ行,第六组是ハ行,第七组是マ行,第八组是ヤ行,第九组是ラ行,第十组是ワ行。每行都根据五十音配以两个假名,然后共用两位阿拉伯数字。现举第一组(ア行)和第二组(カ行)的排列表如下:

ア	イ	ウ	エ	オ		カ	キ	ク	ケ	コ
アア 01 イア	ウア 01 エア	オア 01				カア 01 キア	クア 01 クア	コア 01		
アイ 03 イイ	ウイ 03 エイ	オイ 03				カイ 03 キイ	クイ 03 ケイ	コイ 03		
アウ 05 イウ	ウウ 05 エウ	オウ 05				カウ 05 キウ	クウ 05 クウ	コウ 05		
アエ 07 イエ	ウエ 07 エエ	オエ 07				カエ 07 キエ	クエ 07 ケエ	コエ 07		
アオ 09 イオ	ウオ 09 エオ	オオ 09				カオ 09 キオ	クオ 09 ケオ	コオ 09		
アカ 11 イカ	ウカ 11 エカ	オカ 11				カカ 11 キカ	クカ 11 ケカ	コカ 11		
アキ 15 イキ	ウキ 15 エキ	オキ 15				カキ 15 キキ	クキ 15 ケキ	コキ 15		
アク 17 イク	ウク 17 エク	オク 17				カク 17 キク	クク 17 ケク	コク 17		
アケ 19 イケ	ウケ 19 エケ	オケ 19				カケ 19 キケ	クケ 19 ケケ	コケ 19		
アコ 22 イコ	ウコ 22 エコ	オコ 22				カコ 22 キコ	クコ 22 ケコ	ココ 22		
アサ 24 イサ	ウサ 24 エサ	オサ 24				カサ 24 キサ	クサ 24 ケサ	コサ 24		
アシ 27 イシ	ウシ 27 エシ	オシ 27				カシ 27 キシ	カシ 27 ケシ	コシ 27		

二、使用方法

　　1 著者号码是取著者姓氏头两个假名,在详表上查出他们的代表数字,再冠以第一个假名即可。例如:植村(ウエムテ),查详表ウエ得07,再冠以第一个假名而成ウ07,这就是植村的著者号。

　　2. 同类图书中,如遇著者姓氏头两个假名相同的不同著者,除了在详表上查出著者姓氏的著者号码外,还依次应用附表的号码作出区分。例如：

村植长三郎的著者号码为ウ07

植物重远的著者号码为ウ076（第三个假名ム属于マ行，マ行区分号为6）

植村定沼郎的著者号码为ウ078（第三个假名ム已用过，故取第四个假名ラ，ラ行区分号为8）

3. 编著者为团体机关时，以团体机关头两个假名取号。例如：

エポキシ树脂研究会的著者号码为エ58；

机械学会的著者号码为キ11；

历史学会的著者号码为レ15。

4, 编著者姓氏或团体名称首字为长音时按如下方法给号。

（1）汉字遵循现代日语读法，如"大"字头两个假名代号为09，"高"、"东"等字的头两个假名代号为05；

（2）外来语的长音符号"－"则不予考虑，取号时，以长音符号前后两个假名为依据。例如：

大沼的著者号码为オ09；

东洋经济新报社的著者号码为ト05；

高分子学会的著者号码为コ05；

シート的著者号码为シ44；

レーニン的著者号码为レ46。

5. 中国及朝鲜著者著作的日译本，其著者姓氏按日文汉字读音给号。其他外国人的姓氏均按假名拼音给号。例如：

毛泽东的著者号码为モ05；

金日成的著者号码为キ97；

マルクス（马克思）的著者号码为マ87；

スーノ（斯诺）的著者号码为ス49；

ホーチシン（胡志明）的著者号码为ホ37。

6. 无法查考编著者或团体机关名称时，按书名取著者号码。

7.同类同著者而书名不同时,在著者号码后面另加书名的首字假名区分。书名首字为汉字时,按习惯读音(音读或训读)取假名;书名首字为拉丁字母时按其日文拼音取假名。例如:

G25*　　　　　小图书馆管理
イ64　　　　　今沢慈海著

G25　　　　　图书馆管理
イ64卜　　　　今沢慈海著

G22 – 54　　　テジオ年鉴
二40　　　　　日本放送协会编

G22 – 54　　　NHK 年鉴
二40エ　　　　日本放送协会编

8.同类同著者的图书而译者不同时,不管书名相同与否,均按译者区分,在著者号码后面加一短横"–",然后根据详表把译者姓氏的头两个假名的代号加上去。例如:

I242.4　　　　三国志通俗演义
ラ11　　　　　罗贯中著　小川环树、武部利男合译

I242.4　　　　三国演义
ラ11 –35　　　罗贯中著　立间祥介译

9.同类同著者的一种图书而版次不同,内容也有所增减时,应按版次区分,在著者号后面加·1、·2……等。增订、修订、改订图书情况亦相同。例如:

I25　　　　　图书馆经营の理论及び实际
イ64　　　　　今沢慈海著　180 页

I25　　　　　图书馆经营の理论及び实际

イ64・3　　　　今沢慈海著　第三次改訂版250页

10.同类同著者同书名的图书,而出版者不同时,应以出版者区分,在著者号码后面加01、02、03等出版者区分号。例如:

I313.4　　　静かなる山山
卜17　　　　　　德永直著　沈阳民主新闻社

I313.4　　　静かなる山山
卜1701　　　　　德永直著　苍树社

I313.4　　　静かなる山山
卜1702　　　　　德永直著　岩崎书店

11.个人传记图书先按被传者给号,再给作传者姓氏第一个假名代号,中间用"＝"符号连接表示。例如,理论社编辑部编的《德田球一传》的著者号码为卜17＝85。

12.各种区分号的排列顺序如下:

カ11

カ11・1(版次区分)

カ1101(出版者区分)

カ11—11(译者区分)

カ11シ(书名区分)

三、简短评论

此表的特点是:1.结构简单;2.体例清楚;3 使用方便。但对收藏日文书数量多的大馆不敷应用,而且由于以日语读音取假名的代号,对于不会日语或懂得日语不多的馆员和读者来说,会产生一些困难。

参考文献

黄俊贵:"同类图书排列问题探讨"《图书馆工作与研究》 1980 年 3

期 4 – 8 页。

天津市图书馆学会《图书馆工作与研究》编辑委员会："关于同类图书区
　　分的方法"《图书馆工作与研究》 1980 年 2 期 33 – 36 页。

李修宇、茅振芳："著者号,还是种次号"《图书馆工作》 1978 年 2 期
　　23 – 27 页。

李修宇、茅振芳："论汉语拼音著者号码表的编制问题"《黑龙江图书
　　馆》 1979 年 1 – 2 期 42 – 54 页。

夏镇："介绍一种汉语拼音字母编制的著者号"《图书馆工作》 1976
　　年 4 期 17 – 20 页。

刘经宇、王盛茂、邓清林："也谈种次号和著者号"《黑龙江图书馆》
　　1979 年 3 期 38 – 43 页。

陈树年："使用种次号不能集中同类著者的书吗?"《陕西图书工作通
　　讯》 1978 年 9 月总 16 期。

俞军立："谈谈灵活编制种次号的两个问题"《陕西图书工作通讯》
　　1977 年 9 月第 14 期。

侯汉清："评种次号的改革"《陕西图书工作通讯》 1978 年 9 月总
　　16 期。

余葭生："谈谈著者号和种次号"《陕西图书工作通讯》 1979 年总 18
　　– 19 期 37 页。

王芊："北京图书馆中文新书为什么采用种次号? 使用效果怎么样?"
　　《北图通讯》 1980 年 1 期 41 页。

单柳溪："建议使用'一角号码著者号'"《图书馆工作与研究》 1979
　　年 3 期 23 – 26 页。

莫作钦："关于统一著者号码表的设想"《图书馆通讯》 1980 年 1 期
　　64 – 66 页。

赵鑫虎："试论著者号码的方向和道路"《新疆图书馆学会会刊》
　　1980 年创刊号 48 – 50 页。

金拯："同类书按出版年月排列的粗浅体会"《新疆图书馆学会会刊》
　　1980 年创刊号 43 – 47 页。

北京图书馆东方语文编目组："植村长三郎的《著者号码简明表》和几点
　　说明"《北图通讯》 1980 年 1 期 31 – 35 页。

夏勇:"关于书次号问题"《图书馆工作》 1978 年 3 期 29 – 32 页。

罗宇华:"也谈种次号"《图书馆工作》 1978 年 3 期 33 – 34 页。

王耘庄:"毛泽东思想著者号码法"《浙江省图书馆通讯》 1951 年 8 月 2 卷 8 期 10 – 12 页。

金天游:"索书号码的组成"《浙江省立图书馆通讯》 1951 年 11 月 2 卷 1 期 17 – 18 页。

杜定友:"简易著者号码编制法"《浙江省立图书馆通讯》 1952 年 1 月 3 卷 1 期 3 – 5 页。

杜定友:"小数点与著者码——图书馆学上的学院派思想底初步检讨"《浙江省立图书馆通讯》 1952 年 6 月 3 卷 2 期 2 – 3 页。

金天游:"对于《图书分类》(初稿)所提出改革著者号码地位这一号码的补充说明"《浙江图书馆刊》 1954 年 2 期 103 页 – 106 页。

张凤:"用'形数检字法'编著者号码的试验"《浙江省立图书馆通讯》 1952 年 11 月 3 卷 7 期 23 – 24 页。

李元逊:"关于中文编目取著者号的问题"《中国科学院图书馆通讯》 1960 年 4 月 4 期 16 – 17 页。

有光:"字母编号法"《语文知识》 1955 年 3 月 47 页。

杜定友:"拉丁化著者码编制法"《语文知识》 1955 年 3 月 44 页。

杜定友:"汉语拼音方案对图书馆解决了三大问题"《拼音》 1957 年 3 月 1 – 3 页。

高敏学:"怎样用汉语拼音字母编制图书作者号码"《拼音》 1957 年 5 月 11 页 – 13 页。

汪家熔:"编订'中国著者拼音排列表'的计划"《图书馆学通讯》 1957 年 11 月 4 – 5 期合刊 67 页。

高敏学:"汉字拼音图书著者号码表及使用法"《中国科学院图书馆通讯》 1958 年 6 月 6 期 4 – 9 页。

马仪:"汉语拼音字母公布后想到的几个问题"《中国科学院图书馆通讯》 1958 年 4 月 4 期 5 – 6 页。

蒋完奎:"介绍一种简明的著者号码表——汉语拼音著者号码表"《中国科学院图书馆通讯》 1959 年 7 月 7 期 11 – 13 页。

Wei Li:"对于汉语拼音著者号码表两种编制方法的商榷"《图书馆学

通讯》 1960 年 3 月 3 期 35 – 39 页。

汪家熔:"查号法汉语拼音著者号码表是今后的方向" 《图书馆学通
讯》 1960 年 3 月 3 期 37 – 39 页。

北京图书馆科学方法研究部:"汉语拼音著者号码表座谈会纪要" 《图
书馆学通讯》 1960 年 3 月 3 期 32 – 34 页。

桥梁:"略论汉语拼音著者号码表" 《图书馆学通讯》 1960 年 3 月 3
期 41 – 43 页。

朽予:"'字音制'纯数字汉语拼音著者号码法(表)初探" 《图书馆》
1962 年 9 月 3 期 18 – 20 页;12 月 4 期 25 – 28 页。

桥梁:"利用拼音字母编制著者号码" 《文字改革》 1965 年 7 月 7 期
9 页。

陈真:"什么是书次号? 什么是区分号" 《图书馆工作》 1957 年 1 月
1 期 20 页。

王勖:"关于使用中小型图书馆图书分类法草案的书次号码(著者号码)
的意见" 《图书馆工作》 1957 年 11 月 11 期 44 – 46 页。

蒋完奎:"灵活运用著者号,提高分编质量" 《图书馆》 1963 年 12 月
4 期 67 – 68 页。

黄初:"关于俄文著者号码问题" 《浙江图书馆通讯》 1950 年 11 月 5
期 20 页。

查启森:"试论书次号的地位与作用" 《四川图书馆》 1978 年 11 月
11 期 91 – 96 页。

查启森:"谈书次号——关于改进种次号的设想" 《四川图书馆》
1976 年 8 期。

北京图书馆东方语文编目组译印: 《日本植村长三郎著者号码表》
1957 年。

哈芙金娜,A. Б. 著. 陈国英、何兆莲译: 《俄文三位数著者号码表》 北
京 中华书局 1957 年。

第十六章　图书分类目录和图书分类排架

图书分类在图书馆工作中的直接应用是组织图书分类目录和实行图书分类排架。现分别叙述如后。

第一节　图书分类目录

一、分类目录的意义和作用

分类目录是从学科知识门类方面来揭示图书馆藏书内容,按照所采用的图书分类法体系组织起来的目录。

在目录体系中,分类目录是主导目录,因为:

1. 能最好地反映出藏书的系统性与完整性

分类目录是根据知识门类系统地组织起来的,大部、大类、中类、小类,层层隶属,逐级展开,既便于读者研究某一学术领域内的全部问题,也便于研究从属于某一学科的局部问题。从分类目录的整个结构来看,它既能够反映某一学科的上下之间的关系,又能够显示出学科之间的亲疏关系,而且还能够了解某一学科发展的大概情形以及图书馆都收藏了哪些知识门类的图书。因而反映出藏书的系统性与完整性,这是著者目录、书名目录,甚至主题目录都所不及的。

2. 能最好地揭示图书的本质

图书是按着它的本质属性归类的。书的内容所涉及的学科性质是其本质属性,作为图书归类的依据。反过来,根据图书之本质属性组织起来的分类目录是能最好地揭示图书的内容实质的。一些书名比较含糊不清的图书,就书名来看,在字顺目录中一下子还不容易看出该书的内容实质,但该书被列入分类目录中的某一门类之后,则比较容易了解该书所涉及的内容是什么。

3. 能最好地体现出事物客观发展的概貌

图书分类目录是根据图书分类体系组织起来的,而图书分类又是以科学分类为基础形成的。不管图书分类也好,科学分类也好,在其类目的设置及其相互的关系方面,都表明不同立场观点的人们对自然科学和社会科学的看法。但是自然规律和社会发展规律总是不随人们的意志而转移的,根据社会主义图书分类法所编制的分类目录能最好地体现出事物发展的客观实际。

4. 能最好地对读者进行阅读指导

分类目录的结构是根据以马克思列宁主义、毛泽东思想为指导的图书分类体系组织起来的。马克思列宁主义经典著作在分类目录中不仅作为一个大类位于其他各类之首,并在各类中首先反映。而且在每一知识门类里,能够向读者揭示哪些是优秀著作,哪些是一般著作,哪些是反动著作,这对读者来说,就具有宣传图书、指导阅读的作用。

5. 能最好地为图书情报人员服务

分类目录在图书情报工作中的作用是多方面的。因为通过分类目录可以了解:

(1)某一学科都有一些什么图书,这些图书是什么人写的,有些什么版本;

(2)某一学科都研究什么重要问题,和另一些学科有什么关系;

（3）某一学科中，某人有些什么著作。

这样，采访工作可以通过分类目录研究藏书成分，有助于今后有重点、有系统地补充图书；分类工作可以通过分类目录了解各类过去都有过什么图书，这些图书又是怎么样分的，从而帮助类分图书的准确性和一致性；读者服务工作可以按类熟悉图书馆藏书，有助于今后有计划地宣传图书、推荐图书和指导阅读；情报研究工作也可以通过分类目录了解这个学科的历史、现状和发展。此外，在清点藏书、参考咨询和编制书目等工作中，分类目录也都起着一定的作用，所以说分类目录是能最好地为图书情报人员服务的必不可少的工具。

但是分类目录也不是万能的。首先它是受着分类体系的制约，不可能把分散在属于各门不同学科中的同一事物或同一问题的图书资料集中在一起，这是分类目录最大的不足；其次是对于不熟悉图书分类体系的读者来说，也就不能发挥它的作用。所以分类目录也需要其他目录，如主题目录、著者目录、书名目录等来补充。

二、分类目录的组成和结构

分类目录是由分类款目、分类互见款目、分类分析款目、类目参照片和指导片组成。由于目前图书馆大都采用卡片编制分类目录，因此分类款目又称分类卡片，分类互见款目又称分类互见卡片，分类分析款目又称分类分析卡片等。

所谓分类款目，就是著录有分类号的普通款目，如图：

```
44.654    青年运动回忆录——五四运动专集(2)
552.1
     :2      肖三   等编   北京   中国青年出版社
        1979 年 5 月
            312 页   32 开   0.60 元


                      ○
```

分类互见款目,就是在分类款目的基础上,将所要互见的分类号写在目录分类号的位置上即可。目录分类号的位置各馆有所不同,有的就在卡片右下角的完全分类号中,选择互见的类号画一红线,有的将互见类号写在卡片的右上角,有的将互见类号写在卡片的左下角,如下:

```
                                           52.54
86.21    结构力学
503
          清华大学建筑工程系编    北京    建筑工业
     出版社   1974 年
        507 页   1.60 元


52.54

                      ○              86.21 +52.54
```

但最好是写在卡片的右下角,以免混淆不清。

分类互见款目又称分类附加款目。这主要是指在同一种目录中重复反映同一种书的方法。原因是现代科学著作往往涉及多种学科的知识范围,而在类分图书时,一种书既可归入这一类,也可以归入另一类。在组织目录时,以主要的类号作为分类款目,以另一类号用附加办法在分类目录中进行反映。

所谓分类分析款目,是指在图书分类过程中,往往遇到有的书中的一部分材料对于另一门类更为重要。为了扩大图书的使用率,可以将这一部分材料分析出来,予以著录。这部分材料所归入的类目,对于该书的主要类目来说,就叫做分析类目。分类分析款目可以用书名分析款目代替,只将析出材料的分类号写在卡片的一定位置上。排入目录时按析出的分类号排,如下:

> 78.073　　机械工程手册
> 　406
>
> 　　　　哈尔滨电机研究所主编　北京　机械工业
> 出版社　1979 -
> 子目:
> ……
>
>
>
> 78.62　　第75篇
>
> 　　　　　　　　　　　　　　　　水轮机(试用本)
>
> 　　　　　　　　　　　　○
> 　　　　　　　　　　　　　　　　　　　　78.62

将78.62排入分类目录里,就成为分类分析款目。分类分析号一般写在左下角,必要时,再画一条红线。也可写在右下角完全分类号的位置上。但必须画一红线。

所谓类目参照,不是指对图书的直接著录,而是指引读者从这一类目去查阅另一类目,进而达到从各个方面都能检索到所需要的图书资料。这种方法还可以表明目录各个部分的相互联系和相互依赖,使同一目录内,类与类之间联成网络,构成一个具有内在联系的整体。

类目参照就其作用来说又可分为单纯参照、相互参照和一般参照。

1.单纯参照

单纯参照又称直接参照,它是由未被采用的号码指引到被采用的号码中去,检索所需要的图书资料。单纯参照的特点是用"见"字表示,在卡片上"见"字要写在第二直线右边缩进一字的位置,如下:

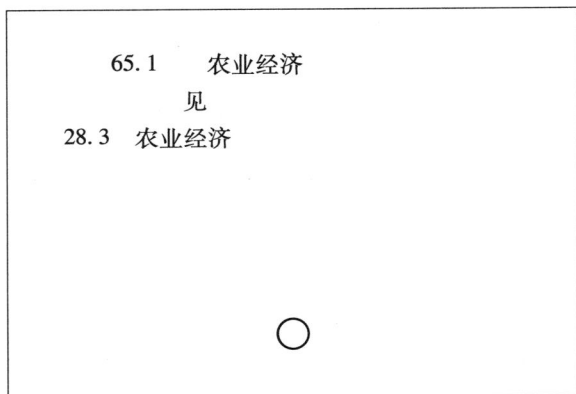

```
        65.1        农业经济
                 见
     28.3    农业经济




                    ○
```

2.相互参照

相互参照又称兼互参照。它是指引读者从这一类去参见另一类。原因是这两个类有着相互依存或相互交叉的关系。这在分类目录里用的最多。分类相互参照在图书分类表中常有注明。专业图书馆往往结合本专业的情况,即使分类表未注明参见类目,如果相关,也可作参见片,指引读者从各个方面去检索图书资料,如下:

```
┌────────────────────────────────────────┐
│                                        │
│        54    化  学                     │
│              参 见                      │
│     81  化 学 工 业                      │
│                                        │
│                                        │
│                                        │
│                                        │
│                                        │
│                  ◯                     │
│                                        │
└────────────────────────────────────────┘
```

3. 一般参照

　　一般参照又叫总括参照。凡类目的注释、分类规则中的一条通例,都可采用这种方法表示。其目的是指引读者按照说明去查阅目录。如果编制得法,可以大大提高目录的质量,给读者带来很多方便。一般参照片如下:

```
┌────────────────────────────────────────┐
│                                        │
│  78   机械工程、机器制造                  │
│         机器零件、机床、工具以及各种机械仪器的制 │
│      造方法入此。                        │
│         金属的一般加工方法入77。          │
│         电机及电器的制造入73.2。          │
│         火车、汽车、轮船、飞机等运输         │
│      工具的制造入87有关各类。             │
│                                        │
│                                        │
│                  ◯                     │
│                                        │
└────────────────────────────────────────┘
```

　　所谓指导片,又名指引卡,或简称导片、导卡,是指导读者使用目录的卡片。这种卡片大小与普通卡片相同,高度则较高约 1 厘米,而高于 7.5 厘米之处起,突出一高约 1 厘米的凸出部分,以备书写号码和类目之用。此凸出部分的长度有卡片全长之 1/2、1/3、1/4或 1/5 与较大于 1/2 的五种。因而指导片又可分为二分导片、三分导片、四分导片、五分导片和中位导片五种。各种指导片宜用不同的颜色区分开,而且纸质要求坚牢。

指导片的使用方法,各馆可以有所不同,例如:藏书数量多、分类目录卡片也多的图书馆就多用一些,反之,则少一些。现举导片的一般用途如下,其上所用的号码和类目皆引自《科图法》。

(1)大纲(五大部二十五大类)采用中位导片。例如:

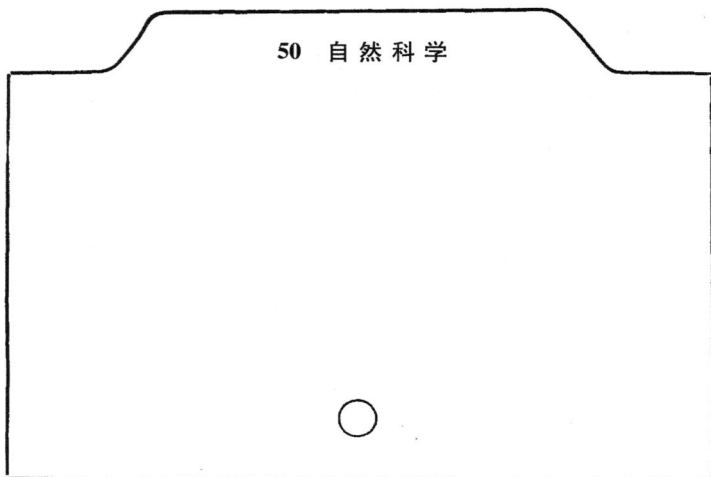

50　自　然　科　学

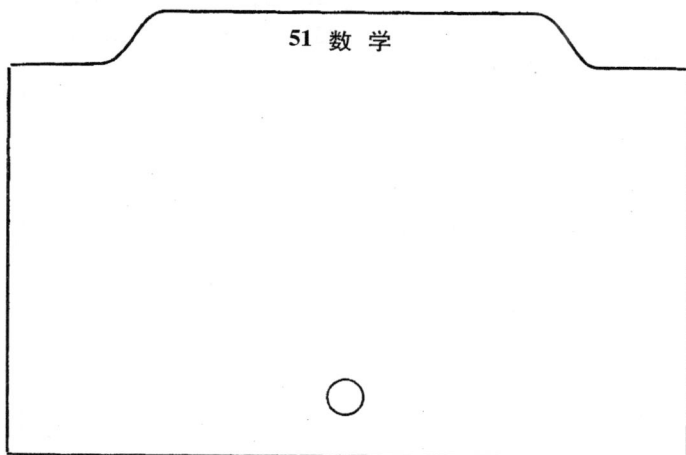

51 数 学

（2）第三级类目采用二分左位导片。例如：

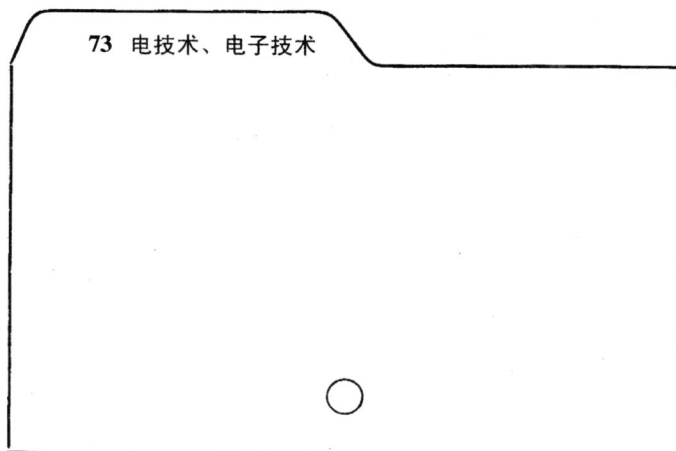

73 电技术、电子技术

（3）第四级类目采用二分右位导片。例如：

257

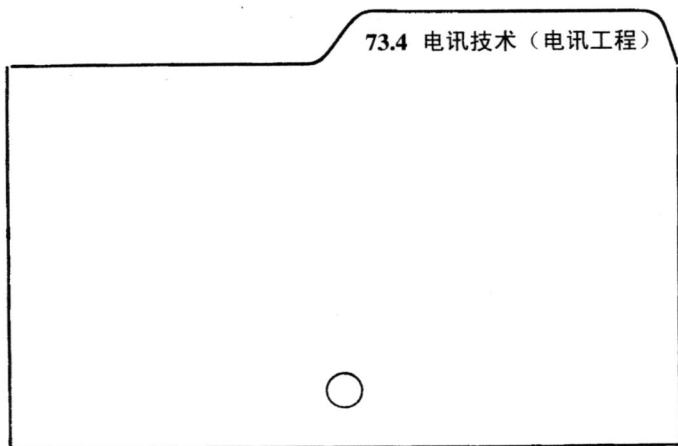

73.4 电讯技术（电讯工程）

(4)第五级类目采用三分一位导片(如果图书卡片不多,一般到这里就很少用)。例如:

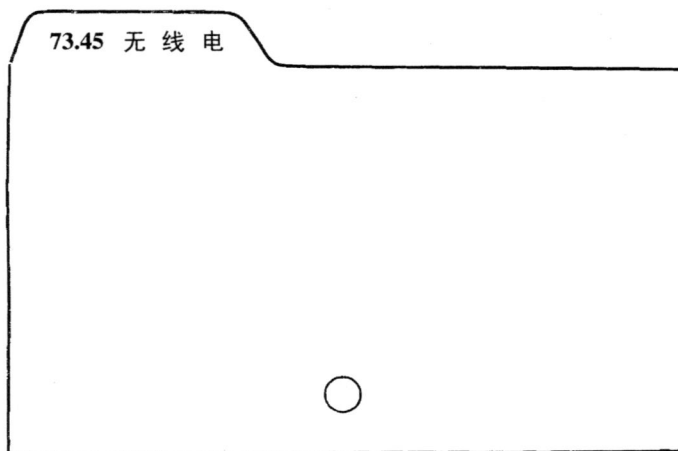

73.45 无 线 电

(5)第六级类目采用三分中位导片。例如:

73.458　无线电通讯

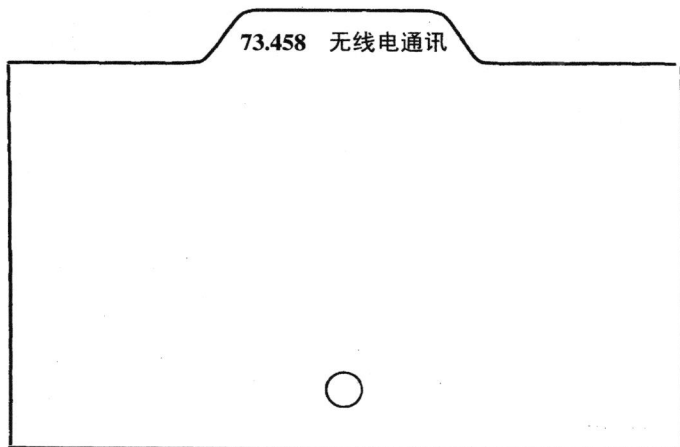

（6）第七级类目采用三分三位导片。例如：

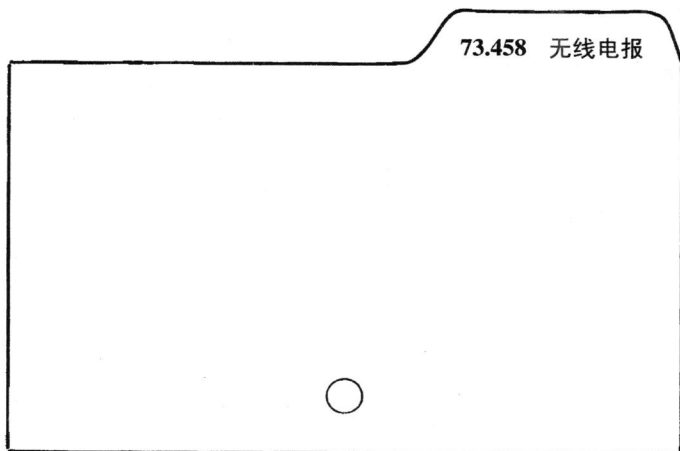

73.458　无线电报

（7）第八级类目及其以下，一律采用三分三位导片。例如：

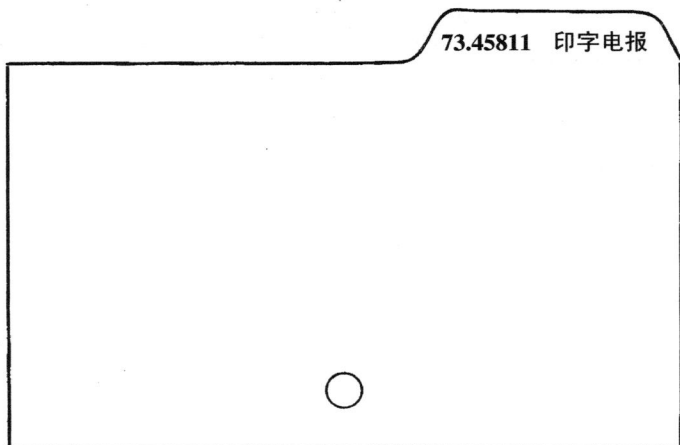

73.45811 印字电报

(8)普通参照可采用该类导片。参照事项直接写在导片上。例如：

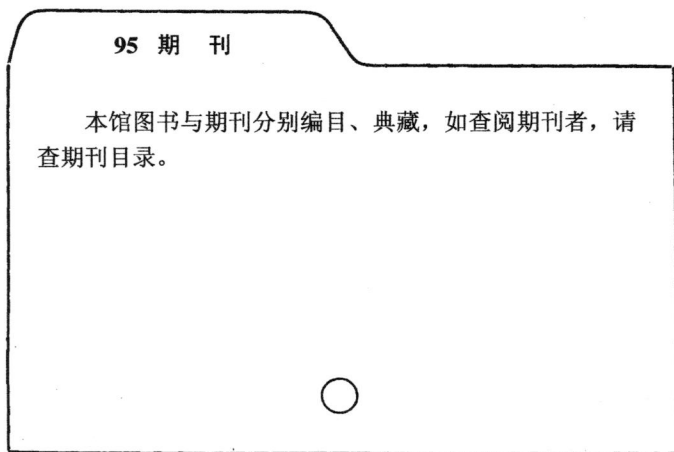

95 期 刊

本馆图书与期刊分别编目、典藏，如查阅期刊者，请查期刊目录。

也可采用普通卡片,但必须紧接排在同位类导片之后。例如：

```
┌─────────────────────────────────────┐
│ 93   词典                            │
│      综合性词典、名词、术语入此,专门性词典、名 │
│    词、术语分入有关各类。例如:物理学词典为    │
│    53.072。语言文字字典、词典入41语言文字。  │
│                                       │
│                                       │
│                  ◯                   │
│                                       │
└─────────────────────────────────────┘
```

(9)交替类目参照片,如"入"、"宜入"等采用的导片式样,根据类目的位置决定。参照事项直接写在导片上。例如:

```
┌──〔71.1〕 工 业 经 济 ─╲─────────────┐
│                                      │
│    关于工业经济的图书入29.2。            │
│                                      │
│                                      │
│                                      │
│                                      │
│                                      │
│                  ◯                  │
│                                      │
└──────────────────────────────────────┘
```

(10)宣传特别著名的图书和介绍著名作者时,可采用红色中位导片,排在所宣传图书卡片之前。例如:

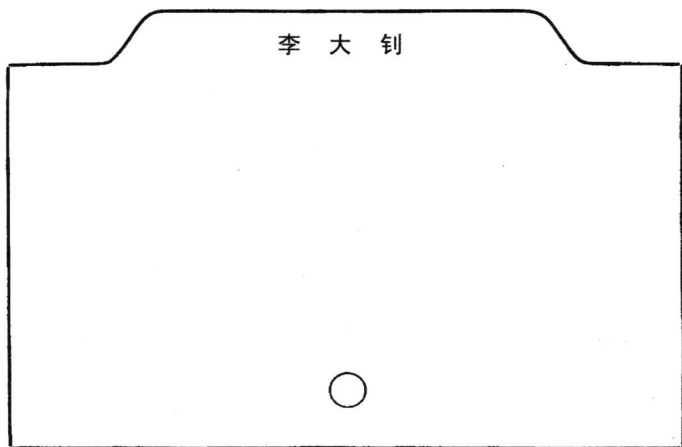

（11）同类图书卡片中，如某个人的著作较多时，特别是哲学家、文学家，应为他作个人姓名导片，导片式样根据具体情况而定。最好是交叉使用，以免相互遮蔽。例如：

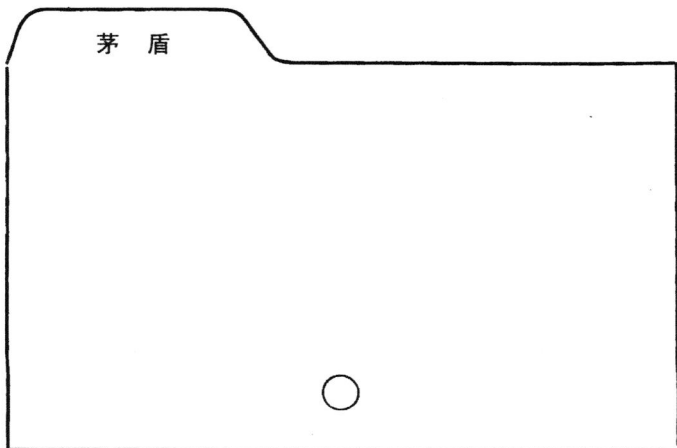

262

曹 禺

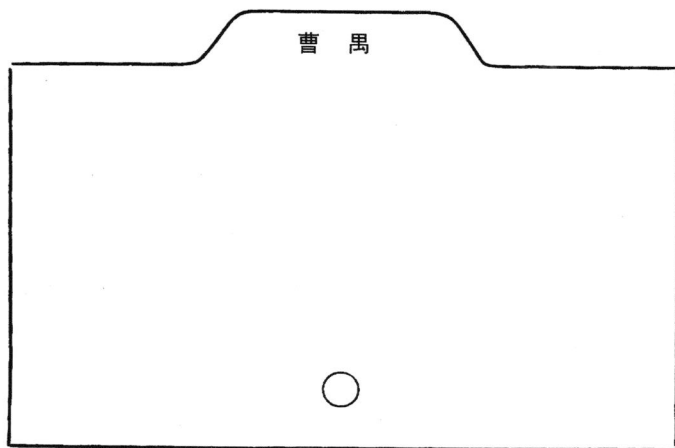

（12）同类图书卡片很多，而又不适宜做个人姓名导片时，应用五分导片对姓氏加以区分。俄文、西文分类目录可用姓氏第一个字母。例如：

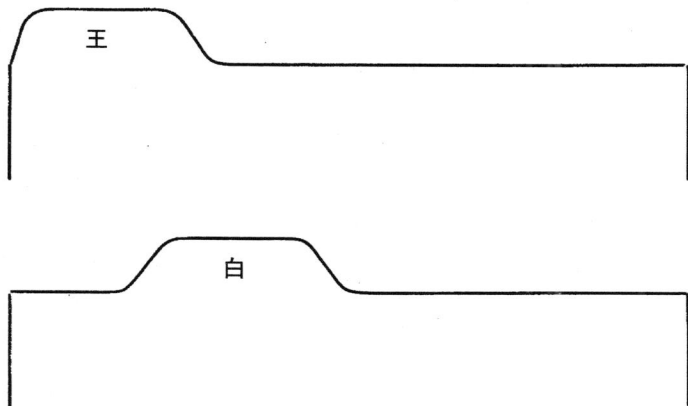

王

白

李

周

彭

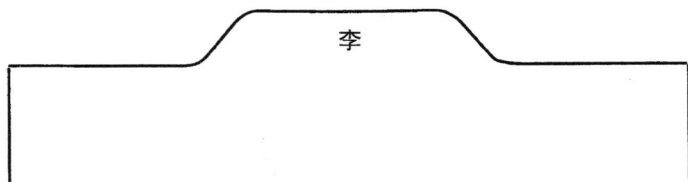

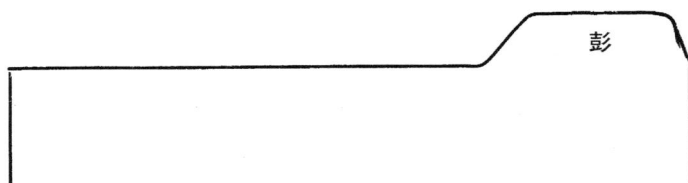

指导片的排列式样如下：

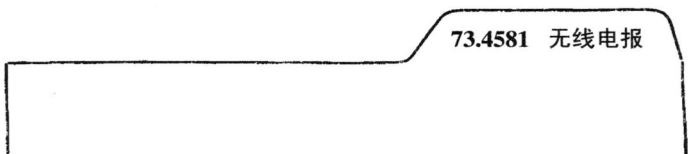

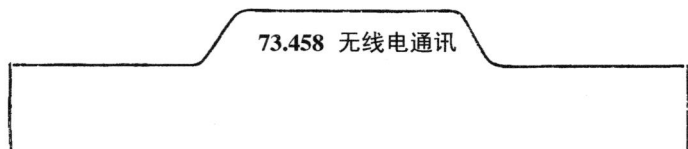

73.4581 无线电报

73.458 无线电通讯

264

73.45 无 线 电

73.4 电讯技术（电讯工程）

73 电技术、电子技术

71 技 术 科 学

50 自 然 科 学

指导片上所写的事项如下：

（1）导片上先写分类号，次写类目名称。例如：

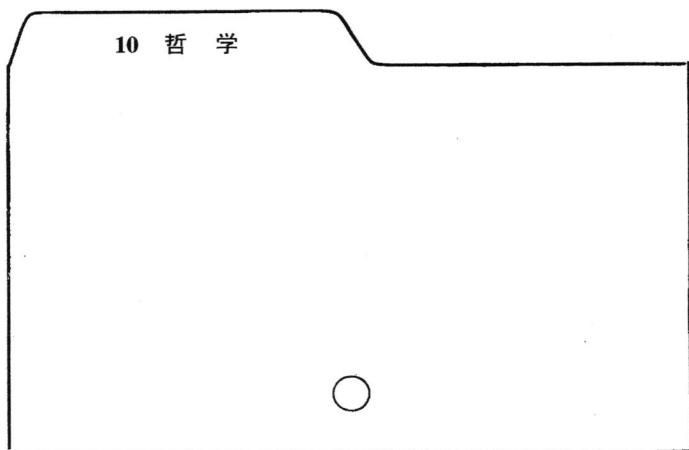

（2）西文、俄文分类目录的类目名称由中文和外文组合而成。先写中文，后写外文，外文类目首字母要大写。例如：

（3）导片下方可写本类所包括的主要类号和类目。例如：

266

```
72   力能学、动力工程

     主 要 类 目
72.1    电能学
  .3    原子能、原子能工程
  .5    热能学、热力工程
  .599  生物能学
  .6    地下热能学
  .7    水能学
  .8    风能学
  .9    太阳能学（日光能学）
```

（4）导片下方还可适当用作一般参照。

A. 指出本类图书的大概范围和归类标准。例如：

```
                10   哲   学

     总论自然、社会和思想的一般发展规律的著作入此；
关于一门学科的基本要领和基本理论的研究入有关各类。
例如：历史哲学为 21.03 。
```

B. 指出本类图书的排列方法。例如：

62.11　内　经

本类图书依著者时代排。

○

C. 对类目加以解释。例如：

53.815　等离子体物理

　　等离子体也叫等离子态或等离子区，是在高温下的高度电离化的气体。

○

D. 指出与本类关系密切的类目。例如：

78.53　蒸汽机

　　蒸汽机车入 87.172。
　　船舶蒸汽机入 87.565。

　　（5）一张导片记载不完时，可以再用一张导片续写，但第二张导片应裁去导片头。

　　分类目录的结构决定于图书馆所使用的图书分类法。图书分类法的体系表示着类目的顺序和从属关系。一个大部包括着几个大类，一个大类包括着许多小类，一个小类又包括着许多子目，一个子目还可以包括着一些更小的子目。这样层层推演，层层隶属，因而在类目的关系上表示图书内容的系统性。分类法的号码就是表示类目顺序的符号。所以组织分类目录的工作就是将各种款目依照目录分类号码（卡片上的目录分类号）排列起来。所谓目录分类号就是组织分类目录时据以排列卡片的分类号。这样，把分类号相同的卡片集中在一处，就形成分类目录中的一个类。

三、分类目录中的卡片排列法

　　在组织分类目录之前，首先碰到的问题有三个。

　　第一个问题是各种文字的图书分类目录是集中组织成一套，

还是分别组织成几套。集中组织成一套的好处是方便读者,特别是掌握多种语言文字的读者了解本门学科国内外都有哪些著作,从而掌握科研动态,了解趋势。但组织起来比较麻烦,特别是对大型图书馆来说更为复杂一些,而且对广大读者也不习惯。所以集中组织成一套的图书馆不多,主要是一些专业研究机构图书馆。至于大多数图书馆都把本馆图书分类目录分为中文、日文、西文(包括所有拉丁文字)和俄文(包括所有斯拉夫文字)四套。每种文字的图书分类目录都由分类款目、分类互见款目、分类分析款目、类目参照片及指导片组成。

第二个问题是各种类型图书,例如:一般图书、期刊、会议录、视听资料等是统一组织分类目录,还是分别组织分类目录。过去,在期刊、会议录、视听资料数量较少的情况下,一般都是统一组织,这也很方便读者按类检索,在同一类里找到各方面的资料。但近年来由于"文献爆炸",各种类型的图书资料都大量出版,分类目录越来越庞大,因此有不少图书馆,特别是一些大型的图书馆和情报所文献馆则采取按照图书资料类型区分分类目录的办法,即将分类目录区分为:图书分类目录、期刊分类目录、会议录分类目录、视听资料分类目录等。这对专门寻找某种类型图书资料的读者来说是比较方便的,但对寻找某一专题图书资料的读者来说则是比较麻烦的,而且容易遗漏。

第三个问题是同类图书要不要分组排列。过去,在苏联图书馆经验的影响下,不少人主张同类图书之下先分组排列,即分为:1.马克思列宁主义经典著作;2.党和政府关于本类的政策、决议、命令与指示;3.共产党卓越活动家和政府领导人关于本类的著作;4.本类中科学奠基者的著作和其他优秀著作;5.本类一般著作;6.仅供批判研究或参考用的著作。现在看来,每类之下再分组排列已是不必要了。因为一方面,各种图书分类法的类目都分得比较详细,每类的图书不太多;另一方面,上述分组的内容,现行的图书

270

分类法,包括《中图法》、《科图法》、《人大法》等都已在"总类复分表"里反映,如需要区分,可以利用复分号码。所以各馆基本上都不采用这种分组办法了。

在解决上述三个问题之后,就可以研究卡片的排列办法了。

关于同类图书如何排列的理由,我们在上一章已经谈过。这里只谈谈分类目录卡片的具体排列方法。

1.所有卡片都按分类号码的顺序排列。首字相同者自然汇成一组;同组各字,再按大小顺序排,小的在前,大的在后。首字相同的号码,其第二、三字依照同样排列,余类推。例如:

01.1

01.2

01.3

02.3

11.5

13.1

13.21

13.25

13.252

27.1

32.2

如果是采用以拉丁字母和阿拉伯数字混合组成的分类号排列,如《中图法》、《中小型表》等则是先按字母顺序排,将同一字母的卡片集中在一起,同一字母的卡片再按同组的阿拉伯数大小顺序排列。例如:

A41

B52

B523

G603

G666

G668

TB45

TQ76

2. 同类图书的卡片按照著者号码的大小顺序排列。

（1）中、日文图书的卡片排列原则是按同位数字的大小顺序排，字字相比，小的在前，大的在后。例如：

44.5728　　太阳照在桑乾河上

103　　　　　　丁　玲著

44.5728　　林海雪原

220　　　　　　曲　波著

44.5728　　第二次握手

549　　　　　　张　扬著

（2）西文图书的卡片，先按拉丁字母顺序排，后按同位数字的大小顺序排。例如：

`52　　Barford，N. C.

B249　　Mechanics

52　　Barger，V.，and Olsson. M.

B251　　Classical mechanics

52　　Kibble，T. W. B.

K46　　Classical mechanics

（3）俄文图书的卡片，先按俄文字母顺序排，后按同位数字的大小顺序排。例如：

51.52　　Бахвалов，С. В.

Б30　　　　Аналитнческая геометрия

51.52　　Бескин，Н. М.

Б532　　　　　Курс аналитической геометриа для втузов

51.52　　　Лопшип, А. М.
Л778　　　　Аналитическая геометрия

3.同类、同著者号,但不同著者著的图书卡片,按下列办法排列。

(1)中、日文图书的卡片,按代表著者的区别号顺序排列。例如:

44.5728　　证　章
139.1　　　　　巴　人著

44.5728　　林　姐
139.2　　　　　巴　波著

(2)西、俄文图书的卡片,按著者姓名的字母顺序排列。例如:

47.2752　　Шишко, А.
Ш656　　　　Каменных дел мастер

47.2752　　Шишков, В. Я.
Ш656　　　　Емельян Пугачев

4.同类、同著者但不同书名的中、日文图书卡片,按代表著者号后的同著者不同书名之区别号顺序排列。例如:

43.734　　孔雀胆
427　　　　郭沫若著

43.734　　虎符
427－8　　　郭沫若著

5.同类、同著者、同书名的图书卡片,版次不同的,按版次的反纪年次序排列,即第二版排在第一版之前,原版排在修订版之后。例如:

51.6226　　多复变函数论中的典型域的调和分析

235（2）　　华罗庚著　1965 年　第二版

51.6226　多复变函数论中的典型域的调和分析

235　　华罗庚著　1958 年

Y

54.072　Bennett, Harry

B471（2）　Concise chemical and technical dictionary 2d, enl.
　　　　　　　ed. 1962

Y

54.072　Bennett, Harry

B471　　Concise chemical and technical dictionary　1947

6. 同类、同著者的不同图书的卡片,如果不是按著者姓名,而是按书名取著者号的,则按书名字顺排列。例如:

04.3　Ленин, В. И.

А771　　Апрельские тезисы

04.3　Ленин, В. И.

В748　　Вопросы строительства содиализма и коммунизма в
　　　　　СССР

04.3　Ленин, В. И.

Г866　　Грозяшая катастрофа и как с ней борогвся

7. 同类图书卡片过于庞杂,内容丰富,发生理论次序和著者号码次序有冲突,而又不宜于扩充分类号时,应该服从图书内容的理论次序,不死守著者号码次序,以便同一问题的图书卡片集中一处。

例如:"37.6447 著者号码"中有哈芙金娜的《俄文三位著者号码表》(中译本)、《俄文二位著者号码表》(中译本)、王凤彝的《中文笔划起笔著者号码表》、钱亚新的《著者拼音号码表》、万国鼎的《著者号码表》等的卡片,为了将俄文著者号码表、中文著者号码表适当集中,可以不按著者号码次序排列。

8. 一书之注释、书评、索引、目录、补编等应随原书之后排列。例:

Y

93　新知识辞典

269　　李　进等编辑　1950 年

Y

93　新知识辞典(续编)

269　　李　进等编辑　1953 年

C

9. 由外文翻译的图书,如有多种译本,应按译者姓名排列。例如:

02. 3　哲学的贫困

458　　　(德)马克思著,中共中央马克思、恩格斯、列宁、
　　　　　斯大林著作编译局译

(144)

02. 3　哲学之贫乏

458　　　(德)马克思著　许德珩译

(520)

10. 按年次、月次等出版的图书卡片,例如:政府工作汇编、法令汇编、天文历表和参考手册等按年代的顺序排列。例如:

Y

94　人民手册(1964)

111　　　大公报社编辑

(1964)

Y

94　人民手册(1965)

111　　　　大公报社编辑

（1965）

11.同类的传记图书卡片,先按被传人姓名排,再按作传人姓名排。例如;

50.4563　　爱迪生传

484　　　　（美)西蒙兹著　孙笔堃译

50.4563　　爱迪生传

484　　　　　伍况甫编译

12.一种书的各种不同注释本,依注释人的姓名排列。例如

13.141　　墨子

519　　　　许啸天整理

13.1412　墨经校诠

431　　　　高　亨著

13.1412　墨经校释

504　　　　梁启超著

13.1412　墨辩发微

848　　　　谭戒甫著

13.多卷书的卡片,依卷、册次的顺序排列。例如:

51.61　高等数学教程　第一卷第一册

202　　　　关肇直编

:1(1)

51.61　高等数学教程　第一卷第二册

202　　　　关肇直编

:1(2)

51.61　高等数学教程　第二卷第一册

202　　　　关肇直编

:2（1）

注：不同卷册的各种版本，先把同一版中的不同卷册排
完，然后再排第二版的不同卷册。这样，就使同一版
的不同卷册的书能集中，并能反映出书的版次来。

14. 丛书中的每一种书，如果作为一部书单独著录时，其分类
卡片的排列方法与普通图书完全相同。

15. 对于比较重要的丛书，如编有丛书汇总分类卡片，应根据
丛书的分类号排列，丛书子目片排在丛书汇总片之后。例：

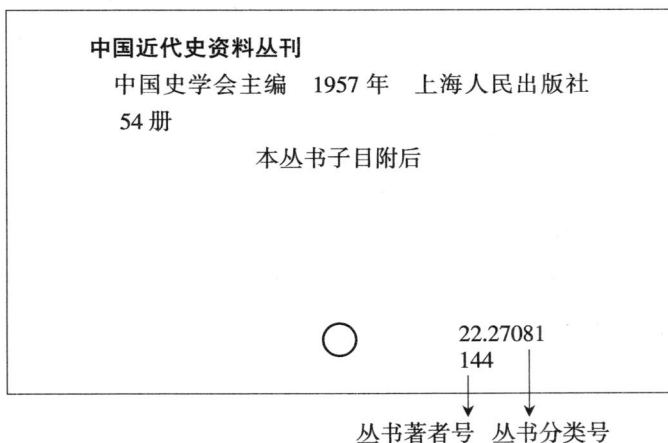

```
┌─────────────────────────────────────────┐
│  中国近代史资料丛刊                       │
│    中国史学会主编   1957 年   上海人民出版社 │
│    54 册                                  │
│           本丛书子目附后                  │
│                                           │
│                                           │
│                                           │
│         ◯         22.27081               │
│                   144                     │
└─────────────────────────────────────────┘
              丛书著者号  丛书分类号
```

16. 丛书如果整套著录时，应按照丛书的分类号排列。各个子
目的分类分析片排在同一类号卡片之后。

17. 分类互见片排在同类、同著者号的卡片后面（分类互见片
的著者号用原书的著者号）

18. 分类分析片排在同一类号卡片之后（分类分析片的著者
号用被分析章节的作者取号）。

19. 本目录中每种图书的正式卡片仅一份，不应有复分，如发
现时则应提出。但不同版本或有其他情形之同一种图书的卡片，

应根据以下规定：

(1)同一版本而印刷次或出版年不同者,作为复本,不另有卡片。

(2)同一种图书,内容完全相同,而出版地、出版者不同,仍视作为一种书,以最后出版的或主要的出版地、出版者为主,但在卡片上对不同的出版地、出版者得加以说明。

(3)同著者、同书名的图书,因特殊需要,出版有两种以上版本而内容略有所出入时,不得作为一种书籍,应各有其卡片。

(4)同一种图书,但装帧不同,例如,分为精装本和平装本,应视作一种图书,不另有卡片。但如有必要,可以在卡片上加以说明。

(5)翻译书籍之不同译本不得作为同一种书,应各有其卡片,按照译者姓名字顺排列。

(6)凡全集、选集、论文集等的分类分析卡片,在单行本出版后,应将原来的分类分析卡片排在单行本分类卡片的后面。

20.导片排在同一分类号所有卡片之前。

21.参照片排在同类号导片的后面或该类所有卡片的最前面。

22.凡索书号的特殊附加符号均略去不排。例如:A—地图、B—大本书、H—善本、K—图片、M—显微图书、T—特种技术资料(工业标准、规格、发明创作和专利文献等)、X—保密书刊、Y—工具书。

23.凡索书号之上注有"提存"字样的卡片,如不另行组织目录,排列时亦应略去"提存"字样。

24.读者用的分类目录应定期检查,至少每年一次,如发现卡片有陈旧污损情况,立即提出,而以储备片或另制新卡片替换。

四、分类目录的装饰和宣传

分类目录的装饰是一项面向读者的工作,不仅要美观大方,而且要方便读者。这包括指导片的装饰、目录的使用说明和目录柜的标签等。

指导片的颜色一般使用素净一些为好。为了宣传和扩大名著的影响,可用红色指导片标出。指导片一律写正楷字或用打字机打字。为了求得耐用,指导片要选择纸质较好的,不宜过厚或过薄,指导片凸出部分可用玻璃纸或透明胶片贴紧。

指导片在目录中的作用,主要是指导使用目录,故不宜太多,也不要太少,一般是每隔20—30张卡片放一张指导片为宜。

指导片的安插必须根据卡片的多寡而定,既照顾到现在,也要适应将来,所以做指导片时必须先做上位类指导片,然后才能做下位类指导片,以使秩序井然有条。至于同位类的指导片,不一定有乙类指导片就要有甲类指导片。指导片是否需要做,要看本类的卡片多少而定。

图书馆的各种目录的编制体例、使用方法是各不相同的,因此都应有各自的使用说明。例如:分类目录首先就要说明使用的是何种分类法,大类的编排情况如何,目录的基本排列规则怎样,并应举一两个例子说明,最好附上一张分类法简表。对使用说明的要求是简明扼要,讲求实效,使读者看完说明就能动手查目。

分类目录有许多目录柜,每个目录柜又有很多目录盒。这些目录盒都有固定的位置,如果放错位置就要影响使用。为了使目录盒很容易复位,对放错的目录盒很容易发现,及时加以纠正,所以每个目录盒前应有标签标明目录盒里的主要门类的号码与类目。为了更鲜明一些,也可以标明每个目录盒在目录柜中所在位置的顺序号,如图1所示。

为了辅导不熟悉分类法或不会用分类目录的读者,宣传分类目录是很有必要的。其方式可采用下列两种:

1.口头宣传　目录辅导员亲自向读者宣传或介绍分类目录的结构、特点和使用方法,以便读者逐渐掌握。

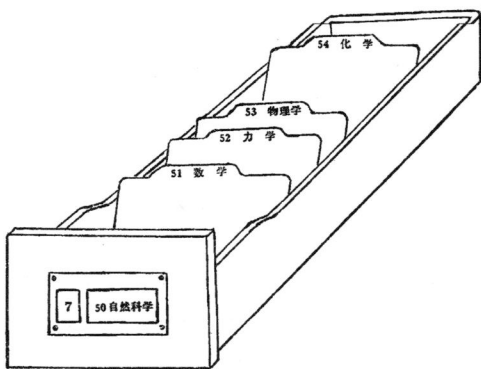

图 1

2. 书面宣传　将分类目录的使用方法和分类法的简表张贴在目录室,也可编印如何利用分类目录的宣传手册发给读者。

如果有机会,还可以举办报告会,报告分类目录的编制方法和使用方法。

五、分类目录字顺主题索引

分类目录是图书馆的主要目录。分类目录存在两个问题:一个是读者不容易记住分类号,给使用分类目录带来困难;另一个是分类法本身存在的问题,即同一对象、同一事物的图书,分类目录不可能集中在一个类目里,而是分散在几个不同的类目里。分类目录字顺主题索引主要作用就是为了解决这两个问题。因此它是一种提高分类目录的利用率和增加主题检索途径的简便易行的方法。这种索引的编制方法与主题目录相似,按分类主题词的字顺排列,其格式如下:

```
    优选法    51.9131




                          ◯
```

很明显,读者要是不知道优选法的分类号,一查这种索引就知道了。又如读者要找有关"砷"方面的图书,他查这种索引就可以发现与这一主题有关的分类号。

```
    砷
        (毒物学)            63.3314
        (合金组成元素)        76.875
        (化学元素)           54.415
        (矿床)              56.57149
        (矿物)              56.882


                          ◯
```

编制分类目录字顺主题索引时,不仅是采用分类法中所用的类名,并且也要为它的同义词、古老的名词以及通俗的名称等等(如果有的话)编制相应的索引条目。同时要注意的是,凡本馆没有入藏的图书的各级类目都不应编制类目字顺索引,等待入藏后,再陆续的补充。这样方能保证读者在检查索引时,获得他所需的类名和类号。

分类目录字顺主题索引应当自成一个系列,用另外的目录柜或目录盒盛起,放在分类目录的附近。

另外,如果所使用的分类法已编制有详细的相关索引,那么各馆亦可以不再编辑分类目录的字顺主题索引了。但必须将分类法索引摆在目录室供读者使用。

第二节 图书分类排架

一、分类排架的意义和作用

图书馆的藏书需要按照一定的方法,系统地依次排列在书架上,使每一本书刊、每一件资料都有一个明确的位置,以便排架与检索使用。藏书排列的方式受藏书的成分、数量、特点、读者的需要以及图书馆的具体条件等的直接影响。合理的排列方法,能使藏书的提取与归架迅速准确,便利藏书的典藏保管和阅览流通。

在长期的实践中,形成了许多种排架方式,例如:分类排架、登记号排架、固定排架、字顺排架,等等。但在一般的情况下,图书多用分类排架。

所谓分类排架,就是按藏书内容性质所属的学科体系在书架上的排列方法。具体地说,就是将藏书按照所采用的图书分类法的号码顺序排列。排架的顺序反映了分类法的体系,同类图书集中在一起。

分类排架对馆员和读者都是很方便的。因为分类排架能使书刊资料按学科门类集中地组织起来,成为一个有内在联系的、有逻辑性的科学体系,便于馆员和读者直接在架上找到同类或相近类别的书刊资料。馆员通过分类排架,可以系统地了解藏书、熟悉藏书和研究藏书,便于宣传推荐和阅读辅导。读者通过分类排架,可以很快地按类取书,寻找到自己所需要的资料。

同时,分类排架比较灵活,不至于把图书资料固定在某一个书架上,可以根据图书馆的条件和任务,组成专题书库或专题书架,起到配合科研任务的作用。另外,也可以把最常用的图书或工具书移到阅览室附近,组成辅助书库,这样更能方便取书还书,从而加快借书速度,缩短读者等候时间,减轻了馆员的劳动,提高了图书的利用率。

但是分类排架也有一定的缺点:第一是浪费空间。图书馆一方面总要不断地补充新书入库,另一面又要保持同类图书的必须集中,这就需要在每类后面留下空位,以备排列新书,从而造成书库书架的浪费。第二是经常倒架。在增加大量新书时,常常要重新调整书架和书库,经常倒架倒库,造成大量人力物力的浪费,增加管理人员的劳动强度。第三是排架号码比较冗长,排检比较困难,而且容易出差错。

以上这些缺点,并不是不能克服的。例如,在留空位时,必须认真调查研究,对经常进的类可留较多的空位,比较少进书的类可留较少的空位,这既可以节约空间,又可以减少倒架。至于排架号码的长短,各馆完全可以结合自己的特点予以变通。如藏书不多,分类深度就可以浅一些,附加号码也尽可能少加。所以总的说来,分类排架还是一种比较好的排架方式。

二、图书分类排架的类型及其索书号码的编制法

采用分类排列方式时,同一类书再按辅助号顺序排,也即是说分类排架是根据分类号和辅助号排列的。由于辅助号的方式有多种,因此图书排架的类型也有多种。其中主要的有分类著者号排架法、分类种次号排架法、分类书名号排架法、分类登录号排架

法等。

索书号码,也称排架号,是图书馆藏书组织、出纳和清点的主要标志和依据。没有它,图书馆的藏书则无法排列,当然也谈不到出纳和清点上的便利了。索书号码的一个主要原则就是在同一个图书馆里,不容许两册不同的书具有相同的索书号码。

索书号码的编制方法是与藏书的组织和排列方式相适应的,藏书排列与索书号码相互为用。索书号码必须适合藏书排列的要求,藏书排列也必须以索书号码为依据。这样结合起来,才能使藏书排列和出纳,清点等工作相辅而相成。

由于索书号码必须和藏书排列法相适应,所以就有不分类的索书号码和分类的索书号码的区别。如果图书馆采用形式排列法,那就可用登录号为索书号码,也可用架次架层和书籍册次为索书号码,甚至可以用书刊名称的字顺为索书号码。这些都是不分类的索书号码。

分类的索书号码也是与分类排架的类型相适应的。所以下面分别介绍各种类型的排架方法及其索书号码的编制方法。

1. 分类著者号排架法及其索书号码的编制法

分类著者号排架法首先按分类号排,其次按著者号排,最后按附加符号排。附加符号包括书名号码、版次号码、卷册号码、复本号码和特藏符号等。

在一般的索书号码里有分类号和著者号两部分也就可以了。但在同类书籍中同一著者的各种不同著作集中起来之后,则必须加一系列附加符号,否则无法分别孰先孰后。所以这时候就需要用书名号码来区别;若是同一书名有不同的版本,就需要用版次号码来区别;若是同一种书不只一册时,就需要用卷册号码来区别;若是同一种书有几个复本时,就需要用复本号码来区别;若是有些书不便与一般图书共同排列时,则需要加特藏符号。现举例说明如下:

284

例一:哈尔滨电机研究所主编的《机械工程手册》第75篇《水轮机》的第2个复本的索书号码是：

78.073……分类号码(据《科图法》)

406……著者号码(据王凤翥编《笔划起笔著者号码表》)

2:75……复本号码:卷册号码

例二:《中国图书馆图书分类法》第二版的索书号

Y..............特藏符号(工具书)

37.6441……分类号码

144－4(2)…著者号码—书名号码(版次号码)

关于分类号码和著者号码的编制方法,前面已经讲过。下面拟举例列表说明关于附加符号的编制方法。举例的著者号码是:中、日文据王凤翥编的《笔划起笔著者号码表》,西文据卡特编的《著者号码表》、俄文据哈芙金娜著的《俄文三位数著者号码表》。

项 目	中、日文图书	外文图书
1. 同类、同著者号,而不同著者的图书	用数字顺序为附加号,写于著者号右,中间以"."隔开。 如:543.1;543.2	用书名第一单词的首字母(小写)为附加号,写于著者号右,如再有雷同,则继续依 a,b,c……的次序顺加。 如:B712; B712c; B712ca; B712cb
2. 同类、同著者,而不同书名的图书	用数字顺序为附加号,写于著者号右,中间以"—"隔开。 如:645—1; 645—2	同 1

（续表）

项 目	中、日文图书	外文图书
3. 同类、同著者、同书名的图书，如版本不同，而且内容有修订者	(1)如版次不同,则用版次号为附加号,写于著者号右,并加括号。 如:852（2）;852（3） (2)如称增订版、修订版,则用"—"表示,写于著者号右,并加括号。 如:852（—） (3) 如称增订 X 版,则用"—X"写于著者号右,并加括号。 如:852（—2）	同中、日文图书
4. 同类、同著者、同书名的图书，如出版年不同，而且内容有改变者	如书中未标明出版次,亦应作为一书之修订版处理。 如:387（—）	同中、日文图书
5. 以机关团体为著者的图书	同 1. 2.	(1)同类、同著者号,而不同机关团体的图书,用标目中不同单词首字母（大写）为附加号,写于著者号右,如再有雷同,则继续加小写字母,并依字母顺序类推。 如:A382B;A382Ba; A382Bb;A382Bc (2)同类、同机关团体的不同图书,用书名第一单词的首字

项　目	中、日文图书	外文图书
		母(小写)为附加号,写于著者号右,如再有雷同,则继续加小写字母,并依字母顺序类推。 　如:B853m;B853ma; 　　B853mb;B853mc
学术会议论文集	和普通图书一样处理。	(1)同类、同著者号,而且会议名称相同者,用会次为附加号,写于著者号下一行的冒号":"右边,并加以括号;如果会议论文集系多卷集,再于会次后加卷次号。如第二届会议,第三册为: 　B859 　　:(2)3 (2)同类、同著者号,而会议名称不同者,用会议名称中开始不同的单词首字母(小写)为附加号,如再有雷同,则继续加字母,并依字母顺序类推。 　如:B553c; B553ca 　　B553cb (3)同一会议的论文集,若无会次,仅是会议召开的日期不同,用召开的日期为附加号,写于著者号下一行的冒号":"右边。 　B852 　　:1979

（续表）

项　目	中、日文图书	外文图书
7.不注著者姓名的图书	用书名首字取著者号,如有雷同,则用数字顺序为附加号,写于著者号右,中间以".".隔开。 如:458.2;458.3	用书名取著者号,如有雷同,则用书名第二单词首字母(小写)为附加号,写于著者号右边,如再有雷同,则继续加字母,并依字母顺序类推。 如:G581s;G581sa;G581sb;G581sc
8.翻译的图书	如有多种译本,从第二种译本起,于著者号下一排另列译者号,并加以括号。 如:385 (185)	同1
9.按年出版的书目、年鉴、年度报告等的图书	用年代为附加号,写于著者号下一行的冒号":"右,如有分册,则写于年代号右,并加括号。 如:429 1978(3)	同中、日文图书
10.传记	先按被传人姓名取号,然后用作传人的号码为附加号,写于被传人号码右,中间以"一"隔开。 如:817—564	用作传人姓名首字母(大写)为附加号,写于著者号右,如再有雷同,则继续加小写字母,并依字母顺序类推。 如:B534M;B534Ma;B534Mb;B534Mc

项 目	中、日文图书	外文图书
11. 复本书	在书标、书名页及书袋卡上的著者号下一行,冒号":"的左边,注上复本号。 如:529　　　529 　　4:　　　　5: 但在读者目录的卡片上,则不必注上复本号。	同中、日文图书
12. 多卷书	(1)在书标、书名页及书袋卡片上的著者号下一行,冒号":"的右边,注上卷册号。 如:734　　　734 　　　:1　　　:2 (2)如一部书分卷,同时一卷内又有分册者,于著者号下一行,冒号":"的右边,同时注上卷次号和分册号。 如:第一卷第一分册: 526 　:1(1) 第一卷第一分册的下册: 526 　:1(1-2) 如各卷册没有单独编子目片时,在读者目录卡片上,则不必一一注出卷册号。	同中、日文图书

（续表）

项　目	中、日文图书	外文图书
13.补篇、附录或索引	一书如另附有补编、附录或索引，则以"C"代表补篇，"E"代表索引，"P"代表附录，写于复本号和卷册号的右边（大写）。 如：724　　724 　　3：1C　　3：1P	同中、日文图书
14.特种类型图书	下列图书在分类号的上面加特种符号： （1）地图加"A"； （2）大本书加"B"； （3）善本书加"H"； （4）图片加"K"； （5）缩摄图书加"M"； （6）特种技术资料（工业标准、规格、发明创造、专利文献等）加"T"； （7）保密书加"X"； （8）工具书加"Y"。	同中 日文图书

2.分类种次号排架法及其索书号码的编制法

分类种次号排架法首先按分类号排，其次按种次号排，如果有必要，也可以继续按附加号排。

编制索书号码时，先编分类号，同分类号的以每种书为单位，依分编先后次序给01、02、03、04……数字序号。为了避免编号混乱，可建立"种次号记录卡"作为取号的依据。一类一张，在卡片的上端注明分类号及类目名称，每用过一号，在相应号码的右边格内划上"√"符号。格式如下：

Q7 分子生物学（注：根据《中图法》）																			
01	√	11		21		31		41		51		61		71		81		91	
02	√	12		22		32		42		52		62		72		82		92	
03	√	13		23		33		43		53		63		73		83		93	
04	√	14		24		34		44		54		64		74		84		94	
05	√	15		25		35		45		55		65		75		85		95	
06	√	16		26		36		46		56		66		76		86		96	
07		17		27		37		47		57		67		77		87		97	
08		18		28		38		48		58		68		78		88		98	
09		19		29		39		49		59		69		79		89		99	
10		20		30		40		50		60		70		80		90		100	

为了把索书号编得更细致、更清楚，可在种次号后，附加一些区别号。假设用"＝"作不同版本的区别号；用"："作分卷分册的区别号；用"／"作年代的区别号等。例如：

《中国通史简编》第一编的索书号码是　K20

01：1

第二编的索书号码是　K20

01：2

《实用内科学》第六版的索书号码是　R5

01＝6

《1963 年人民手册》的索书号码是　Z52

01／1963

3. 分类书名号排架法及其索书号码的编制法

分类书名号排架法比较简单，先依分类号排，次依书名的四角号码或拼音字母排。因此其索书号码也比较简单，它只是由分类号和书名的四角号码或拼音字母组成。例如：

刘国钧等编的《图书馆目录》的索书号码是：

G254（据《中图法》）

6032（"图"的四角号码）

4. 分类登录号排架法及其索书号码的编制法

分类登录号排架法更为简单,先依分类号排,后依登录号排。索书号码也只是由分类号和登录号组成。例如《内科学》的索书号码是:R5(据《中图法》)

    00234(登录号)

后面两种排架法虽然比较简便,但不能很好地解决问题。所以比较常用的还是前面两种。

索书号码编制好后,首先应该写在书名页上的左上角,如图2;

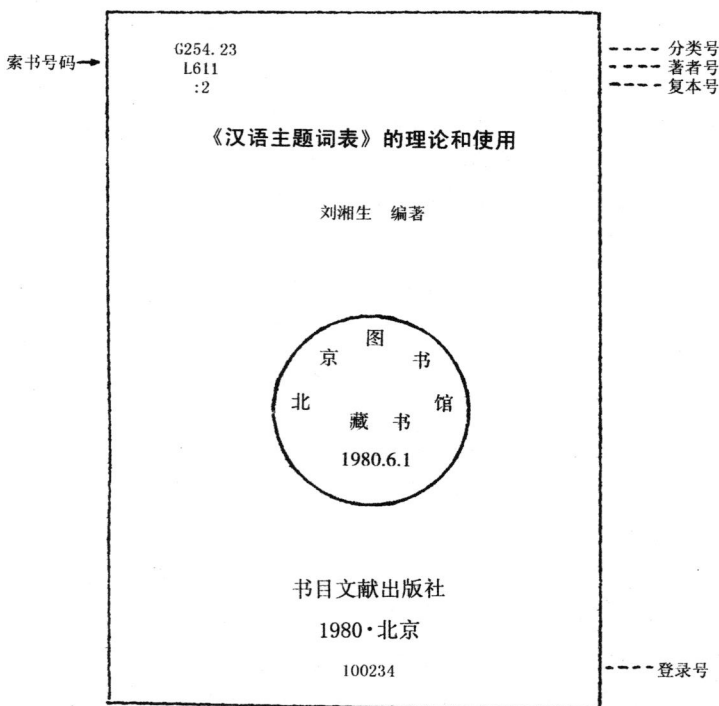

索书号码→

G254.23
L611
:2

- - - - 分类号
- - - - 著者号
- - - - 复本号

《汉语主题词表》的理论和使用

刘湘生　编著

图书馆
北京
藏书
1980.6.1

书目文献出版社

1980·北京

100234

- - - - 登录号

图2　书名页

其次写在书标上,如图3;并把书标贴到书脊上,如图4;再次写在
书袋卡上,如图5;最后印在目录卡片上,如图6(分类号根据《中
图法》,著者号码根据《武汉大学图书馆汉语拼音著者号码表》)。

索书号码→

| G254.23 |
| L611 |
| :2 |

图3 书标

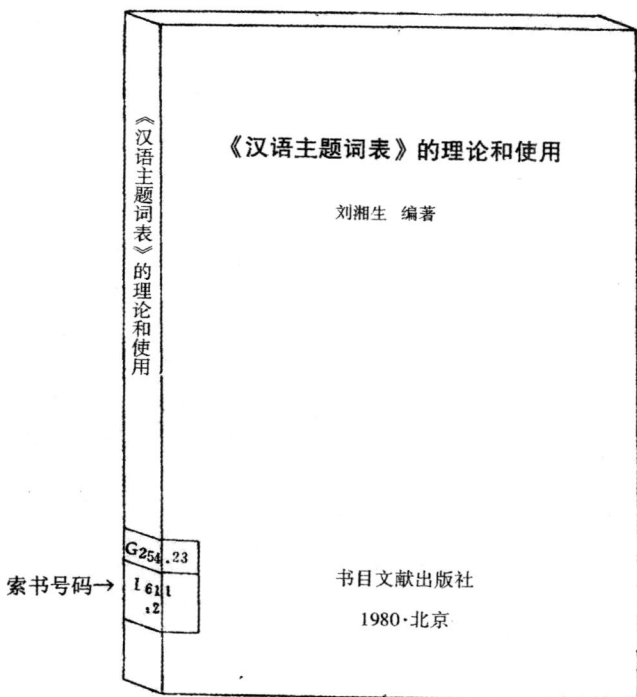

图4 书脊

索书号码→ G254.23 ······登录号 10234

L611

:2

《汉语主题词表》的理论与使用 ······书名

刘湘生　编著 ······著者

借书人签名	借书日期	还书日期

图 5　书袋卡

索书号码→ G254.23

L611 《汉语主题词表》的理论与使用

刘湘生　编著　北京　书目文献出版社　1980 年5月

登录号→ 100233-5　144页　32开　0.58元

本书是刘湘生同志根据参加编制《汉语主题词表》工作的认识和体会，从理论、方法结构和使用等方面对该书进行的论述。全书内容包括:绪论，叙词法的理论探讨，《汉语主题词表》的体系结构，《汉语主题词表》的编制和选词，《汉语主题词表》的使用，主题目录和主题词表的管理共七章。它有助于在标引和检索图书资料时参考。

图 6　目录卡片(目录卡片上不用标出复本号)

参考文献

孙德安："关于高等学校图书馆几种基本目录的职能及其联系的研究"《图书馆学目录学论文集》 武汉大学图书馆学系编 1964 年 30 – 44 页。

刘国钧："怎样编制分类目录"《文物参考资料》 1953 年第 2 期 47 – 71 页。

刘国钧等著:《图书馆目录》 北京 高等教育出版社 1957 年。

（苏）安巴祖勉著,刘国钧译:《图书分类目录编制法》 北京 时代出版社 1957 年。

中国科学院图书馆研究辅导组编:《研究所图书馆业务规章制度试编》《图书馆工作参考资料》增刊 1964 年。

山西省图书馆编印:《山西省县市图书馆训练班讲义》(初稿) 1973 年。

辽宁省图书馆编:《县图书馆工作讲话》(初稿) 1979 年。

文化学院图书馆研究班第一期学员集体编著:《社会主义图书馆学概论》 1960 年。

中国科学院图书馆编目部:《中国科学院图书馆目录组织规则(图书部分)》 北京 书目文献出版社 1980 年。

第十七章　分类法与主题法的关系

目前,在图书情报工作中,从内容方面来揭示和宣传图书的方法有两种:一种是分类法,一种是主题法。前面,我们已经说过,无论是国内或者国外,分类法的使用历史悠久,源远流长。它的应用,为图书资料的整理、目录组织和排架等都起了很大的作用。至于主题法,则是随着图书资料的急剧增加,人们对于图书资料的特定要求而产生的另一种方法。在国外,一些科学技术比较先进的国家已广泛采用主题法进行图书资料的整理和检索。我国过去虽然也有一些图书馆,例如:北京图书馆、北京大学图书馆等曾经使用过主题法编制图书主题目录,但大部分图书馆都没有开展这项工作。近年来,大家逐步感到主题法也是一种良好的检索方法,因此已有一些图书馆和情报所开始采用。随着《汉语主题词表》的出版,相信将有越来越多的图书情报部门使用主题法。

分类法与主题法,是既有区别,又有联系的两种方法。因此,熟悉掌握它们的特点,对我们利用其来为科学研究服务和为广大群众服务,是会有很大帮助的。为了弄清楚分类法与主题法的区别与联系,首先必须了解什么是分类法,什么是主题法。关于什么是分类法,前面已经阐述过,这里只谈谈什么是主题法。

第一节 什么是主题法

一、主题法的意义和作用

主题法又称标题法。它是一种以规范化的自然语言（即标题），作为图书资料主题标识和查找依据的检索方法。这种方法从其形式来看，是以规范化的词语，作为主题标识和查找依据，并按标题字顺（如字母顺序、笔划顺序、部首顺序、四角号码……）排列；从其本质来看，是用一个词语来揭露图书资料所阐述、描写、讨论或研究的对象、事物和问题，也即是说，它是从特定对象或事物着眼，通过参照系统形成标题"网络"通过组配方法，集中与特定对象或事物有关的部分问题，甚至全部问题的图书资料。这个研究的对象、事物和问题称为图书资料的主题或文献主题。表达主题的词语称为主题标目或标题。收集、汇总、编排主题词的工具书称为主题表或标题表。图书馆和情报所通过主题法，可以将关于同一主题的卡片集中在同一标题之下，并将其按字顺排列起来，组成主题目录，也可以将图书资料的标题输入计算机去，建立计算机检索体系。这样就可以集中有关一个主题的全部资料。需要时只要找到某一个标题，就可以获得馆藏中关于某一对象、事物或问题的全部资料。这样就弥补了分类法按一定体系组织图书资料的局限性，所以其作用是很大的。

1. 为科学研究工作者提供情报资料

科学研究工作者是很需要关于某一个具体问题的全面资料的。有了依主题法编制的主题目录或计算机磁带，就可以很快地使科学研究工作者获得他所需要的专门性问题的全面情报资料。例如：关于拖拉机的情报资料，在分类目录中是分散的，论述拖拉

机的原理 设计和制造归入机械制造,论述拖拉机的使用、维护和检修归入农业技术,论述拖拉机的经营管理和经济核算归入农业经济等。这对于全面研究拖拉机的科研人员来说是很不方便的,但通过主题法,只要找到"拖拉机"这个标题,就可以找到馆藏中关于拖拉机的全部情报资料了。

2. 可以协助图书情报单位开展参考咨询工作

图书情报单位往往收到许多读者关于提供具体问题的全面资料的要求。这类要求是不能单靠书名目录、著者目录或分类目录来满足的。要满足这些要求,就需要有一种揭露图书主题的工具。而这种工具就是依据主题法编制起来的主题目录和有关主题的计算机磁带。

3. 有利于图书情报工作自动化

随着电子计算机在图书情报工作中的广泛应用,必将引起我国图书情报工作新的变革。传统的检索语言,虽然也可以输入计算机,但是通用性不强。在这方面,主题法有它独特的优点,有很大的适应性。如果在使用分类法的同时,又采用主题法,就有可能大大提高服务效果,促进图书情报工作的自动化、网络化。

二、主题法的类型

主题法的类型很多,目前,在国内外常见的主题法中,按组配程序分,有先组式主题法和后组式主题法两种。在先组式主题法中,又有定组式主题法和散组式主题法两种。按选词方式分,有标题法、元词法、键词法和叙词法四种。现将它们的意义、特点分述如下:

1. 先组式主题法

这是指表达图书资料内容的标题,在查找前已经编制好的主题法。它又分为定组式和散组式两种。所谓定组式主题法,是指表达图书资料内容的标题,在编表时预先加以固定组配的主题法。

所谓散组式主题,是指表达图书资料内容的标题,在主题表上不预先定组而在标识图书资料时 才加以组配的主题法

2.后组式主题法

这是指表达图书资料内容的标题,在查找时才进行组配的主题法。

3.标题法

标题法(Subject Heading),亦称传统式标题法。它是主题法的最早类型。所谓标题法,就是指以"标题"作为图书资料内容的代表和查找目录的依据。其标题不是指图书资料的书名或篇名,而是指事物"定型"的名称,如中国、电子工业、生物学等。

标题法的标题是规范化的词或词组。它有比较成熟和固定的标题表,作为标引和查找图书资料的工具。标题法中表示事物本身概念的词称为"主标题",而表示事物各个方面的词称为"子标题"。例如:"昆虫—生态",昆虫为"主标题",生态为"子标题"。主标题与子标题在编表时预先固定组配好,并按字顺排列。根据标题表编制的检索工具,质量比较好,组配固定,不易混乱,查全率、查准率都比较高。但缺点是篇幅较大,使用亦不灵活,实用性较差。美国1959年出版的ASTIA标题表和1974年出版的《美国国会图书馆分类标题表》等都属于标题法。

4.元词法

元词法亦称单元词法。它是以单元词作为图书资料内容的标识和查找目录索引的工具。所谓元词,是指从图书资料内容中抽出最基本的,亦即字面不能再分的标识图书资料主题的词。如"汽车"和"雷达"都是单元词。因为它们都不能再分,如果再分,把"汽车"分成"汽"和"车"或者把"雷达"分成"雷"和"达",都不具有独立的和明确的意义。而"蒸汽汽车"和"脉冲雷达"二词,则不是单元词 因为它们都可以进一步拆开,"蒸汽汽车"可以拆成"蒸汽"和"汽车","脉冲雷达"可以拆成"脉冲"和"雷达",即使这

样,各自仍然具有独立和明确的意义。所以"蒸汽汽车"和"脉冲雷达"是"双元词",而不是单元词。由此可见,对于任何复杂的概念,都可用表示基本概念的单元词来表示,因此元词表的篇幅比较小,使用比较灵活。不过由于它所采用的纯是字面组配,往往因组配不当容易造成混乱,从而降低检索效率。美国文献公司的元词表和《太平洋航空图书馆期刊单元词索引》等都属于元词法

5. 键词法

键词法亦称关键词法。所谓键词法是指以键词作为图书资料内容的标识和查找目录索引的依据。键词是从图书资料内容(主要是从图书的书名和资料的篇名)抽出来的关键的词(Key word)如《雷达的干扰和反干扰》中的"雷达""干扰"和"反干扰"三者,都是键词。美国的《引文键词法》(KWIC)等就是属于这种类型。

由于键词法的键词不需要规范化,而且也不需要键词表作为标引和查找图书资料的工具。所以目前国内外许多文摘索引均采用这种方法编制键词索引(或称主题索引)。随着电子计算机检索和自动标引的出现,这种方法更广为应用。键词法的优点是标引速度比较快。缺点是由于每一个作者都按自己的习惯用词而造成不统一,质量比较低,影响查准率和查全率

6. 叙词法

叙词法(Descriptor method 或 Method of descriptor)亦称叙述词或主题词法。它是在上述几种检索方法的实践的基础上,并吸收了分类法的长处而发展起来的一种新型的检索方法。叙词法是以叙词作为图书资料内容的标识和查找目录索引的依据。所谓叙词,是指从图书资料内容(主要是从图书的书名和资料的篇名)中抽出来的,能够概括表达图书资料内容基本概念的名词和术语,如"无线电导航"中的"无线电"和"导航","电子显微镜"中的"电子"和"显微镜","建筑力学"中的"建筑"和"力学"等。都是叙词。显然,叙词法不仅在于拆词而更重要的在于拆义。我国最近

编制出版的《汉语主题词表》和美国 1971 年出版的 NASA 叙词表等,都属于叙词法。

叙词法与键词法之区别主要在于,键词法所选用的键词是直接取自图书资料的题目或内容;叙词法则不仅有较成熟的叙词表,而且所选用的叙词是规范化的统一的名词和术语,并且在词语之间建立了一定的语义关系和附有各种相关索引,从而克服了叙词法存在的缺点。因此,叙词法在主题法检索系统中,特别是在计算机检索系统中,是目前世界各国广泛采用的一种方法。

综上所述,主题法的类型可以用下面的图例表示:

区分角度		类型		例　　子
次序	名称	次序	名称	
1	按组配程序分	1	先组式主题法　定组式主题法	1964 年版航空科技资料主题表
			先组式主题法　散组式主题法	1971 年版航空科技资料主题表
		2	后组式主题法	美国 1962 年版 ASTIA 叙词表
2	按选词原则分	3	标题法	美国 1959 年版 ASTIA 标题表
		4	元词法	美国文献公司元词表
		5	键词法	美国引文键词表(KWIC)
		6	叙词法	汉语主题词表

第二节　分类法与主题法的区别

尽管分类法与主题法都是揭示图书资料内容的方法,但它们之间还是有区别的。其区别主要在于下列几个方面:

一、揭示事物的角度不同

分类法是从科学系统方面揭露和宣传图书资料。它必须揭露图书资料中所论述的事物、所研究的对象和所讨论的问题都属于什么科学门类，同其他事物、对象、问题有什么关系等。主题法则着眼于揭露特定事物、特定对象、特定问题的图书资料。

拿《植物生理学》一书来说，在分类法中就要指出它的系属：植物生理学→植物学→生物科学→自然科学，同时要揭示它与植物胚胎学、植物形态学、植物生态学、植物生物物理学和植物生物化学等的并列关系。而在主题法中则不管书中所论述的事物、研究的对象和讨论的问题在科学体系中的位置，而只注意用标题"植物—生理学"或"植物学"、"生理学"来表示该书的内容性质。

二、体系结构不同

分类法是以科学的逻辑体系为中心，比较能体现科学的系统性，能很好地反映事物的严格从属派生和平行关系，便于按学科分类系统进行族性检索；主题法则是以语言为中心，建立在文字基础之上，它不问学科分野、不论科学技术的逻辑序列，而直接用文字作主题标识，专指性较强，便于特性检索。

例如：在分类表中，各个类目是相互依赖的，下位类的意义必须借助于上位类才能明确，上位类的意义也必须借助于下位类才能具体；类目之间的组织关系是实质上的联系，是客观的内在联系。在主题表中，各个主题是各自独立的，它们之间的组织关系基本上是形式的，即通过主题标识的字顺联系。

三、标记符号不同

分类法是以人为的标记符号作为标识，对于不同文种的检索工具可以互相沟通。主题法则是以自然语言中表示概念的词语作为标识,对于不同文种的检索工具一般不能组织在一起。

例如:分类法在类目按科学体系排列好之后,还要用字母、数字或两者结合的号码作为类目的标识。类目之间的逻辑关系一般可以从类号上反映出来。在图书情报工作中,组织分类目录、进行分类排架,都得使用分类号。分类号是人为安排的,给人以一种不太直观的感觉,不了解和不熟悉分类体系的人,并不知道分类号码代表什么意思。而在主题法中,图书资料的内容标记是文字,其排列方法是依一定的字顺排列的,给人以一目了然的感觉,直观易记,便于掌握。

四、组织方式不同

分类法是以线性序列结构为特点的一种方法,其类号只代表线性序列,很难反映出学科之间的立体交叉关系。虽然在分类表中采用交替类目、相互参照以及组配等方式,但这种组织方式仍然是简单的、机械的和有限的。主题法则与分类法不同,它不受学科体系限制,主题之间在学科体系上不存在任何的内在联系,完全是独立自主的。只要客观需要,就可以用主题词进行组配,以达到更专指的概念。因此主题法的组织比较灵活多样,可满足多元检索的要求。还有,由于分类法受体系结构的约束,类目安排要求相对稳定,因此分类表常常落后于新学科、新技术的发展,增删修订比较困难;而主题法由于不受体系结构的约束,因此主题表能比较及时地反映新学科、新技术的发展,增删灵活,修订方便。

五、主要功能不同

分类法的主要功能是组织分类目录和分类排列图书,主题法的主要功能则是组织主题目录。从提供资料来看,分类法主要是提供一件事物、一种对象、一个问题的一个方面的资料以及某些有关方面的资料,而主题法则可提供一件事物、一种对象、一个问题的全面资料。例如：要想找茶的栽培资料，可以通过分类目录"农业科学"类中去找；要想找茶的制造资料，可以通过分类目录"食品工业"类中去找；要想找茶的贸易资料，可以通过分类目录"贸易经济"类中去找。假若要找有关茶的全部资料，最好就是查找主题目录。因为在主题目录"茶"的主题词下，有着茶的各个方面，如生理、生态、分类、选种、栽培、施肥、采摘、制造、卫生、贸易等各方面的资料。由此可见，根据分类法组织的分类目录，是按照图书资料内容的科学性质分门别类，并把同一门类知识的全部图书资料集中在一起，有利于族性检索，在编制、打印和排列卡片上比较容易，也比较经济。根据主题法组织的主题目录，是把图书资料所论述的事物、研究的对象或讨论的问题，直接用语言文字表达出来，并按字顺排列。因此，它不仅能满足人们对特定课题的要求，而且还能把同一主题各个方面的图书资料集中起来。但是与此相反，却把同一学科族性的图书资料分散到各个字顺中去了。

综上所述，分类法的长处可以概括为"三性"，即：（1）系统性（或称族性）；（2）间接性（或称人为性）；（3）严密性。其中以系统性为其主要特征。主题法的长处也可以概括为"三性"，即：（1）专指性（或称特性）；（2）直接性（或称直观性）；（3）灵活性。其中以专指性为其主要特征。

第三节　分类法与主题法的联系

分类法与主题法虽然有区别，但还是有联系的。这主要表现在分类法和主题法的相互渗透上，也就是说，在分类法中含有主题法的因素，在主题法中含有分类法的因素。

一、分类法中含有主题法的因素

分类法和主题法各有所长,也各有所短,因此人们在实践过程中,就根据实际需要和客观可能,取长补短,不断改善两种检索方法,以适应科学文化发展的需要。主题法的最大长处是特性检索好。于是分类法取主题法之长,补自己之不足,以满足特性检索的要求。具体做法,主要有以下五个方面:

1. 按事物集中列类

本来,图书分类法是以科学分类为基础的,这样,同一事物的图书就分散了。为了满足某些图书馆的需要或者为了照顾某些专业读者的方便,于是就采用按事物集中列类的办法。例如:有些分类法把军事工程、军事技术归入"军事科学"类,而不归入"技术科学"类;把石油勘探、石油开采归入"石油工业"类,而不归入"矿业工程"类,其目的就是为了按事物集中所有各方面的图书资料。例如:《中图法》为了集中所有石油各方面的图书资料,于是采取了如下的体系:

TE　石油、天然气工业
1　　石油、天然气地质与勘探
2　　钻井工程
3　　油气田开发与开采
5　　海上油气田开发与开采
6　　石油、天然气加工工业
8　　石油、天然气储存与运输
9　　矿厂机械设备与自动化

从科学分类的观点来看,这些做法并不一定完全符合要求,但是从石油工业图书馆和研究石油工业的读者来看,这样做是比较方便的。在这里,图书分类的实践性原则(实际使用方便)决定了类属的关系;而从方法上看,这就是主题法原则在分类法中的运用并不是任意的、人为的组合。

2. 设立交替类目

由于各门学科之间存在着错综复杂、相互渗透的交叉关系,各类型图书馆在图书分类上的要求不同,因此在分类法中的处理办法也有所不同。现代图书分类法一般按下列原则安排:

（1）在总体上,以综合性图书馆在图书分类上的要求编制。但为了照顾专业图书馆集中相关学科或问题图书资料的需要,采用了主题法的原则,在相当多的地方,设立了交替类目,以便选择使用。例如:《中图法》"TL1 基础理论"之下设立了〔TL11〕原子核物理和〔TL12〕放射化学两个交替类目。这就是专门为了满足原子能技术图书馆集中有关原子能图书资料的需要而设立的。

（2）凡是关系到两个或两个以上学科部门的问题,一般是按照它们的重点关系分,并在有关学科设立交替类目。例如:《中图法》规定:"自然辩证法"入"N03 自然科学的方法论",在"B0 马克思主义哲学"之下设立交替类目〔B028〕。"放射遗传学"入"Q345 辐射遗传学",在"Q691 放射生物学"之下设立交替类目〔Q691.8〕。这样,在"马克思主义哲学"一类中,不仅包括辩证唯物主义和历史唯物主义,而且通过设立交替类目,还包括了自然辩证法。同样,在"放射生物学"一类中,不仅包括水溶液辐射化学、辐射对高分子的作用、辐射对新陈代谢的作用,放射物质在生物体内的作用、电离辐射对生物的作用、宇宙线对生物的作用,而且通过设立交替类目,还包括了放射生态学和放射遗传学。

3. 利用组配办法

为了适应科学技术发展的错综复杂情况,现代图书分类法,无论是组配式的分类法,还是列举式的分类法,都或多或少的利用了组配办法。例如:《科图法》在"01.4 马克思恩格斯著作专题汇编"之下注明:"得依内容性质分,即将各大类的号码附加于本类号码之后。"这样,01.4 之下就可以组配出下列类号和类目:

01.400	论马克思主义
01.410	论哲学
01.420	论社会科学
01.421	论历史、历史学
01.427	论经济、经济学
01.431	论政治、社会生活
01.434	论法律、法学
01.436	论军事、军事学
01.437	论文化、科学、教育、体育
01.441	论语言、文字
01.442	论文学
01.448	论艺术
01.449	论无神论、宗教学
01.450	论自然科学
01.451	论数学
01.452	论力学
01.453	论物理学
01.454	论化学
01.455	论天文学
01.456	论地质、地理科学
01.458	论生物科学
01.461	论医药、卫生
01.465	论农业科学
01.171	论技术科学

又如《中图法》在"O39 应用力学"类下也可用组配办法得出下列类号和类目：

O39：P13	天体力学
O39：P55	地质力学

O39: Q66	生物力学
O39: S152. 9	土壤力学
O39: TB12	工程力学
O39: TB301	工程材料力学
O39: TD31	矿山岩石力学
…………	…………

这样,关于应用力学的图书也就按主题集中了,满足了力学专业图书馆的需要。

4. 利用参照办法

参照又称参见或引见,即是指引分类人员或读者从这个类目去查看另一个类目。目的是使他们了解有关这个类目的另一些问题,从而弥补分类法单线排列的不足。例如:《中图法》"R741 神经病学"下注明:

神经系结核入 R529. 3。

神经系中毒入 R595。

神经系外伤入 R651。

神经系肿瘤入 R739. 4。

神经梅毒入 R759. 1。

这就是说,关于神经系结核、神经系中毒、神经系外伤、神经系肿瘤、神经梅毒等的图书资料虽然不入"R741 神经病学"类,但是这些问题都是和神经病学紧密相关的。通过这种参照办法,就可以给人们对于某种事物、某种对象或某种问题完整的概念。

5. 编制类目相关索引

分类法的类目是按照科学分类体系展开的,这样,关于同一主题的各个方面的资料就分散了。而类目相关索引则与此相反,它是将分类表内外所有概念和事物名称集中起来,按这些概念、名称的字顺编排起来,也就是说在相关类目索引中,除了将分类表中的类目、注释、实例归纳成标题外,还将许多与这个标题有关的概念和事物也集中在一起,这就可以把同一主题分散在分类法的各个方面的资料都集合起来了。例如:《科图法》第一版索引"Fēi 飞机"之下,就集中了有关飞机的八十多个类目,有利于读者按主题查找图书资料。

显然,由于采取了上述的一些办法,分类法本来的单线的系列、枚举式的类目和层累制的结构等,这些特征已有所改变,使它与主题法的差别越来越小,不仅可以进行族性检索,也大大有助于按专题找到所需的特定图书资料,在一定范围内可以进行特性检索。

二、主题法中含有分类法的因素

分类法的最大长处,是族性检索好。主题法取分类法之长,补自己之不足,以满足族性检索的要求。具体做法,主要有以下三种:

1.编制标题参照系统

主题法的参照系统由"用"、"代"、"属"、"分"、"族"和"参"等六种组成。其中"属"、"分"、"参"相当于分类法的上位类、下位类和同位类,即是说,"属"和"分"的关系是等级关系,"属"是指上位概念,"分"是指下位概念;"参"即参照,相互参照的标题,是相关关系,它们之间是同位概念。通过这些关系的表达,既对标题进行了控制和规范,又对标题的含义进行了科学的具体的限定,并表达了标题与标题之间内在的逻辑联系,形成一种暗含的等级网络体系,从而达到满足族性检索的作用。例如:《汉语主题词表》的主表就是利用这些关系组织主题词的。它采用的参照符号是汉语拼音符号的缩写,现列表如下:

中文名称	拼音原文	缩写
用	Yòng	Y
代	Dài	D
属	Shǔ	S
分	Fēn	F
族	Zú	Z
参	Cān	C

为了表达主题词之间的等级关系，主表是这样排列的：

图书馆

   F   儿童图书馆

      学校图书馆

      农村图书馆

      儿童图书馆

      S   图书馆

      学校图书馆

      S   图书馆

显然，若按编制得当的参照系统跟踪查找下去，可以列出一个不带分类号的分类表。从这点上说，参照系统是一种暗含的分类体系。

2. 编制标题分类表

标题分类表亦称范畴表，或称分类主题索引、范畴索引、分类索引、范畴分类索引等。它是把主表中的全部标题，按其所属范畴并结合标题内容分类的需要划分为若干个大小类目，辅以主表使用的一种分类索引，以便从分类角度查找与某一范畴内容有关的标题，达到按类查找的目的。除此以外，标题分类表还可以作为资料报导、发行和交流时进行分类的依据。我国《汉语主题词表》、

《航空科技资料主题表》、《常规武器专业主题词表》以及美国《NASA 叙词表》、《COSATI 叙词表》、苏联《科技叙词表》、日本《科学技术用语叙词表》(即《JICST 叙词表》)、联合国《工业发展术语叙词表》等,都编有标题分类表。我国编制的《汉语主题词表》范畴索引共划分为五部 58 个大类,670 个二级类,1080 个三级类。现将五部 58 个大类列表如下:

一、马克思主义、列宁主义、
　　毛泽东思想………01 马克思主义、列宁主义、毛泽东思想
二、哲学……………02 哲学
三、社会科学…………03 政治
　　　　　　　　　　04 国际关系
　　　　　　　　　　05 经济
　　　　　　　　　　06 军事
　　　　　　　　　　07 文化事业
　　　　　　　　　　08 教育
　　　　　　　　　　09 体育
　　　　　　　　　　10 语言、文字
　　　　　　　　　　11 文学、艺术
　　　　　　　　　　12 历史
　　　　　　　　　　13 民族
　　　　　　　　　　15 心理学
　　　　　　　　　　20 社会科学一般概念
四、自然科学…………30 数学
　　　　　　　　　　31 力学
　　　　　　　　　　32 物理学
　　　　　　　　　　34 化学
　　　　　　　　　　35 天文学
　　　　　　　　　　36 地理学

37 地质学

39 测绘学

41 地球物理学、地震学

43 气象学

45 生物科学

47 医药科学

49 农林科学

51 工程热物理学

52 核技术

53 能源、动力工程

54 电力工程、电机工程

56 电子技术

57 通信技术、邮政技术

58 自动化技术、计算技术、计算机

60 导航技术、探测技术

61 轻工业

62 化学工业

63 石油天然气工业

64 矿业工程

65 冶金工业

66 金属学、金属加工与设备

67 机械工程

68 土木建筑工程、城市建设

69 水利工程

70 建筑材料工业

71 交通运输工程

72 车辆工程

73 舰船工程

74 航空、航天技术

75 武器、军事技术、军事设备

81 计量学、计量技术、仪器仪表

82 实验方法、试验技术与设备

83 通用技术

87 材料科学

91 环境科学

五、一般概念…………92 一般概念

通过这个分类表,我们可以看出:

第一,它的分类原则,也是采用分类法通常采用的原则,即以科学分类为基础,从总到分,从一般到具体,从简单到复杂。

第二,它的类目设置,也是以学科为主,而且在体系上尽量向分类法靠拢。例如:社会科学部与《中图法》社会科学大部基本上是一致的。

第三,它的类目名称,也要求像分类法那样明确、概括和简练。对含义不清的类目也要求作注释,以说明类目收词的范围。

第四,它的分类号码,也要求像分类法那样给予配置。号码采用数字表示,前二位数字表示大类号,后二位数字表示小类号。对于采用三级制编列的索引,为避免号码过长,使用了数字加字母的混合号码形式,即大类用二位数字表示(01—99),二、三级类目均用一位字母表示。

3. 编制标题族系索引

标题族系索引又称主题族系索引,或称族系索引、词族索引、词族表等。所谓词族,是指具有同义、属分和相关等语义关系的一组主题词。在同一词族中,主题词的属分语义关系是该词族的主体部分,其中只具有参照项"分(F)",没有参照项"属(S)"的主题词,即这一词族中概念最大的主题词,叫做族首词,或者叫做顶端主题词。一个词族就是一种以族首词为中

313

心的，结合它的所有下位主题词，逐级向下、向"左"、"右"展示的完整的语义系统。例如：《航空科技资料主题表》中的主题族系索引是这样安排的。

- 泵
  - 滑油泵
  - 燃油泵
    - ·· 燃油增压泵
    - ·· 输油泵
  - 容积泵
    （变量泵）
    （定量泵）
    - ·· 齿轮泵
    - ·· 螺杆泵
    - ·· 柱塞泵
    （活塞泵）
  - 叶片式泵
    - ·· 离心泵
      - ··· 超气蚀泵
      - ··· 汽芯泵
    - ·· 涡轮泵
    - ·· 叶轮泵
    - ·· 轴流泵
  - 液压泵
  - 引射泵
  - 真空泵
  - 制冷泵

显然，上述标题族系索引，相当于去掉分类号的分类表。在具体标题族系内，与标题分类表相比，能更直接、更具体、更全面反映事物的族性,因而能更直接、更具体、更全面寻找所需的特定图书资料。

　　总之,分类法与主题法都是分编与查找图书资料的工具,是两种不同体系的检索系统。它们之间的关系,不是互相对立和互相排斥,而是在实践中互为补充、借鉴,弥补彼此不足。目前,在全国图书馆和科技情报部门中采用分编与检索的方法,主要是分类法。这种方法在我国历史悠久,人们比较熟悉,是现阶段主要的检索手段。主题法则与此相反,在我国目前只在少数专业部门得到使用,但是,随着科学技术的发展和电子计算机在图书馆和情报部门中得到使用,采用主题法将日益增多。特别是《汉语主题词表》出版以后,采用主题法进行文献检索已成为必然的趋势。不过,这两种方法,今后应该是相辅相成,相互为用,切不可偏废。

参考文献

丘峰:"主题法与分类法"《图书馆工作》 1976 年 1 期 30 – 38 页。

张燕飞:"试论分类法与主题法的异同"《湘图通讯》 1980 年 1 期 6 – 8页。

刘国钧:"分类、标题和目录"《图书馆》 1962 年 13 – 17 页。

金敏甫:"试论主题目录"《图书馆》 1962 年 18 – 24 页

刘荣:"关于我国第一部综合《汉语主题词表》的编制与使用"《湖北省图书馆学会一九七九年年会论文选》 1979 年 11 月 128 – 136 页。

刘湘生编著:《〈汉语主题词表〉的理论和使用》 北京　书目文献出版社　1980 年。

高崇谦编译,曾民族审校:《科技情报工作概论》 北京　科学技术文献出版社　1980 年。

武汉大学图书馆学系编:《科技文献检索》 1979 年

第三机械工业部第六二八研究所:《航空科技资料主题表》 1977 年。

(日)中原启一著,国防科委情况研究所译:《情报检索》 1978 年 1 月。

中国科学技术情报研究所编:《国外科技情报工作》 北京　科学技术

文献出版社　1978 年 9 月。

中国科学技术情报研究所、北京图书馆主编:《汉语主题词表》　北京
科学技术文献出版社　1980 年。